SANDRO STÜCKLER

태권도

TAEKWONDO

POOMSAE 1-8

Die Formen und ihre Bedeutung
in der Nahkampfkunst

MEYER & MEYER VERLAG

Taekwondo Poomsae 1-8

Bibliografische Information der Deutschen Nationalbibliothek

Die Deutsche Nationalbibliothek verzeichnet diese Publikation in der Deutschen Nationalbibliografie; detaillierte bibliografische Details sind im Internet über <http://dnb.d-nb.de> abrufbar.

Auckland, Beirut, Dubai, Hägendorf, Hongkong, Indianapolis, Kairo, Kapstadt, Manila, Maidenhead, Neu-Delhi, Singapur, Sydney, Teheran, Wien

Member of the World Sport Publishers' Association (WSPA)

Gesamtherstellung: Print Consult GmbH, München

MIX
Paper from responsible sources
FSC® C084279

978-3-8403-7826-3

E-Mail: verlag@m-m-sports.com

www.dersportverlag.de

INHALT

Zweiter Teil

Vorwort

Ist Taekwondo eine realistische Kampfkunst?

Die Kampfkünste befinden sich dieser Tage, vielleicht noch stärker als immer schon, oder zumindest schneller, im Wandel. Die starke Zunahme der Popularität des brasilianischen Jiu-Jitsu (welches im Wesentlichen aus dem japanischen Judo heraus entwickelt wurde) und die darauf folgende, beispiellose Evolution der MMA (Mixed Martial Arts), also einer Verbindung aller möglichen Stile mit Hinblick auf die größtmögliche Wirksamkeit (vereinigt unter einem bestimmten Reglement (UFC, Bellator etc.)), setzt sämtliche Kampfkünste einem nie dagewesenen Vergleich aus.

Dieser Vergleich ist, in dieser weltweiten Form, völlig einzigartig. Durch die digitale Vernetzung, hier namentlich hauptsächlich YouTube®, ist es möglich, dass jeder sich mit jedem misst. Beziehungsweise die Techniken und Strategien analysiert und für brauchbar, oder in manchen Fällen, für völlig ungeeignet befindet.

Dies mag für manche Kampfkünste und deren Sportler, Meister etc. eine ernüchternde Erfahrung sein. Für die Kampfkunst insgesamt ist es eine hervorragende Prüfung. Die Selbstreflexion, die bisher dem Einzelnen überlassen blieb: „Was taugt meine Kunst im Ernstfall?", wird nun noch stärker als zuvor als Apriori-Frage an alle Kampfkünste gerichtet.

Natürlich hat diese Frage immer schon existiert, aber der Unterschied heute ist, dass das Ergebnis für jeden sichtbar in der Auslage steht. Tausendfach dokumentiert, kommentierbar und für alle (digitalen) Zeiten in den Weiten des Internets gespeichert.

Es gibt also wenig Platz für untaugliche Konzepte, die am Ende des Tages nicht wirksam sind. Diese existieren natürlich zuhauf, wie wir bereits beschrieben haben. Aber mögliche Schwächen (so wie Stärken) einer Kampfkunst sind heute sofort für jeden sichtbar.

Wo steht nun Taekwondo unter diesen Bedingungen?

Hier müssen wir gleich eine Unterscheidung vornehmen. Taekwondo als Wettkampfsport und Taekwondo als Kampfkunst.

Der großartige Erfolg des (WT) Taekwondo, in den Reigen der olympischen Disziplinen aufgenommen zu werden, erweist sich hier als zweischneidiges Schwert. Durch eben diesen Erfolg setzen viele Schulen völlig auf den sportlichen Aspekt des Taekwondo und unterwerfen ihr Training zu großen Teilen den Wettkampfregeln des olympischen Wettkampfs.

Der Fokus dieser Regeln liegt aber auf dem Ermöglichen möglichst fairer und (für den Zuschauer) spektakulärer Kämpfe. Mit Selbstverteidigung hat dieser Wettkampf so gut wie nichts zu tun, das ist für jeden, der sich eine Sekunde mit dem Thema Selbstverteidigung befasst hat, selbstverständlich.

Auch vernachlässigen manche Schulen das Training der Poomsae-Formen, da diese keinen direkten Mehrwert für Erfolg oder Misserfolg bei einem (Kampf-)Turnier bringen. Dies ist nur natürlich und sinnvoll, da alle Ressourcen und die zum Training zur Verfügung stehende Zeit auf das Erreichen einer möglichst guten Platzierung abgestimmt sind.

Ironischerweise betrifft diese Entwicklung (das Vergessen der ursprünglichen Absicht und die übersteigerte Form) sogar die Poomsae selbst in der Disziplin Formenlauf. Auch hier wird die schöne Form (hohe, senkrechte Kicks nach oben) über den ursprünglichen Zweck der Technik gestellt.

Dem zweiten großen Taekwondostil (ITF bzw. „traditionelles TKD") ergeht es diesbezüglich ähnlich. Auch hier sind die Wettkampfregeln des sogenannten *Freikampfs* alles andere als frei. Im Gegenteil, so sind im Leichtkontakt z. B. Kicks unterhalb des Kopfs verboten, womit sich die Kampfkunst im Turnier ihrer größten Waffe freiwillig selbst beraubt, um einer bestimmten Vorstellung von Wettkampf zu entsprechen.

Überhaupt ist im sogenannten *traditionellen Taekwondo*, hier werden statt Poomsae die Hyongs bzw. Tuls gelehrt, die Diskrepanz zwischen Kampfkunst und Wettkampfsport besonders drastisch. Die Hyongs/Tuls, die eine etwas direktere Linie zu den chinesischen Stilen sowie zum militärischen Nahkampf haben und über eine Fülle von effektiven Techniken verfügen (auch durch die große Anzahl an Techniken, die direkt auf Schmerzpunkte und Nervenzentren abzielen), lassen sich praktisch nur isoliert betrachten und sind im Wettkampfsport faktisch nicht wiederzufinden.

Wenn man im Wettkampf das wahre Potenzial der Formen nicht findet, wo findet man es dann?

Diesem Rätsel werden wir in den nächsten Kapiteln auf den Grund gehen. Nur so lässt sich die ursprüngliche Kraft, Effektivität und Eleganz des Taekwondo verstehen.

Vowort von Stuart Anslow

Taekwon-do zu mehr als der Summe seiner Teile und damit sowohl für Schüler als auch für Ausbilder nutzbringender zu machen, ist seit über 20 Jahren mein Schwerpunkt. Mein erstes Buch über die realistische Anwendung der Formen *(Ch'ang On Taekwon-do Hae Sul)* habe ich 2005 veröffentlicht, und andere haben dies seitdem getan, um die reiche Vielfalt realistischer Anwendungen zu erweitern, auf die jeder Taekwon-Do-Schüler zugreifen kann, um seine Kunst und sein Training zu verbessern.

Während mein Buch und viele der anderen Bücher die Ch'ang Hon (ITF) Tuls studieren, gab es wenige Bücher, die sich auf realistische Anwendungen für die Kukkiwon (WT) Poomsae konzentrieren, mit Ausnahme von Simon O'Neills *The Taegeuk Cipher*, das 2008 veröffentlicht wurde.

Daher ist es großartig, einen anderen Autor zu haben, der mehr Material für die breitere Studentenbasis (des World Taekwondo (WT) Anm. d. Übersetzers) veröffentlicht und Studenten und Ausbildern wieder Möglichkeiten bietet, ihre Kunst zu verbessern und ihre Ausbildung in Poomsae vorteilhafter zu gestalten.

Zu diesem Zweck lobe ich Sabom Stueckler für dieses hervorragende Werk und empfehle es allen Schülern wärmstens, die ein tieferes Verständnis dafür haben möchten, was ihre Poomsae wirklich enthält und wie das Wissen ihr Training in Taekwondo verbessern kann (und wird).

» Stuart Anslow, 5. Grad, ist Herausgeber des Magazines *Totally Taekwondo* und Autor von *Ch'ang Hon Taekwon-do Hae Sul Vol. 1 & 2* sowie vieler anderer Bücher zum Thema Taekwondo. Er wurde 2010 von Dr. Choue, dem Präsidenten der World Taekwondo Federation (WT) ausgezeichnet für seine Beiträge und seine „außergewöhnlichen Leistungen zur Entwicklung des Taekwondo".

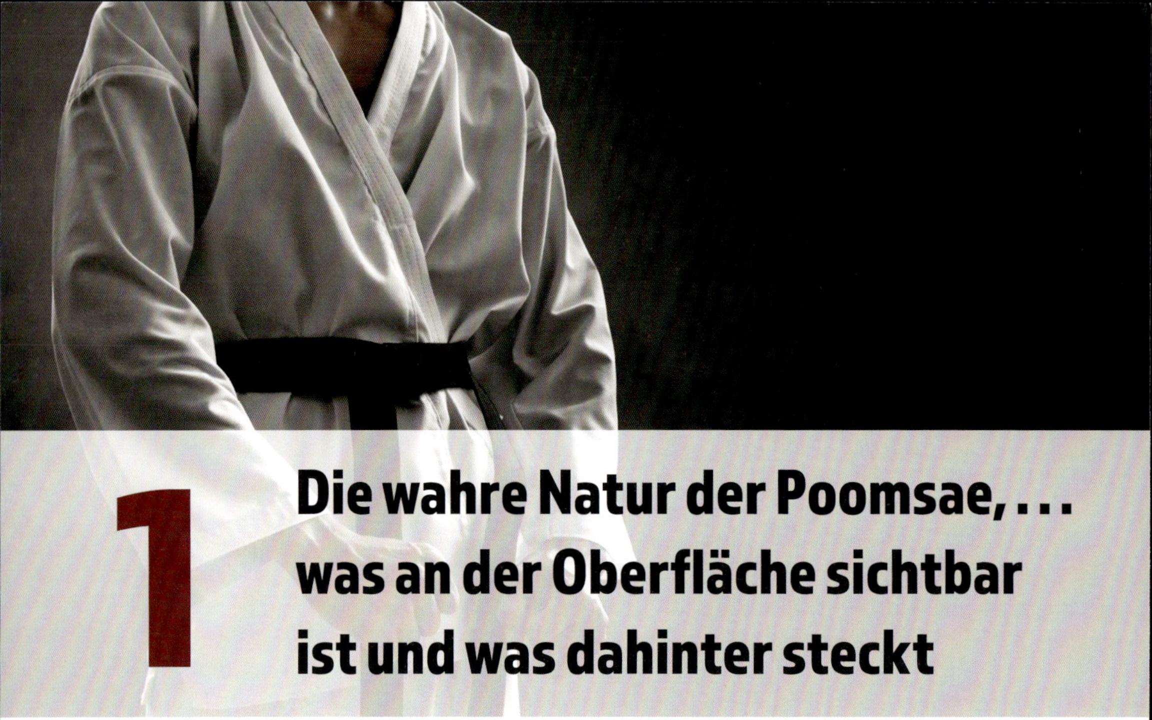

1 Die wahre Natur der Poomsae, ... was an der Oberfläche sichtbar ist und was dahinter steckt

Wir müssen Taekwondo also in der reinen Form, unabhängig vom Wettkampf, betrachten.

» Was wollten uns die Erfinder, die sechs (bzw. neun) höchstgraduierten und respektierten Meister der wichtigsten Stile (Kwans) ihrer Zeit, mit auf den Weg geben?

» Gegen welche Art von Gefahren bzw. Angriffe soll man sich schützen können?

Es gibt einige Stellen in den Formen, die darauf hindeuten, dass es sich um ein verschlüsseltes System handelt. Beispielsweise geht man manchmal in eine Richtung und führt zweimal hintereinander eine Blockbewegung aus. Dann dreht man sich weg und geht in eine andere Richtung weiter.

Was ist hier passiert, wurde der imaginäre Angreifer kampfunfähig geblockt? Sie können sich sicher an eine der Stellen erinnern, es gibt ja gleich mehrere davon.

Es wäre leicht, anzunehmen, dass sich die Entwickler einfach nichts dabei gedacht haben. Oder dass sie den möglichen Angreifer als launisch und einfallslos eingeschätzt hätten, dass dieser erst immerfort mit demselben statischen Angriff daher kommt, bevor er schließlich, völlig grundlos, auf ein Fortsetzen seines Angriffs freiwillig verzichtet.

Realistischerweise können wir aber auch von der höchstmöglichen fachlichen Kompetenz als Grundlage ausgehen. Die Biografien der bezeichneten Meister legen diesen Schluss jedenfalls nahe. Sie alle verfügten über Jahre und Jahrzehnte praktischer und theoretischer Ausbildung in allen bekannten Stilen der Zeit und Regionen.

Dazu zählen die verschiedenen Karatestile, (die alten aus Okinawa sowie die reformierten vom japanischen Festland) die Kung-Fu-Stile aus China, das Judo aus Japan sowie die in Korea entstandenen Kampfkünste.

Möglichst viel Wissen und praktische Erfahrung sollte eingebracht werden, um diese neue Kampfkunst zu entwickeln. Man kann also davon ausgehen, dass jeder Meister versuchte, das Beste aus seiner Kampfkunst weiterzugeben und, noch besser, in Taekwondo einzubringen. Die Betrachtung der Poomsae selbst sowie der Kontext, eine neue Kampfkunst zu entwickeln, legt nahe, dass folgende Überlegungen eine Rolle gespielt haben:

Die Techniken sollten auf jeden Fall möglichst einfach und schnell zu erlernen sein, nur dann können diese in einer Stresssituation auch tatsächlich abgerufen werden. Wenige einzelne Techniken für möglichst viele Anwendungen sollten das Ziel sein. Schwer zu erlernende Techniken, die kompliziert in der Ausführung sind, werden durch einfache ersetzt, die im Grunde dieselbe Effektivität haben.

Komplizierte Schmerzpunktattacken werden aufgrund der bekannten Schwächen (schwer zu treffen, nicht bei allen Menschen gleich sensibel, Bekleidung mindert den Effekt etc.) erst in den höheren Formen eingeführt. Am besten wären multifunktionale Bewegungen, wo ein und derselbe einstudierte (konditionierte) Reflex für verschiedene Szenarien geeignet ist.

Je nach Situation variiert der Nutzen der Technik. Die genial einfache Lösung ist, einige wenige Bewegungsabläufe zu haben, die je nach Szenario als Abwehr-, Angriffs- oder Kontrolltechnik (= Hebel) gleichermaßen verwendet werden können. Als positiver Nebeneffekt sozusagen kann ein Betrachter, welcher nicht über die Kenntnis des konkret imaginierten Angriffs verfügt, die Bewegungen des Praktizierenden nicht wirklich verstehen.

Wer also nur zuschaut, kann die Kampfkunst nicht wirklich erlernen, da er den Sinn der Technik nicht einordnen kann. Es ist bei der Weitergabe von (Kampf-)Künsten ja immer auch darum gegangen, Außenstehende möglichst in Unkenntnis zu lassen. Der Wissensvorsprung und der Überraschungseffekt sind und waren in jeder Art von Kampf schon immer der entscheidende Vorteil.

Was aber passiert, wenn die neue Kampfkunst so erfolgreich ist, dass sie nicht mehr von einer Person zur anderen, sondern von einer an hunderte oder tausende Schüler weitergegeben wird? Ganz einfach, die Erklärungen und Anwendungen bleiben aus, und die reine Form überlebt. Dieses Schicksal haben schon viele Kampfkünste erlitten.

Teilen des Karate ergeht es hier sehr ähnlich wie dem Taekwondo. Am auffälligsten ist es wohl im Tai-Chi, der bekannten chinesischen Bewegungskunst, die täglich von Tausenden, längst nicht nur in chinesischen Parks, betrieben wird.

Es gibt eindeutige Hinweise, dass es sich bei Tai-Chi um eine vergessene Kampfkunst handelt, insofern, als die Bewegungen eigentlich Wurf- und Hebeltechniken darstellen, die gegen imaginäre Gegner ausgeführt werden, und nicht nur um die Bewegungskunst für einen gesunden Energiefluss und einen geschmeidigen Körper, wie gemeinhin angenommen wird.

Der erste Satz dieses Kapitels lautete: „Wir müssen Taekwondo in der ‚reinen Form' betrachten." Damit war gemeint, dass die Poomsae (Hyong/Tul) alle selbstverteidigungsrelevanten Informationen des Taekwondo enthalten. Andererseits ist die reine Form genau das, was über Jahrzehnte kopiert worden ist. Über dieses Kopieren der Form (ohne Inhalt) ist der wahre Zweck zum Teil vergessen worden.

Die Poomsae sind nicht nur BLOCK-TRITT-FAUST. Die Poomsae enthalten eine exemplarische Aneinanderreihung von Grundbewegungen, die sowohl als Befreiung, Fixierung (Kontrolle), Block, (Konter-)Schlag, Hebel (Kontrolle oder Abschluss) oder Wurftechnik verwendet werden können.

Die Einfachheit und Genialität dieses Systems ist bestechend, diesem Schluss kann man sich nach 30 Jahren Taekwondopraxis nicht verschließen. Und trotz der einfachen Grundstruktur gibt es immer wieder Neues zu entdecken. Eine meisterhafte und intuitive Anwendung der Abläufe ist ohne jahrelanges Training schwer zu erreichen, und dennoch meine ich, dass gerade Taekwondo ein System ist, das sowohl den Fortgeschrittenen fordert als auch dem Anfänger sofort praktische Werkzeuge an die Hand gibt, um sich besser verteidigen zu können.

Dies setzt natürlich das richtige Training im Sinne des Erfinders voraus. Diesen Sinn zu ergründen bzw. auf Basis dessen einen Beitrag zu einem effektiven Training mit einigen Beispielen zu liefern, ist die Motivation hinter diesem Buch. Es möge Ihnen behilflich dabei sein, diese Ziele zu erreichen – und dabei die wahre Natur des Taekwondo zu ergründen!

„Die genial einfache Lösung ist, einige wenige Bewegungsabläufe zu haben, die je nach Szenario als Abwehr-, Angriffs- oder Kontrolltechnik (= Hebel) gleichermaßen verwendet werden können."

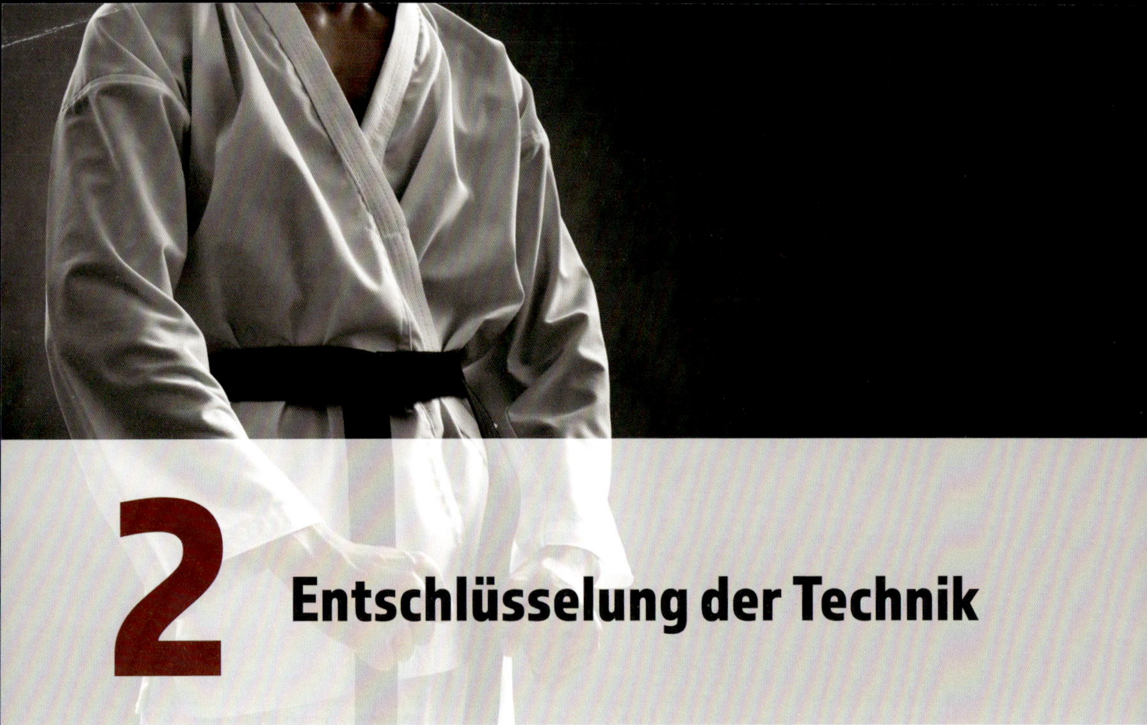

2 Entschlüsselung der Technik

2.1 Der Angriff

Auf Basis der Erkenntnisse, die wir in den vorangegangenen Abschnitten gewonnen haben, ist die erste Frage, die wir uns stellen müssen:

» Wie greift der Gegner an?

» Also wie genau bedroht uns der Angreifer?

» Hält er uns fest und wie?

» Wird er gleich als Nächstes zuschlagen?

» Welche Distanz hat er zu uns?

Führen wir uns auf den folgenden Abbildungen die Angriffe, die wir im Rahmen einer realen Auseinandersetzung als die wahrscheinlichsten betrachten, vor Augen:

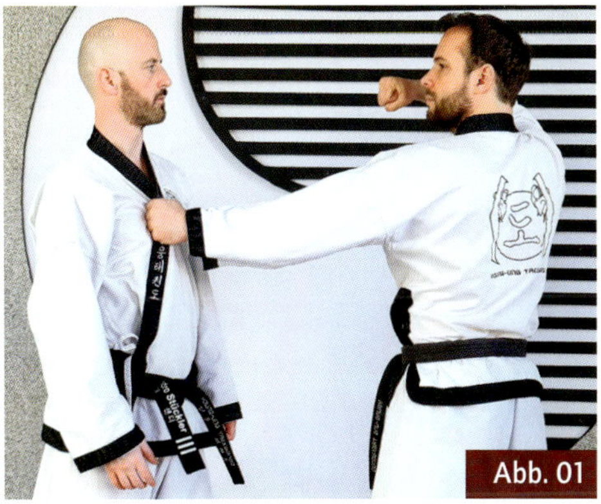

Abb. 01

Griff zum Revers, eine Hand holt zum Schlag aus.

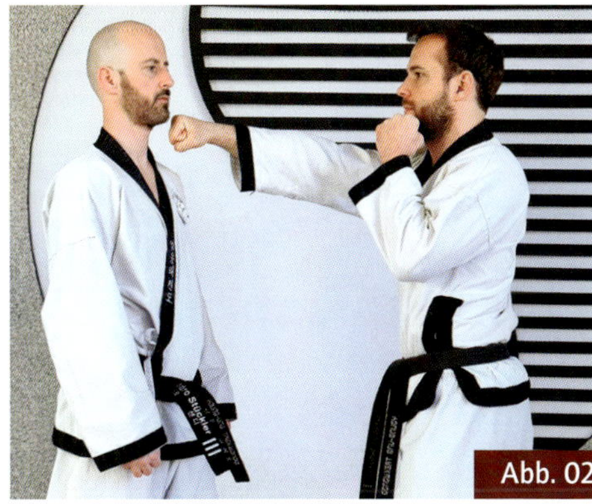

Abb. 02

Faustschlag mit der stärkeren, meist rechten Hand

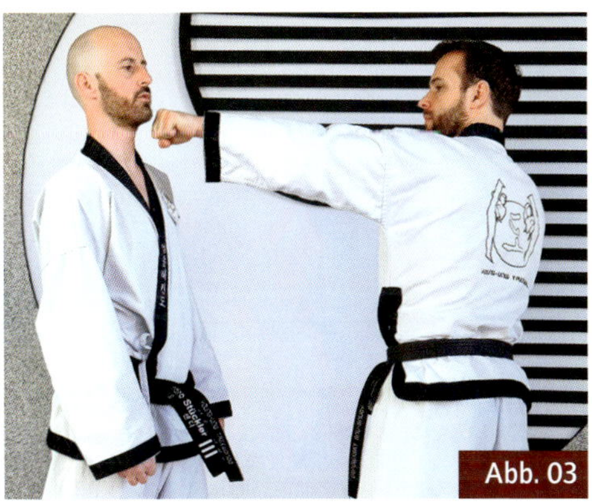

Abb. 03

Fausststoß mit der Führhand, gerader Fauststoß „Jab"

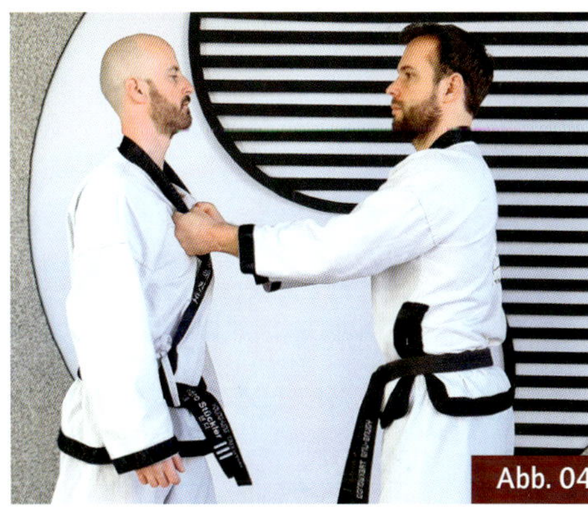

Abb. 04

Griff zum Revers, beidhändig

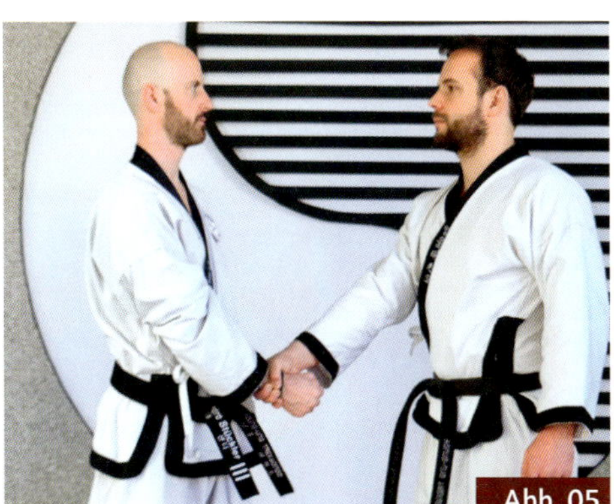

Abb. 05

Griff mit der Hand zum Handgelenk gegenüber

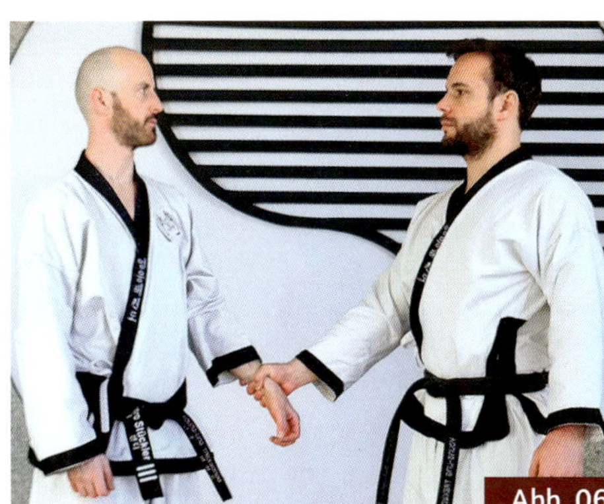

Abb. 06

Griff mit der Hand zum Gelenk auf der gleichen Seite („spiegelgleich")

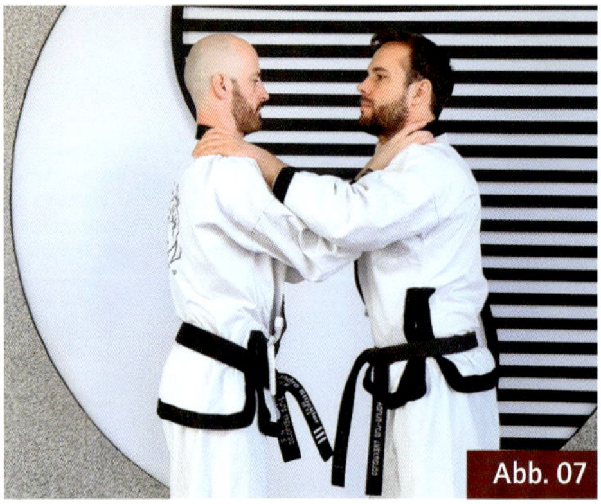

Abb. 07

Klammern/Würgen, nah

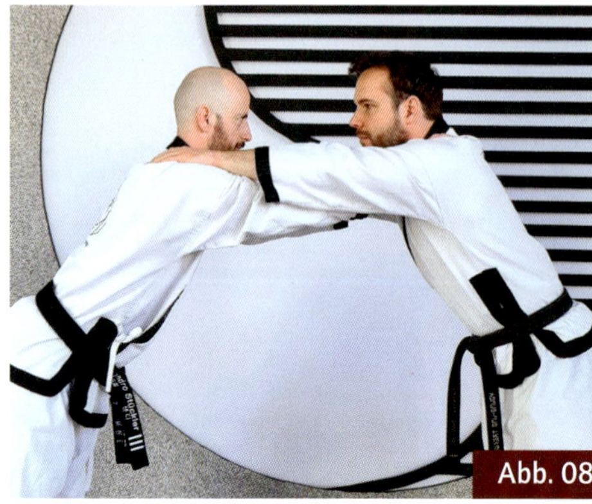

Abb. 08

Klammern/Würgen, weit

Natürlich mag es viele weitere Arten geben, wie sich ein Aggressor nähern kann.

Wenn wir aber davon ausgehen, dass wir nur dann die Notwendigkeit haben, zu reagieren, wenn der Angreifer auch wirklich in eine für uns gefährliche Zone eindringt, was in etwa einer gestreckten Armlänge entspricht, dann reduziert sich die Anzahl der Möglichkeiten in etwa auf die in Abb. 01 bis Abb. 08 dargestellten Beispiele.

Selbstschutz bedeutet meist das Gegenteil von „Kämpfen", dies sei hier in aller Deutlichkeit erwähnt. Am erfolgreichsten ist Selbstschutz, wenn ein Kampf vermieden werden kann. Jedes Wechseln der Straßenseite, Ignorieren einer Provokation oder unter Umständen das Weglaufen, ist einer direkten körperlichen Konfrontation vorzuziehen, und ist um ein Vielfaches sicherer als die beste Abwehrtechnik.

2.2 Identifizierung der „Technik"

Gehen wir weiter zur zweiten Frage:

» In welcher Phase des Angriffs befinden wir uns, und wie gehen wir am besten damit um?

Wenn der Angreifer schon ausholt und versucht, auf uns einzuschlagen, wäre es beispielsweise ungünstig, direkt mit einem eigenen Schlag zu kontern, ohne dabei auf unsere Deckung zu achten. Wir riskieren damit einen Doppeltreffer und könnten dadurch selbst Schaden nehmen. Wir sind also gezwungen, den Schlag zuerst, oder mindestens gleichzeitig, zu blocken und können erst dann kontern.

Ähnliches gilt, wenn wir festgehalten werden. Hier wollen wir uns zuerst befreien, um überhaupt die Hände voll zur Verfügung zu haben für etwaige Gegenangriffe. Möglicherweise ist eine entschlossene Befreiungstechnik auch schon ausreichend, um den Gegner einzuschüchtern und es braucht danach gar keine weitere Aktion.

Perfektes Beispiel hierfür wäre das „Abstreifen/Abschlagen" der Hand des Gegners (bei einem Griff zum Handgelenk) mit einem Arae-Makgi. Richtig ausgeführt, also mit der Elle auf den Radialisnerv geschlagen, ist diese Befreiungstechnik äußerst schmerzhaft, und die Wahrscheinlichkeit, dass der Aggressor (z. B. eine aufdringliche Person) sein Interesse verliert, ist durchaus gegeben.

Je nachdem, wie sich die Situation entwickelt, kann es nötig sein, nachzusetzen, oder den Gegner zu kontrollieren (z. B. mit einem Armhebel), oder aber – entschlossen, den Abschluss zu suchen –, eventuell mit mehreren Techniken hintereinander. Für alle diese Situationen gibt es in den Poomsae etliche Beispiele.

Aufgrund der modularen Bauweise bleibt immer ein Handlungs- und Interpretationsspielraum für den Übenden. Es gibt also Techniken, die je nach Situation, einmal als Block, einmal als Hebel und in einer dritten Situation als Schlag interpretiert werden können.

Bei Befreiungstechniken mit Arae-Makgi ist besonders auf die Gegenbewegung mit der zweiten Hand in Richtung Hüfte zu achten!

Erfolgt der Griff zum Gelenk mit der schräg gegenüberliegenden Seite, kann der Block in der Standardausführung aus der ersten Poomsae verwendet werden (Abb. 09).

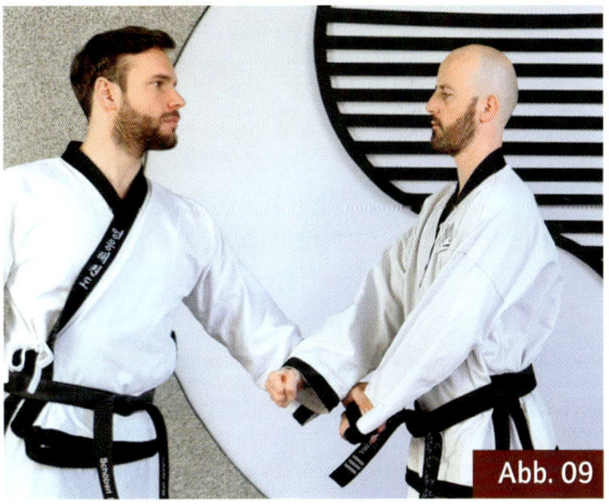

Abb. 09

Arae-Makgi (zum Radialnerv) als Befreiungstechnik

Erfolgt der Angriff spiegelgleich, geht die Gegenbewegung für den optimalen Effekt zum Brustbein. Auch bekannt als Block Nr. 9 oder „Knochenbrecher", wie in Abb. 10 zu sehen.

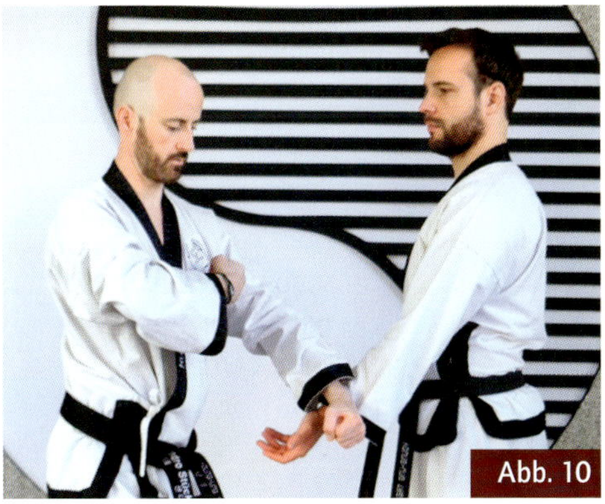

Abb. 10

Arae-Makgi als Befreiungstechnik, bei gleichseitigem Angriff

Kurz: Die Beantwortung der ersten und der zweiten Frage gibt uns Aufschluss darüber, ob wir mit einer Befreiung, einem Block, einem Schlag, einer Hebeltechnik oder einem Werfen des Gegners antworten wollen.

2.3 Permanente Kontrolle

Um die Kontrolle über die Auseinandersetzung zu gewinnen, ist es nötig, ständig aktiv zu sein bzw. den Gegner zu beschäftigen. Dies wird vorwiegend dadurch erreicht, dass bei jeder Technik versucht wird, den anderen aus dem Gleichgewicht zu bringen und zu destabilisieren.

Dies hindert ihn einerseits daran, die eigenen Aktionen präzise zu setzen und andererseits ermöglicht dies dem Verteidiger, immer wieder Schwachstellen in der Stellung des Gegners zu finden, die für eigene Angriffe genutzt werden können.

Viele Wurf- und Hebeltechniken sind überhaupt erst möglich, nachdem der Gegner aus dem Gleichgewicht gebracht wurde. Das Mittel, welches hier in den Poomsae beständig eingesetzt wird, ist die sogenannte *Gegenbewegung* der Hand, welche (scheinbar) gerade nicht an der Aktion beteiligt ist.

Immer wieder wird dem Taekwondo (wie auch dem Karate) vorgeworfen, dass diese Gegenbewegung (im Taekwondo zur Hüfte ausgeführt), unrealistisch sei, da die Hand, welche gerade nicht in Aktion ist, viel eher dem Schutz des Kopfs gewidmet sein müsste.

Wenn man davon ausgeht, dass nur eine Hand gerade mit dem Gegner „befasst" ist, ist dies auch vollkommen korrekt. Wie sieht es aber aus, wenn wir annehmen, dass auch jene zweite Hand am Geschehen beteiligt ist – und beispielsweise einen Arm des Kontrahenten festhält?

Der Gegner würde also herangezogen und gleichzeitig zur Seite verdreht, was diesen daran hindern würde, einen stabilen Stand zu finden. Unsere eigene Aktion wird dadurch verstärkt, und die des anderen abgeschwächt.

Im Beispiel oben (Abb. 09 und 10) wird beim Arae-Makgi (als Befreiung) die Wirkung der Technik durch die Gegenbewegung verdoppelt. Da die eine Hand zum Körper zieht und die andere davon wegschiebt, addieren sich die Geschwindigkeiten der beiden Hände, was dazu führt, dass der (Befreiungs-)Schlag am Unterarm des Gegners mit doppelter Wucht auftrifft.

Bei einem sehr starken Gegner ist es tatsächlich so, dass das Gelingen der Technik von der korrekten Ausführung der Gegenbewegung abhängig ist.

Wir haben also schon zwei entscheidende Wirkungen der Gegenbewegung kennengelernt:

1. den Gegner aus dem Gleichgewicht zu bringen und

2. die Wirkung unserer Schläge zu verstärken.

Darüber hinaus kann der Zug zur Hüfte nicht nur als Bewegung, sondern vielmehr als Konzept gelesen werden. Ein Handgemenge, ein Gerangel oder ein Kampf ist in der Regel keine Aneinanderreihung von Einzelbewegungen mit jeweils einer Sekunde Pause dazwischen. Im Gegenteil, es handelt sich vielmehr um ein organisches Ganzes, wo eine Aktion zur nächsten führt, und eine Handlung nahtlos in die nächste übergeht.

Die Gegenbewegung kann hier als Konzept verstanden werden, den Gegner, sobald man seiner einmal habhaft geworden ist, nicht mehr „vom Haken" zu lassen. Ihn ständig der eigenen Absicht nach neu zu positionieren und ihm den eigenen Kampf und schließlich den eigenen Willen aufzuzwingen.

Betrachten Sie die Bilder in diesem Buch hinsichtlich dieses Aspekts genau.

„In den meisten Fällen wird der Angreifer während einer Technik von der zweiten Hand in irgendeiner Form herangezogen, zur Seite oder nach unten gezogen und es wird ihm hierdurch ständig erschwert, eine stabile Position zu finden bzw. sich neu auszurichten."

In diesem Konzept findet sich die stärkste Entsprechung des philosophischen Prinzips von Yin und Yang im Taekwondo.

2.4 YIN und YANG

Das Prinzip von YIN und YANG ist ein philosophisches Konzept, dessen Ursprünge weit ins chinesische Altertum zurückreichen.

Mit dem *I-Ging* „Buch der Wandlungen", dem ältesten Buch Chinas, welches höchstwahrscheinlich zwischen dem sechsten und dem neunten Jahrhundert vor Christus entstand, fand die Überlegung, dass jeder Zustand unweigerlich in einen bestimmten anderen (entgegengesetzten) Zustand übergehen muss, seine komplexeste Ausformung und es wurden 64 Grundzustände des Lebens ermittelt, welche in weiterer Folge als Werkzeug dienten für den Versuch, die Zukunft vorherzusagen (I-Ging-Orakel).

In seiner Grundform waren die Bedeutungen, die man dem Taiji, so nennt sich das Zeichen, welches aus den beiden Komponenten YIN und YANG besteht, aber eher einfach gestrickt und speisten sich aus dem landwirtschaftlichen Kontext. So war die Originalbedeutung wohl Sonnenseite bzw. Schattenseite eines Hügels. Es gesellten sich Sommer und Winter bzw. verschiedene Saat- und Erntezyklen hinzu.

Eine simple Bedeutung, die man dem Zeichen entnahm, war beispielsweise „warme Kleidung im Winter und kühle Kleidung im Sommer" (ergänzen sich jeweils zu einem harmonischen Ganzen). Unwiderstehlich einfach und wahr gleichermaßen, eine Eigenschaft, die dem Taiji mit all seinen dualen Bedeutungsebenen auch heute noch eigen ist, was mit Sicherheit ein Teil des Geheimnisses seines weltumspannenden Erfolgs ist.

Hinzu kommt die Einprägsamkeit der Grafik sowie die Interpretationsoffenheit – jeder darf sein jeweiliges Lieblings-Antagonisten-Paar (gut-böse, Mann-Frau, Himmel-Erde etc . . .) einsetzen. Genau dies wurde und wird auch in den Kampfkünsten gemacht, und hier kommen wir zu dem Punkt, an dem wir uns ansehen, inwieweit das Prinzip von YIN und YANG im Taekwondo Anwendung findet.

Im Folgenden beziehen wir uns daher auf die koreanische Variante von YIN und YANG. Die koreanische Entsprechung des Taiji-Zeichens heißt „Taegeuk" und besteht aus den beiden Teilen „UM"' (blau) und „YANG" (rot). Taegeuk lässt sich mit „absolute Mitte" oder auch „höchste Wahrheit" übersetzen.

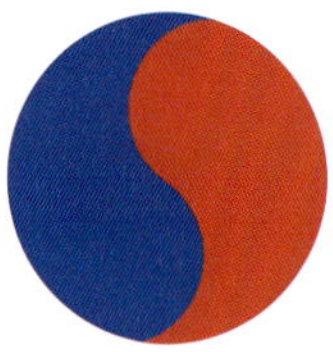

*Das berühmte koreanische **Taegeuk** („höchste Wahrheit"), bestehend aus den gegensätzlichen Teilen Um und Yang.*

2.5 UM und YANG im Taekwondo

Was macht das Taegeuk nun im Taekwondo?

Dazu ist es notwendig, festzuhalten, dass Taekwondo eine harte Kampfkunst ist. Dies bezieht sich darauf, wie im Taekwondo mit Angriffen des Gegners umgegangen wird. Einer Angriffsbewegung wird stets eine harte Abwehrbewegung entgegengesetzt.

Im Taekwondo ist daher tatsächlich eine Abwehr- von einer Angriffsbewegung technisch oft nicht zu unterscheiden (!). Das heißt, sogenannte *Blocks* werden wie Schläge ausgeführt, und Schläge wiederum wie Blocks. Bei vielen Techniken sind sämtliche Aspekte, wie Ausholbewegung, Beschleunigung, Gegenbewegung und Zurückziehen, identisch.

Bei vielen Techniken ist daher, wenn sie ohne Gegner ausgeführt werden (wie in den Poomsae), nicht zu sagen, ob es sich bei der Bewegung um eine Abwehr oder einen Angriff handelt. Dies ergibt sich erst aus dem Kontext, sprich aus der Handlung des Gegners und der Art und Weise, wie wir wünschen, darauf zu reagieren.

Es ist hier also kein Platz für Um (in diesem Fall „weich") und Yang („hart"), da die Techniken des Taekwondo ihrer Natur nach immer hart sind.

Tatsächlich ist jeder Block im Taekwondo von seiner Bauart her auf maximalen Schaden ausgerichtet. Schon die Abwehr des Angriffs des Gegners soll diesem Probleme verursachen, möglicherweise ihn bereits kampfunfähig hinterlassen.

Dies ist auch insofern bemerkenswert, als sich Taekwondo hier von einigen anderen Kampfkünsten sehr deutlich unterscheidet. Als krasses Gegenteil wäre hier etwa Aikido (oder auch Hapkido oder Wing Chun (ständiger Wechsel aus Geben und Nehmen)) zu nennen.

Im Aikido wird fast ausschließlich die Angriffsenergie des Gegners verwendet, um diesen zu bekämpfen. Die Kraft des Gegners wird dabei umgeleitet und dann gegen ihn gerichtet, er schlägt sich also faktisch mit seinem eigenen Krafteinsatz. Aikido wäre also eine typisch weiche Kampfkunst.

So lässt sich in Aikido und Hapkido sehr leicht identifizieren, dass der Angreifer der YANG-Teil ist, dem der Verteidiger seine UM-(oder YIN-)Energie entgegensetzt. Geben (Angriff) und Empfangen (Verteidigung) bilden hier die Gesamtheit des Kampfs. Die Übersetzung des japanischen Wortes für Block „uke" bedeutet übrigens wörtlich „empfangen".

Ganz so einfach ist es aber in der Praxis nicht, wie jeder Judoka, Jiu-Jitsu- oder Hapkido-Übende weiß. In Wahrheit wechselt hier ständig der Impuls. Einer zieht hin, der andere zieht her. Beide drücken und stoßen. Und dann, beim leisesten Anzeichen eines Ungleichgewichts des Gegners, wird dies ausgenutzt und ein Wurf gesetzt. Der Praktizierende kann hier also auch selbst die beiden Pole bilden, aus Drücken und Ziehen, und zwar in kurzer zeitlicher Abfolge.

In eine ähnliche Richtung geht es im Taekwondo. Mit dem Unterschied, dass hier sehr oft gleichzeitig Zug und Druck (Schlag) ausgeübt werden. Um und Yang vereinigen sich also in einer einzigen Bewegung, die sowohl als Angriffs- als auch als Verteidigungsbewegung eingesetzt werden kann.

Dies mag etwas abstrakt klingen, wir werden aber in den folgenden Beispielen sehen, dass dies ein äußerst einfaches Prinzip ist und, dass es in den Poomsae und deren möglichen Anwendungen laufend zum Einsatz kommt.

Das Grundlayout der Techniken, das immer eine Druck- und eine Zugkomponente bereitstellt, bietet folgende Vorteile:

» Der Gegner wird am Ausweichen gehindert.

» Die Balance des Gegners wird gestört.

» Die Distanz und das Timing des Gegners werden gestört.

» Die Wirkung des Angriffs wird erhöht, da sich Druck und Zugkraft addieren.

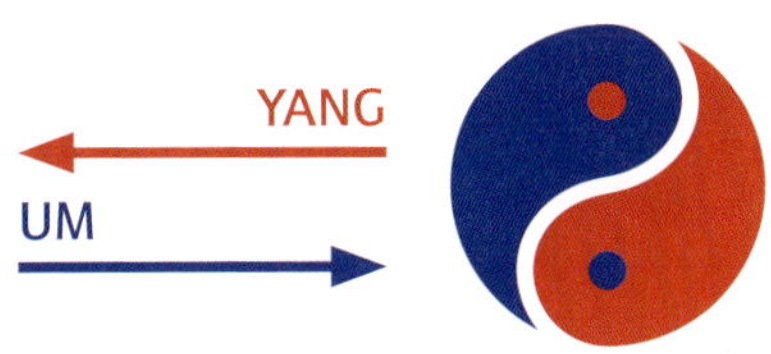

Interpretation des Prinzips von Um und Yang als Zug und Stoß. Die Standardausführung der Techniken sieht mit der Gegenbewegung zur Hüfte exakt so aus – dieser Effekt ist beabsichtigt.

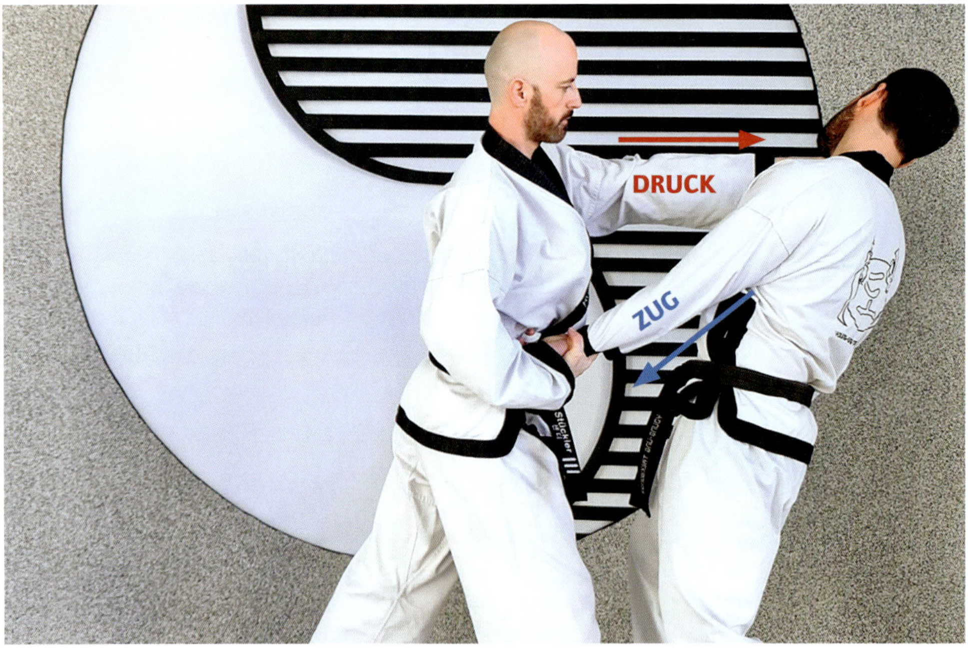

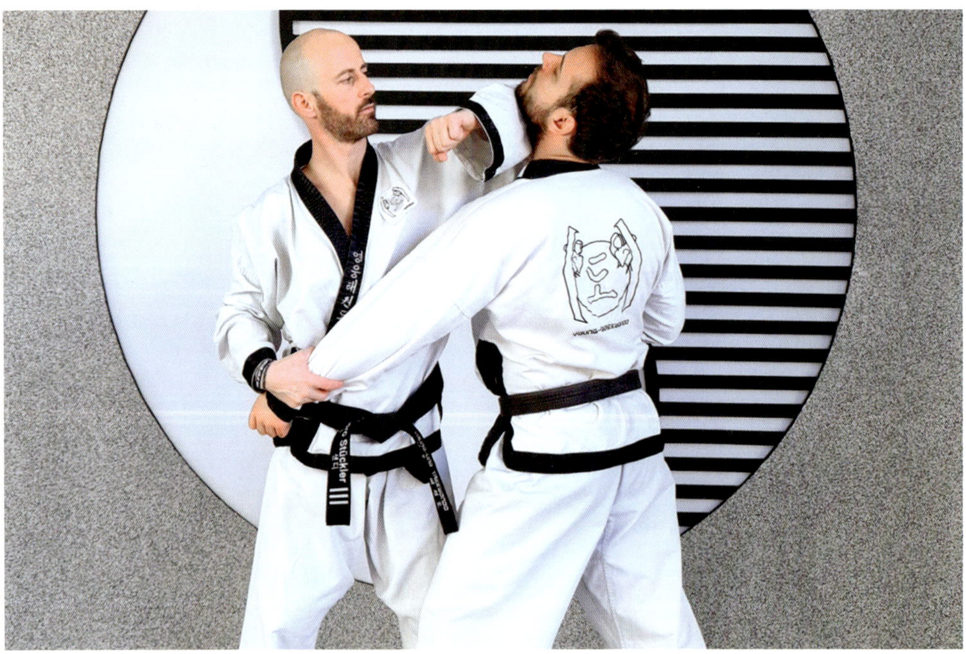

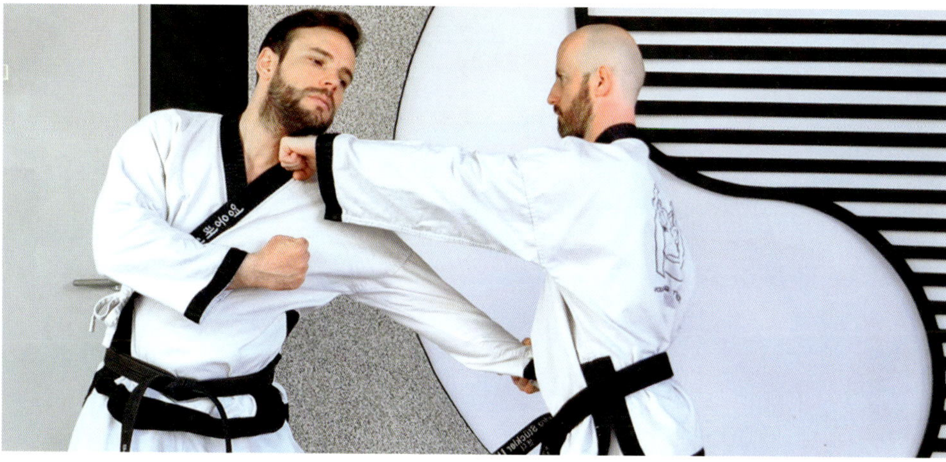

Die maximale Kraftentfaltung und Wirkung entsteht durch den gleichzeitigen Einsatz der beiden entgegengesetzten Kräfte. In den Poomsae äußern sich ***Yin und Yang*** *zumeist als* ***Druck und*** *(entgegengesetzte)* ***Zugkraft****! Achten Sie in den kommenden Kapiteln darauf, wie oft uns dieses Prinzip begegnen wird!*

2.6 Orientierung

- **Die Bewegungen der Poomsae sind durchnummeriert** nach der bekannten Reihenfolge.
- Ausrichtung des Übenden und des Betrachters.
- **Der Betrachter steht im Folgenden immer gegenüber dem Poomsae-Übenden.** Zum Ende der Poomsae, jedenfalls immer, wenn der Übende in der Form gerade nach hinten geht, also vom Betrachter weg, geht er im Foto aufgrund der besseren Sichtbarkeit schräg nach hinten.
- Wenn der Übende auf den Betrachter zukommt, geht er üblicherweise gerade nach vorne. **Wenn die Anwendung zu zweit gezeigt wird, wechselt die Richtung in eine leichte Schräge,** falls dies zur Sichtbarkeit der Technik notwendig ist. Auch bei der allein ausgeführten Poomsae wird so verfahren. Dem Betrachter soll hierdurch möglichst gute Sicht gewährleistet werden.

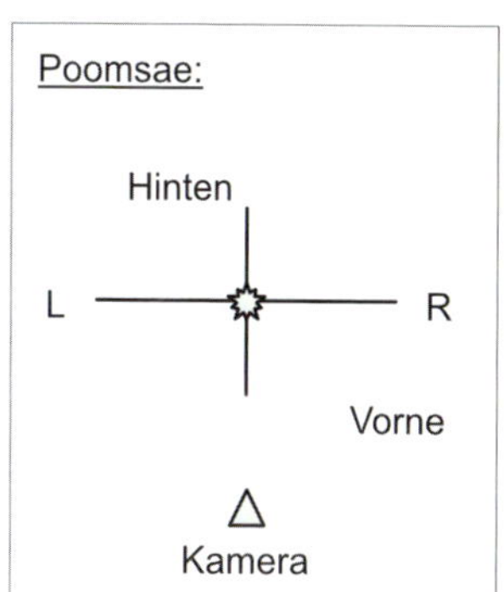

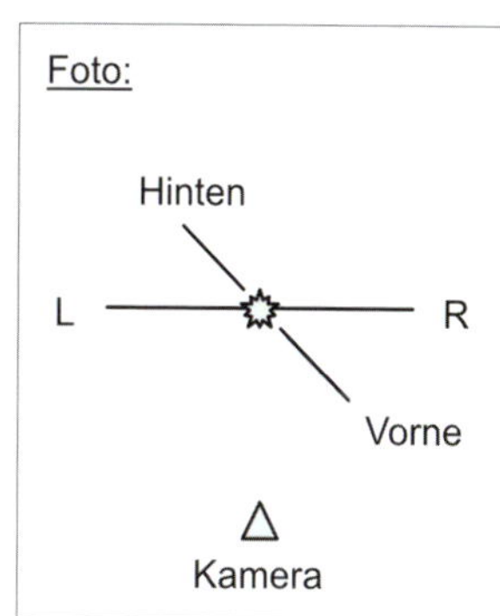

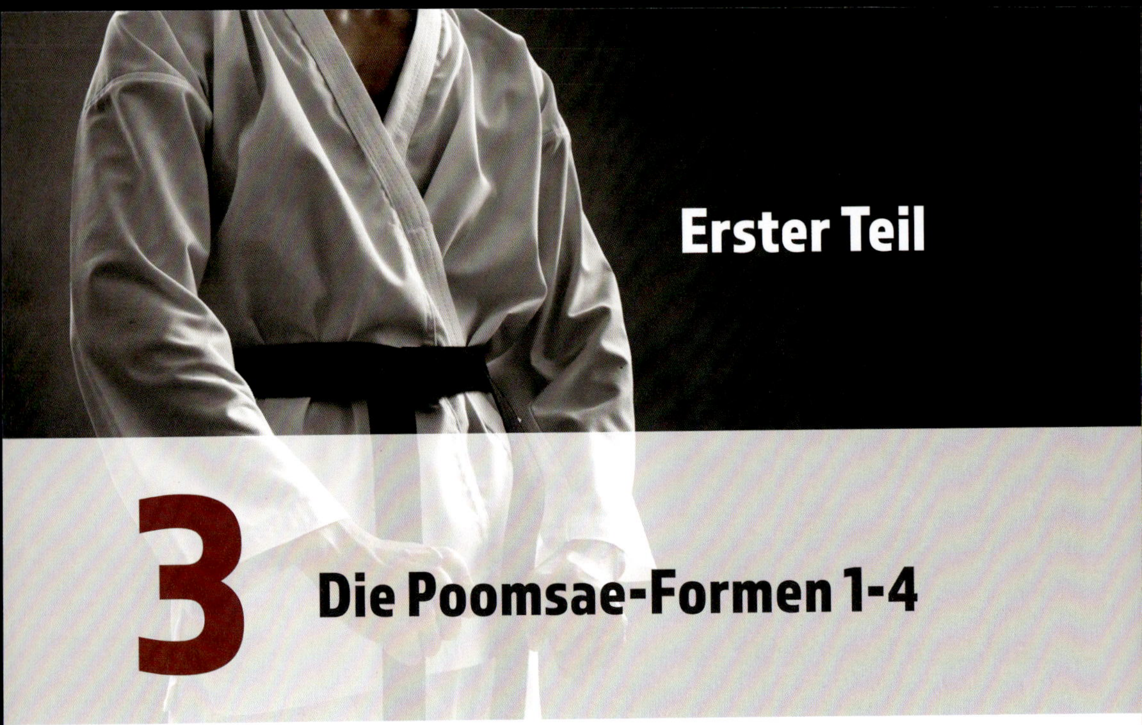

Erster Teil

3 Die Poomsae-Formen 1-4

3.1 Taegeuk Il-Jang

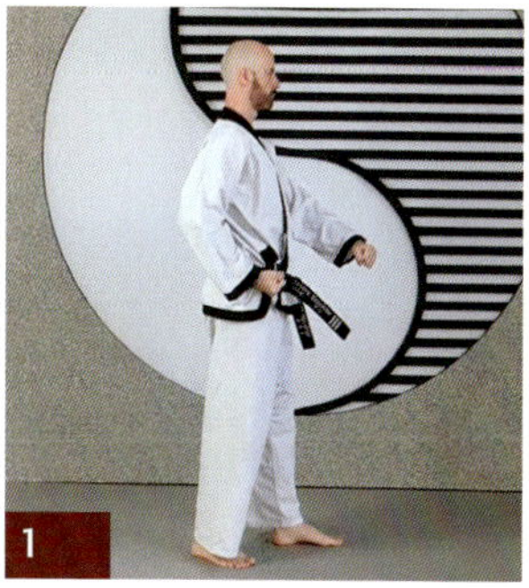
1

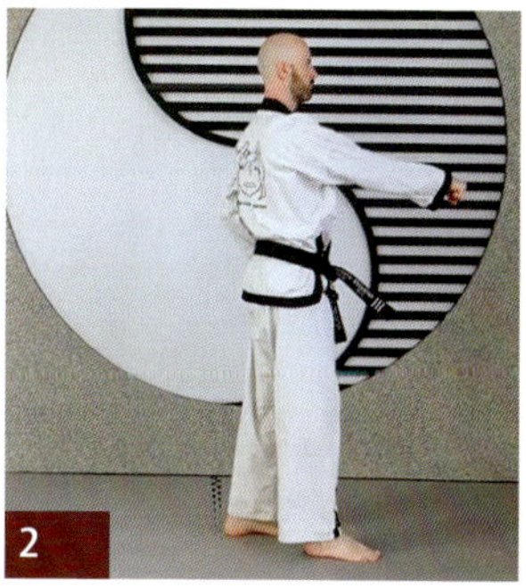
2

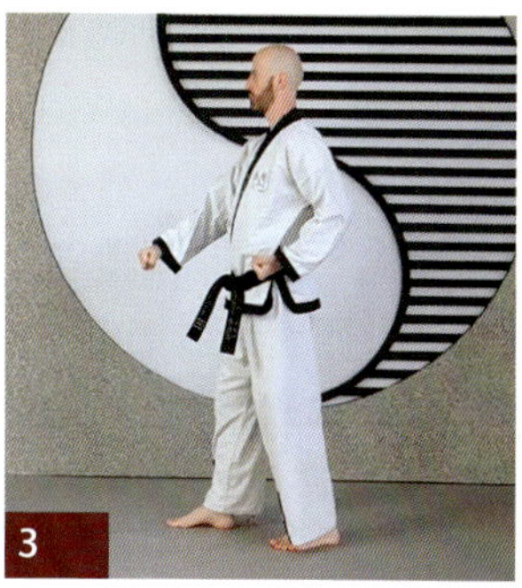
3

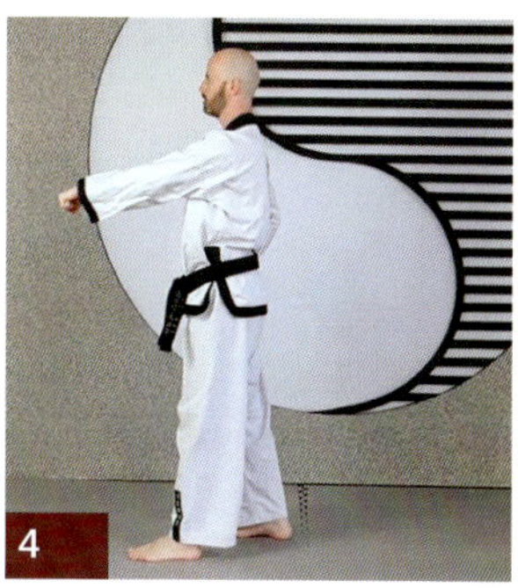
4

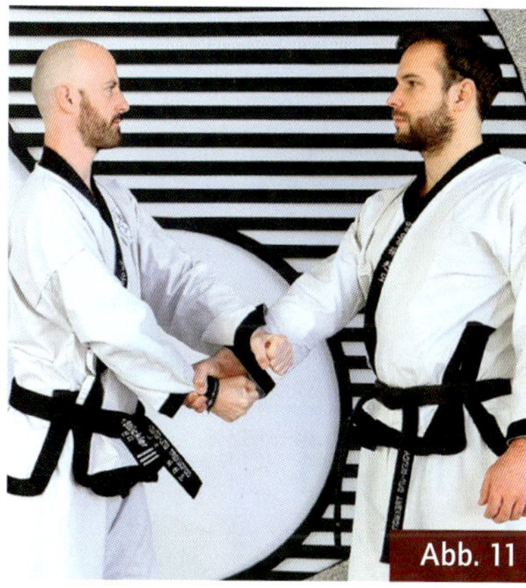
Abb. 11

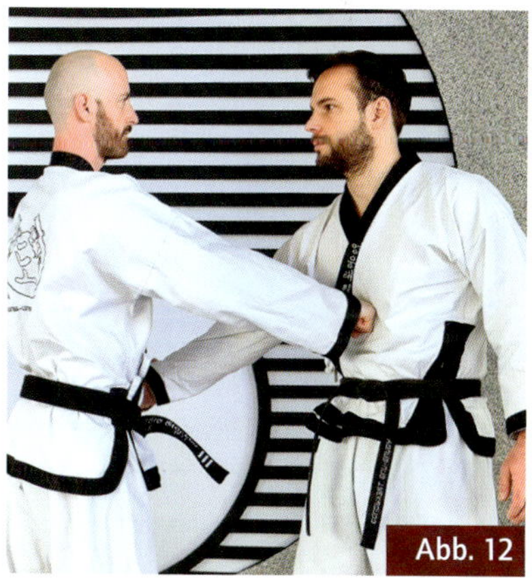
Abb. 12

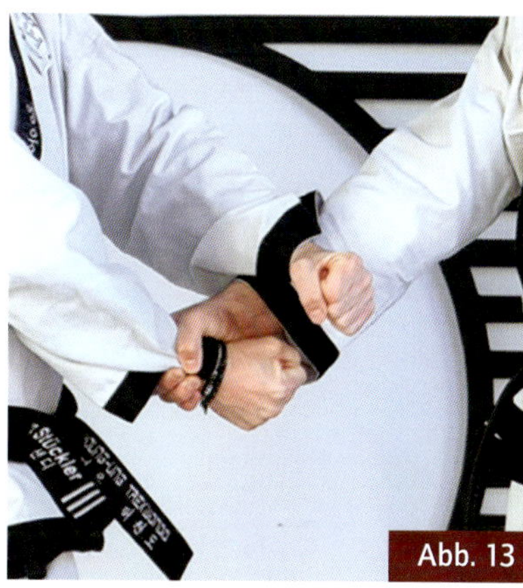
Abb. 13

Arae-Makgi (Hadan-Makki) als Befreiungstechnik

Das Wichtigste zu „Poomsae 1" auf einen Blick:

Einführung der einfachsten Befreiungstechnik gegen einen Griff zum Handgelenk (Arae-Makgi, oder Tiefblock). Einführung einfacher mittlerer Abwehr und Anwendung als Ellbogenhebel (Momtong Palmok An-Makgi oder Mitteblock). Einführung des Hochblocks oder Ulgul-Makgi als Schlag zum Hals oder Kinn des Gegners. Vorstellung der Basisabfolge von Befreiung – Gegenangriff und Abschlusstechnik. Einfache Wurftechniken mit Drehungen.

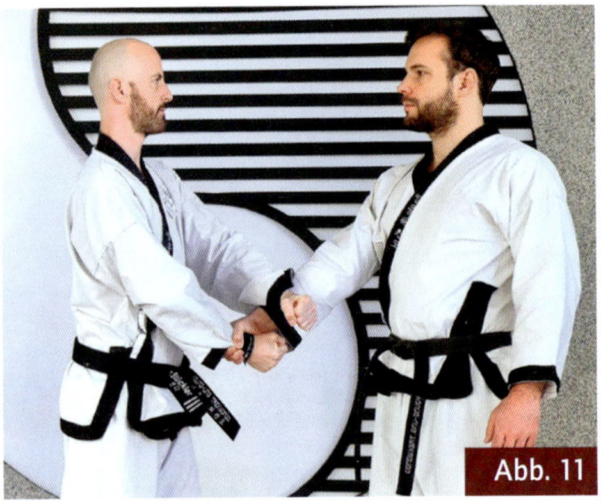
Abb. 11

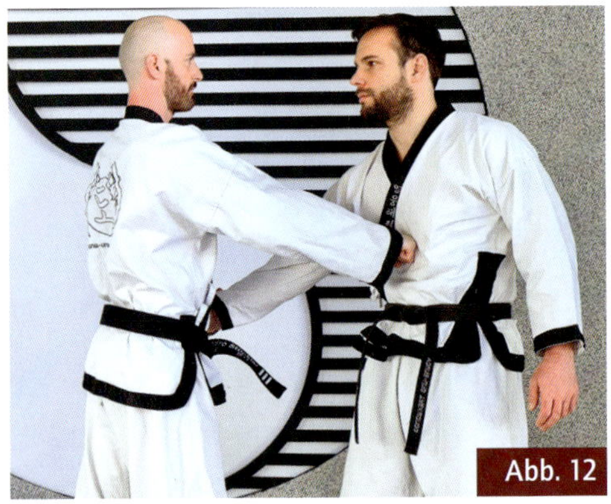
Abb. 12

Die Basis ist hier ein Griff des Aggressors zum Handgelenk mit der gegenüberliegenden Seite (also die rechte Hand des Angreifers zum rechten Handgelenk des Verteidigers).

Zur wirksamen Ausführung der Befreiung durch das Abschlagen (oder Abstreifen) der Hand des Gegners ist hier die gleichzeitige und entschlossene Ausführung der Gegenbewegung von besonderer Bedeutung.

Der nachfolgende Fauststoß zeigt einen möglichen Abschluss der Verteidigung auf.

Anmerkung: Wird mit der gleichen Körperseite angegriffen, ist die Verteidigung auch möglich, jedoch empfiehlt sich hier eher die Ausführung mit der Gegenbewegung in Richtung Brustbein (vgl. Technik „Knochenbrecher"-Block Abb. 10).

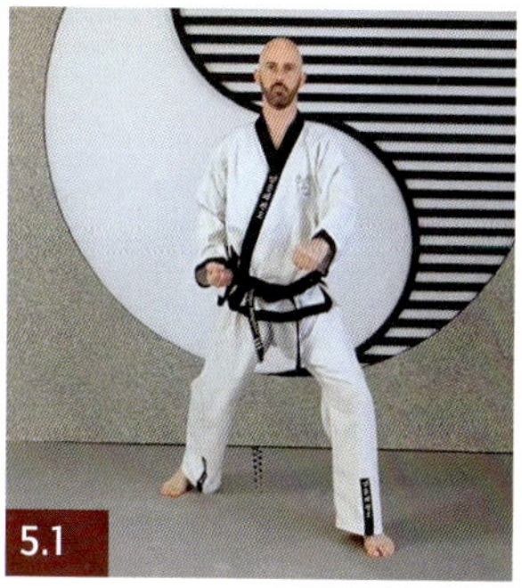
5.1

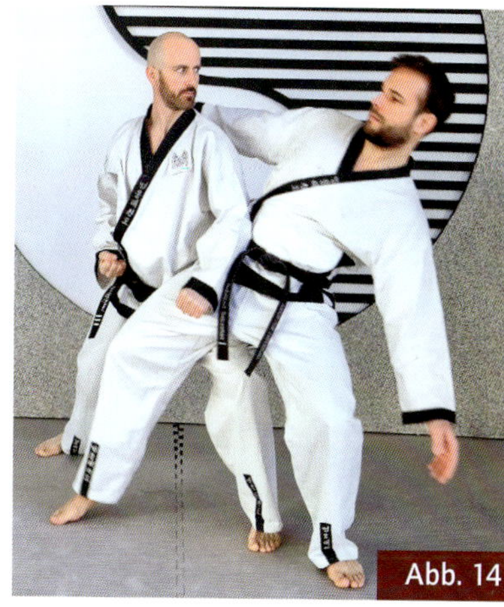
Abb. 14

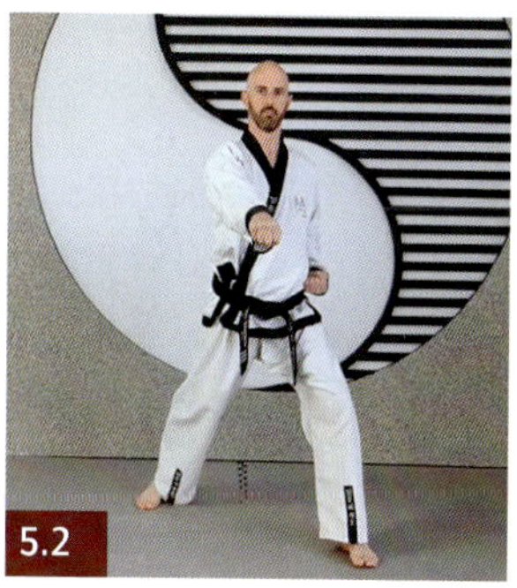
5.2

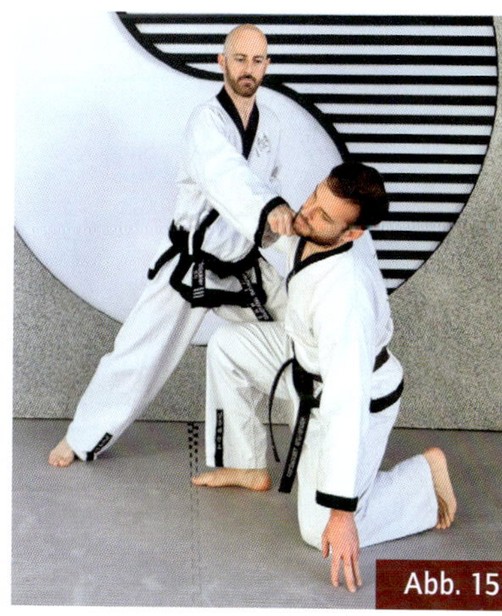
Abb. 15

Der Tiefblock nach vorne, speziell in Kombination mit einer Drehung, kann als Wurftechnik über den Oberschenkel des Verteidigers gesehen werden. Durch den tiefen Schwerpunkt des Verteidigers ist dieser im Vorteil und kann den Angreifer destabilisieren. Nachdem der Gegner zu Fall gebracht wurde, wird mit einem Fauststoß abgeschlossen. Diese Technik wäre speziell nach einem Würger von der Seite oder „Schwitzkasten" einsetzbar.

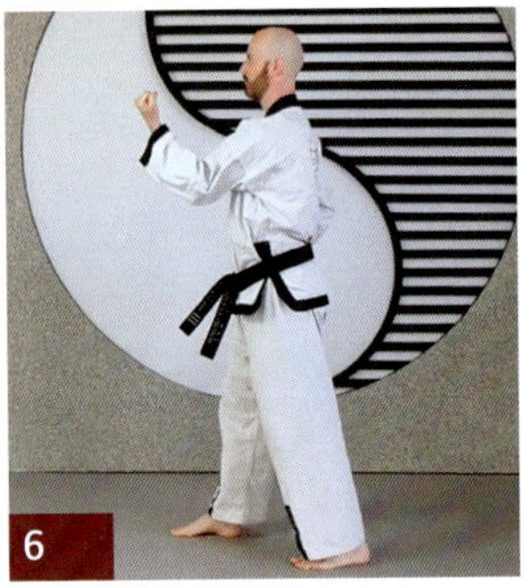

6

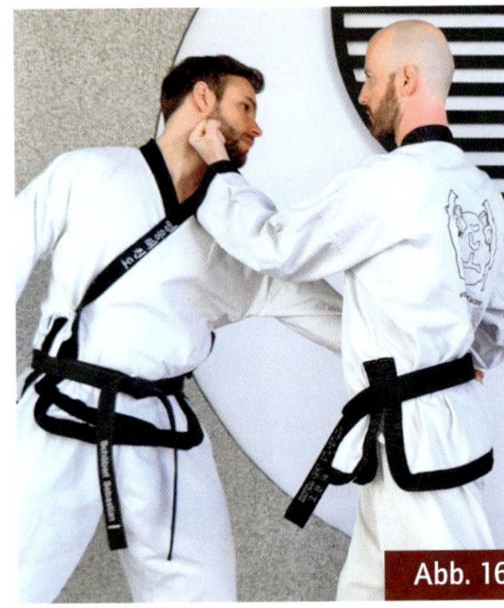

Abb. 16

Ein Momtong-Makgi als Hammerfauststoß

Eine Variante ist hier, den Mitteblock als Hammerfaustangriff zum Unterkiefer des Gegners zu verstehen. Der Gegner wird mit der Gegenbewegung aus dem Gleichgewicht gebracht. Der Fauststoß schließt ab.

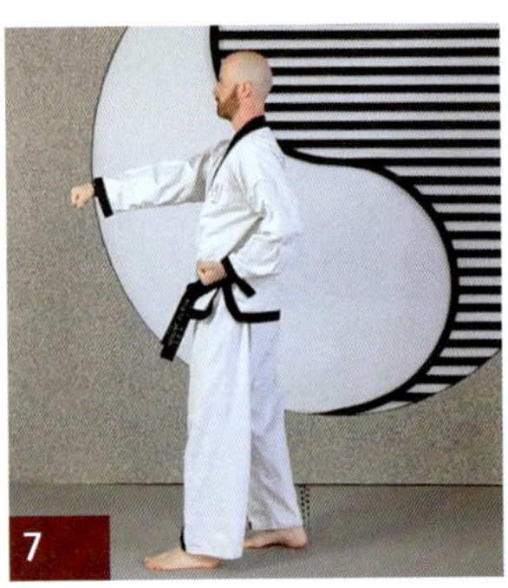

7

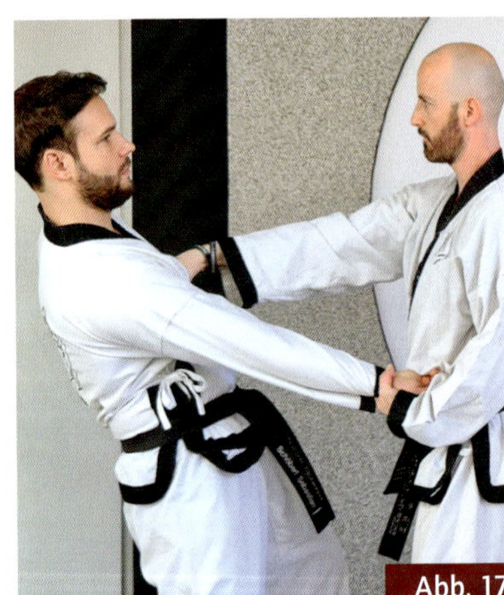

Abb. 17

Prinzip Zug und Stoß

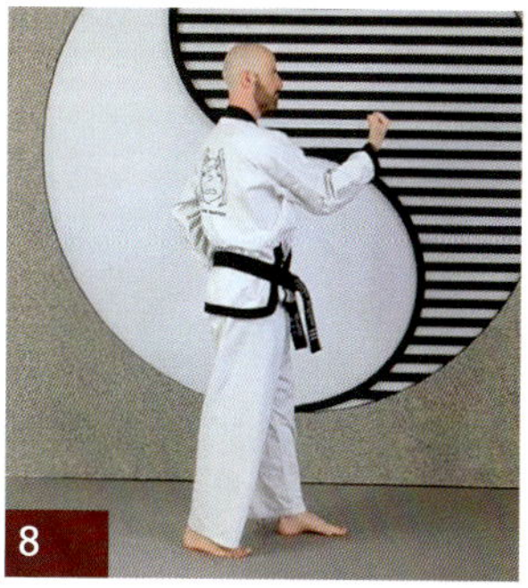

8

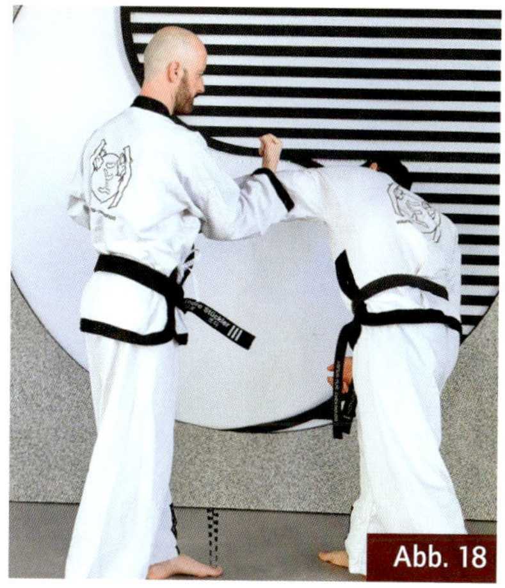

Abb. 18

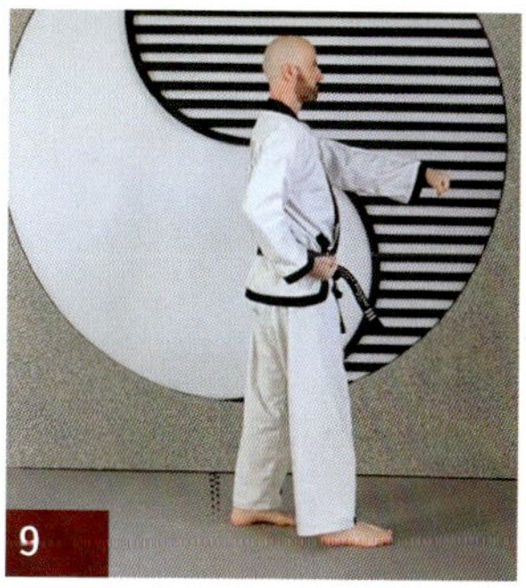

9

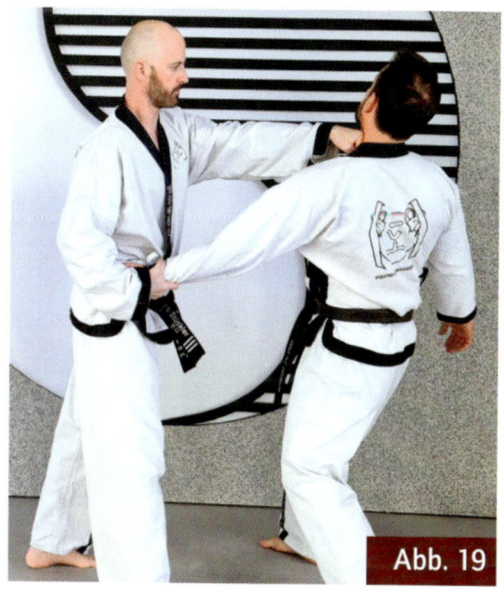

Abb. 19

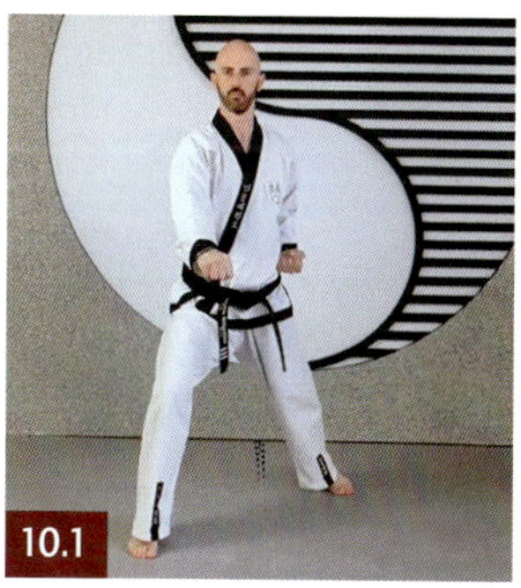

10.1

Variante 2 zeigt den Block als Armhebel, der danach aufgegeben wird, um mit einem Fauststoß abzuschließen. Durch den Hebel als Einleitung wird der Angreifer gleichsam in den darauf folgenden Fauststoß hineingezogen.

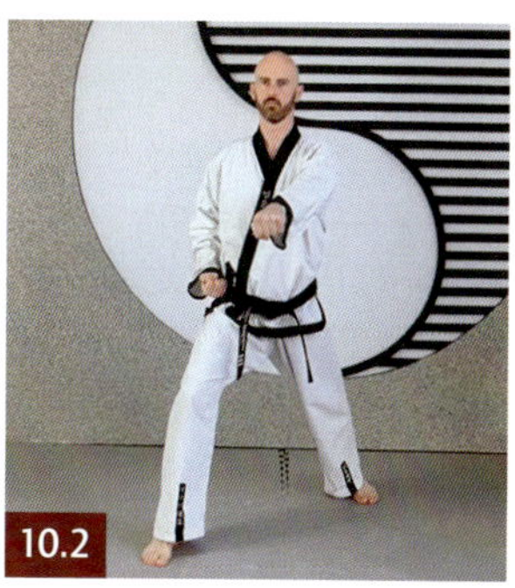

10.2

Beispiel siehe 5.1 und 5.2

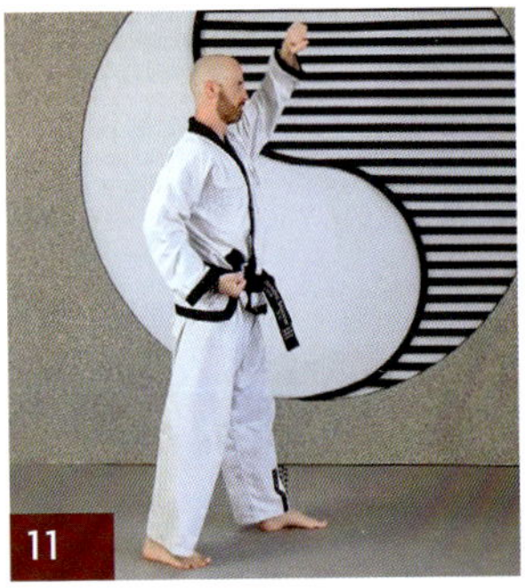

11

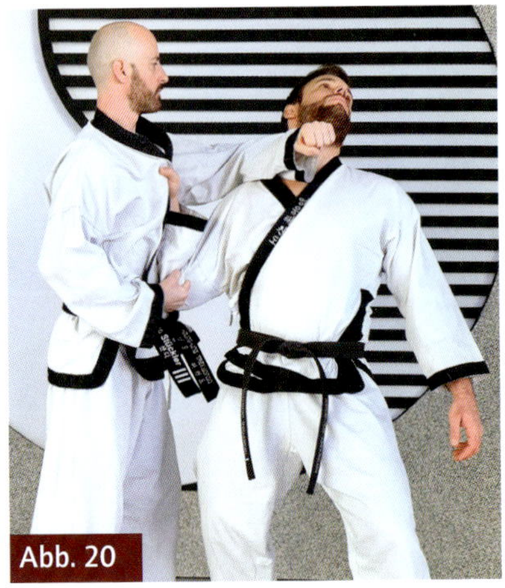

Abb. 20

Man beachte das Ziehen der zweiten Hand am Ellbogen des Gegners.

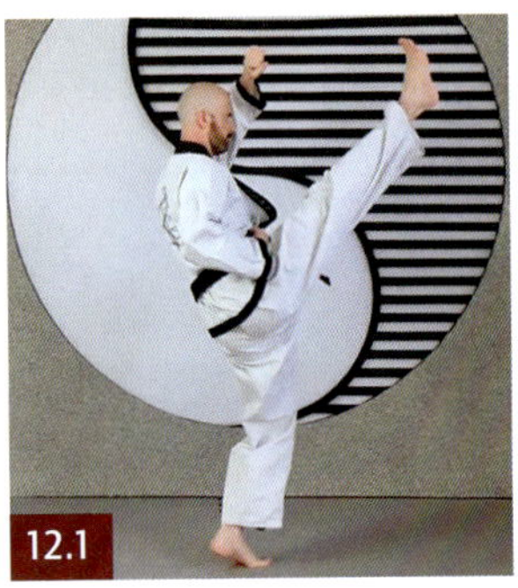

12.1

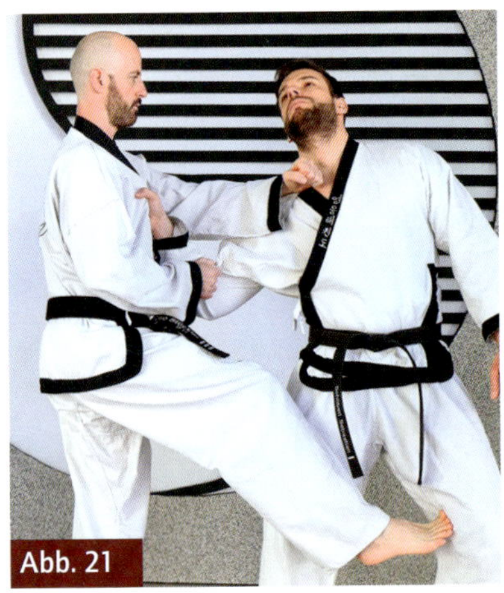

Abb. 21

Kicks werden im Selbstschutz meist unter Hüfthöhe gesetzt.

Hochblock: Der Gegner hält am Revers fest. Der sogenannte *Hochblock* wird als Schlag mit dem Unterarm (Elle) zum Hals oder Kinn des Gegners ausgeführt. Der Gegner wird dadurch nach hinten gedrückt. Gleichzeitig ist die Technik eine Ablenkung und leitet den darauf folgenden Tritt ein, welcher dadurch schwieriger zu blocken ist. Beachte hier das Ablenkungsschema: Oben-unten!

Um den Gegner abzulenken und die Wahrscheinlichkeit des eigenen Treffens zu erhöhen, ist ein aufeinanderfolgendes Angreifen in unterschiedlichen Höhen zielführend!

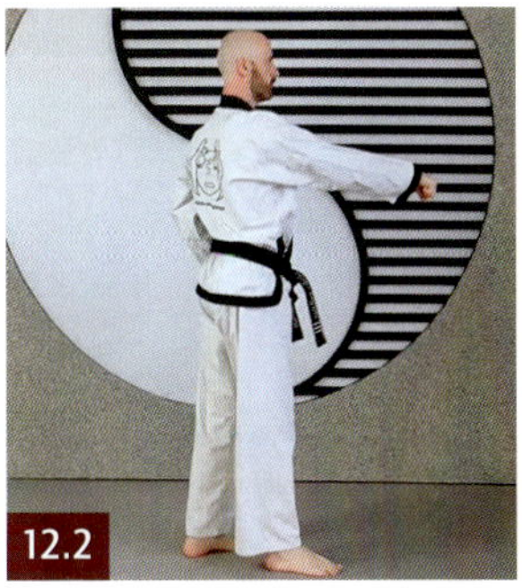
12.2

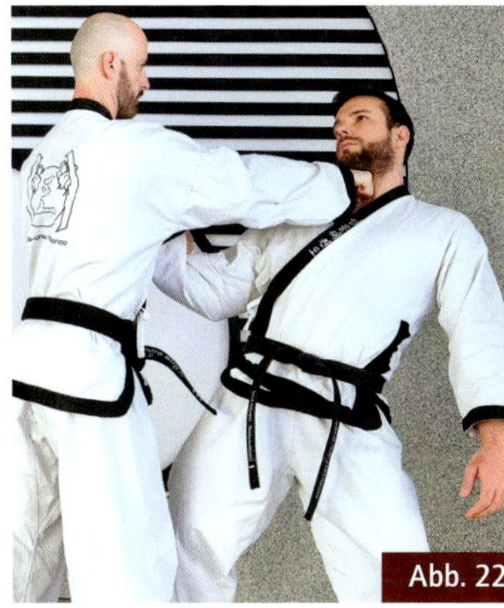
Abb. 22

Fauststoß zum Hals.
Die Gegenbewegung kontrolliert den Angreifer.

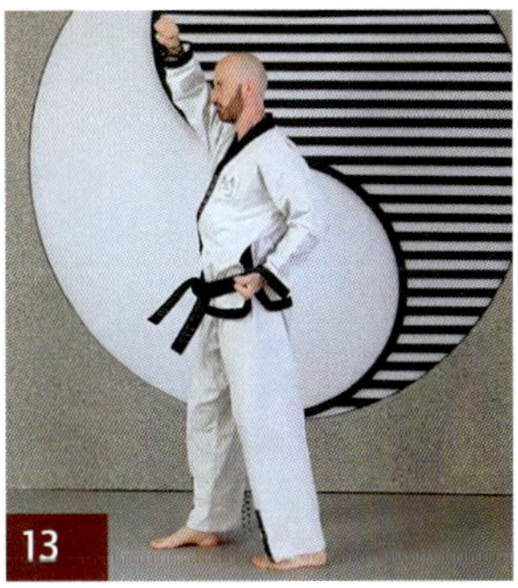
13

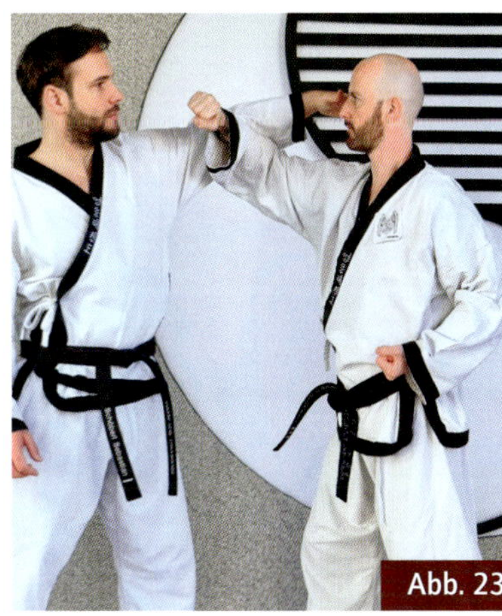
Abb. 23

Der Hochblock befreit von einem Griff zur Schulter.

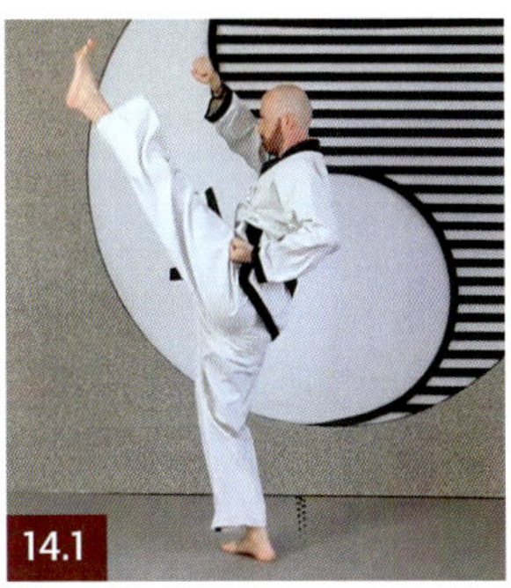
14.1

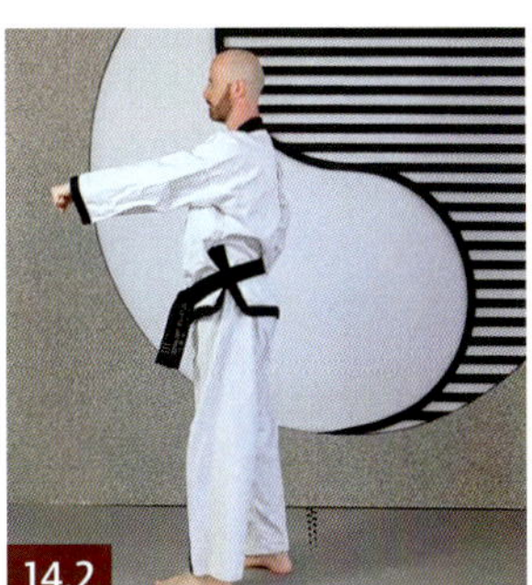
14.2

In Abb. 21 wird der Fauststoß zum Hals ausgeführt. Die zweite Hand spielt eine wichtige Rolle, sie kontrolliert die Hand des Gegners und hindert ihn daran, dem Schlag zu entkommen.

In Abb. 23 gehen wir davon aus, dass der Angreifer den Verteidiger an der Schulter hält. Der Hochblock bildet hier wieder eine Befreiungstechnik, bevor auch hier wieder mit einem Fauststoß abgeschlossen wird.

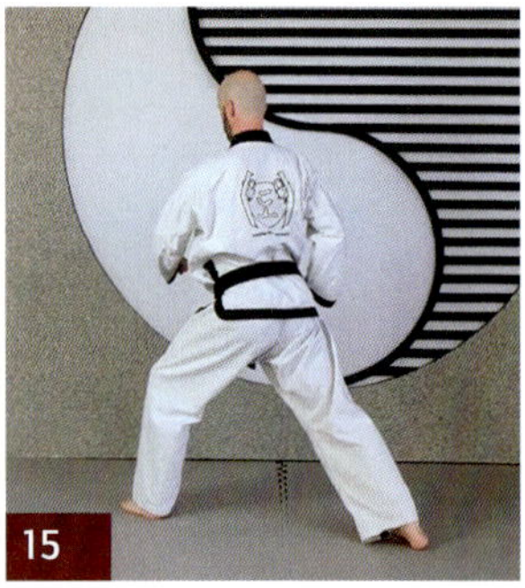

15

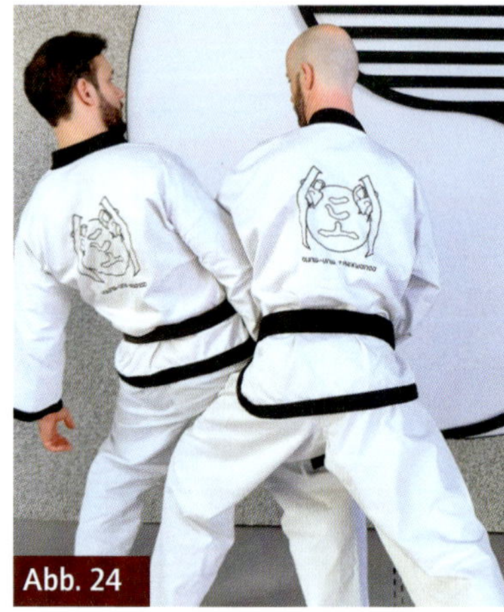

Abb. 24

Arae-Makgi als Wurftechnik

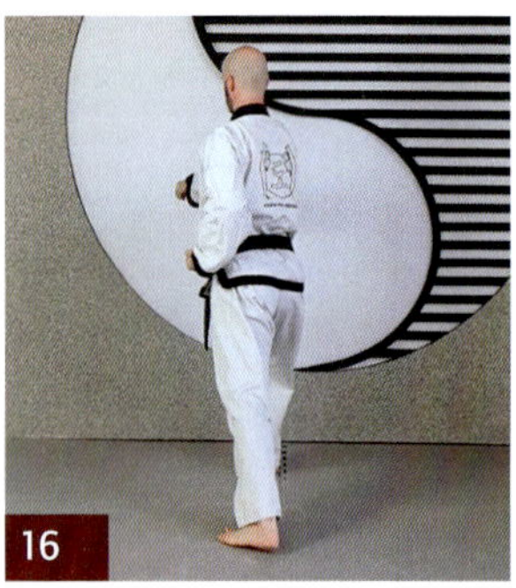

16

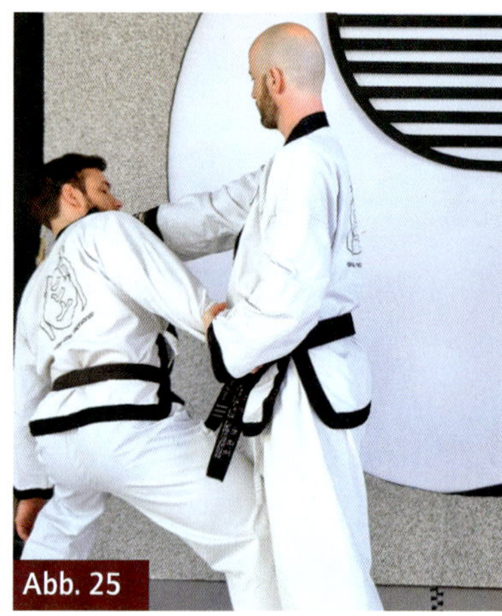

Abb. 25

Auch in dieser Passage (Abb. 24) kann die Drehung als Wurfbewegung angenommen werden. Der Gegner wird dabei mit dem Unterarm über den Oberschenkel des Verteidigers aus dem Gleichgewicht gebracht. Nachdem er versucht, wieder hochzukommen, wird mit einem Faustsstoß abgeschlossen (Abb. 25).

Eine genaue Betrachtung der Bewegungen und Konzepte der ersten Poomsae erweist sich als sehr sinnvoll, da das Verständnis der Bewegungen der ersten Form eine hervorragende Grundlage zur Entschlüsselung und zum Verständnis der höheren Formen bildet!

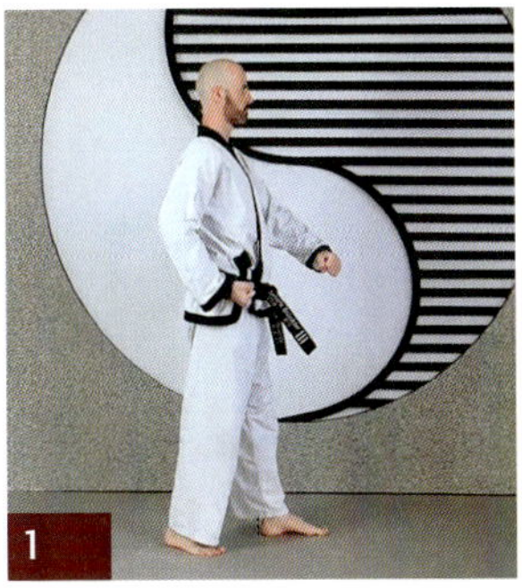
1

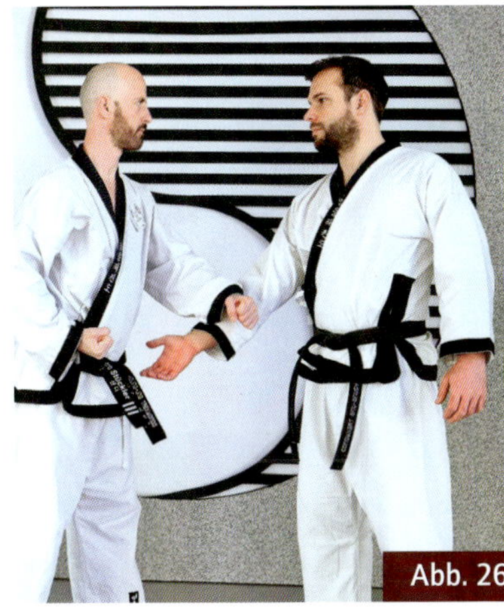
Abb. 26

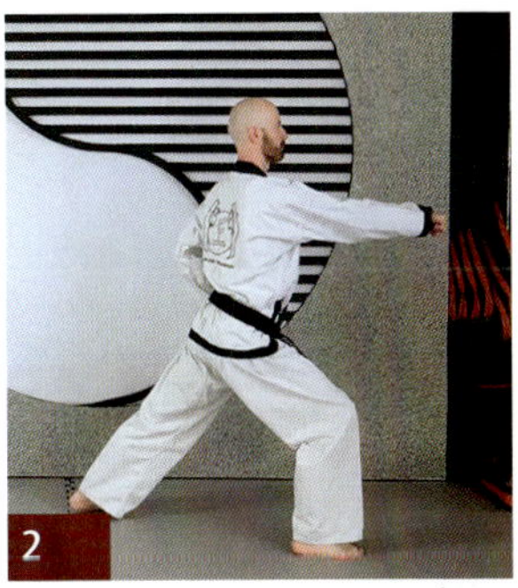
2

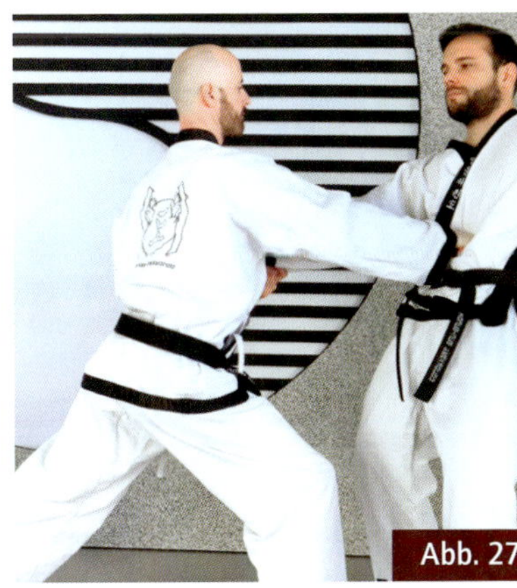
Abb. 27

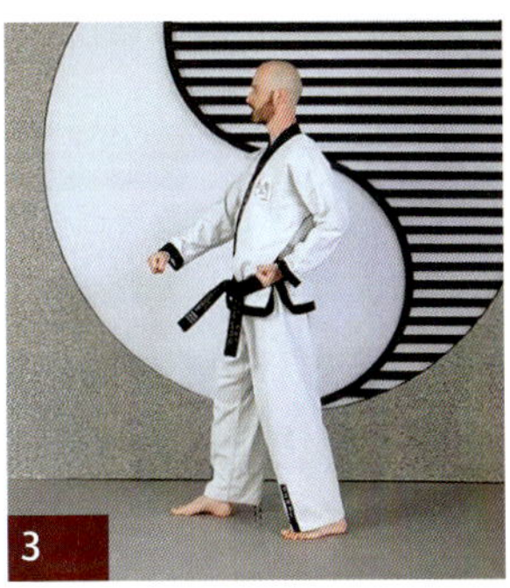
3

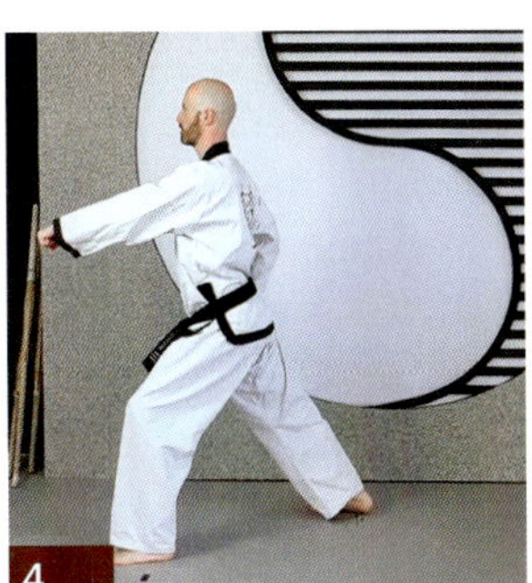
4

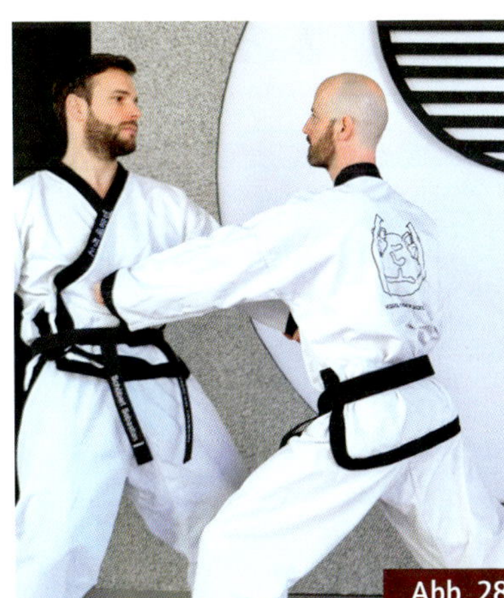
Abb. 28

3.2 Taegeuk I-Jang

Das Wichtigste zu „Poomsae 2“ auf einen Blick:

- Variation der Techniken von Poomsae 1. Fauststoß mit tiefem Körperschwerpunkt. Fauststoß zum Kopf.
- Neu: Ausführung desselben Bewegungsmusters zweimal in Folge als Block – Schlag oder Hebel – Schlag etc.
- Neu: Schnelle Abfolge mehrerer Angriffe hintereinander (Ende) – entschlossenes Vorgehen und Streben nach dem schnellen Abschluss als Konzept.

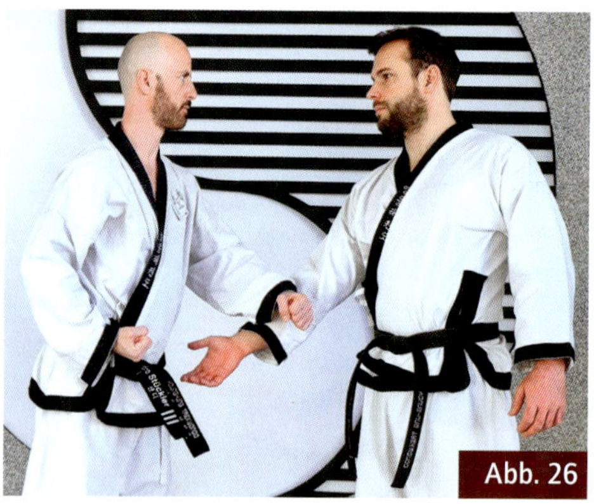

Abb. 26

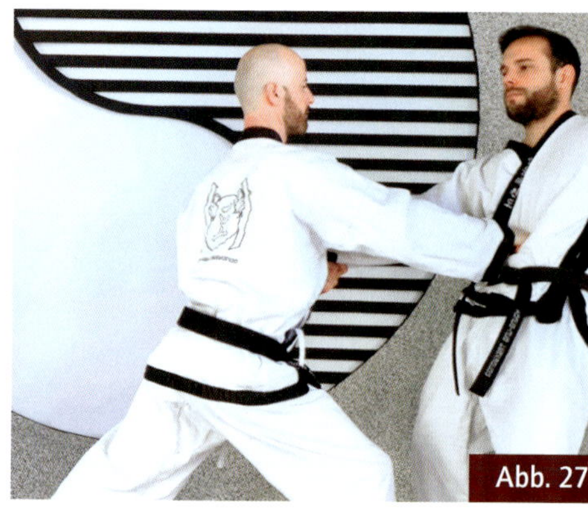

Abb. 27

Die erste Bewegung wird wieder als Befreiung gegen einen Griff zum Handgelenk verstanden. Den darauf folgenden Fauststoß zum Körper führt der Verteidiger in einer tiefen Schrittstellung aus (Apgubi Seogi). Dadurch vergrößert er die Reichweite des nachfolgenden Schlags und gibt ihm mehr Wucht nach vorne. Gleichzeitig bleibt der Angreifer dadurch in einer starken Vorwärtsbewegung, was es dem Gegner erschwert, sein Gleichgewicht zu behalten bzw. einen Gegenschlag zu führen.

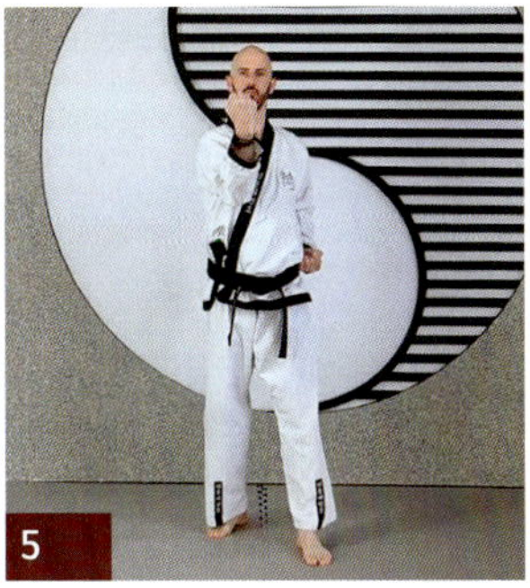
5

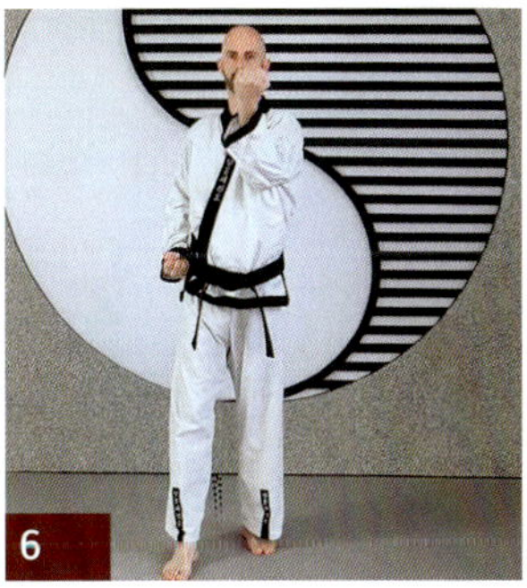
6

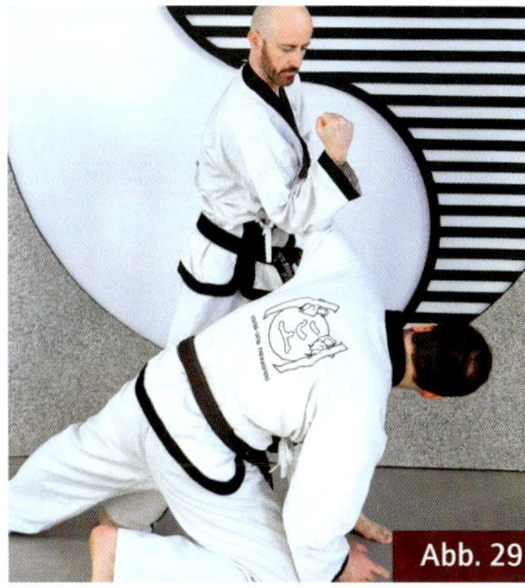
Abb. 29

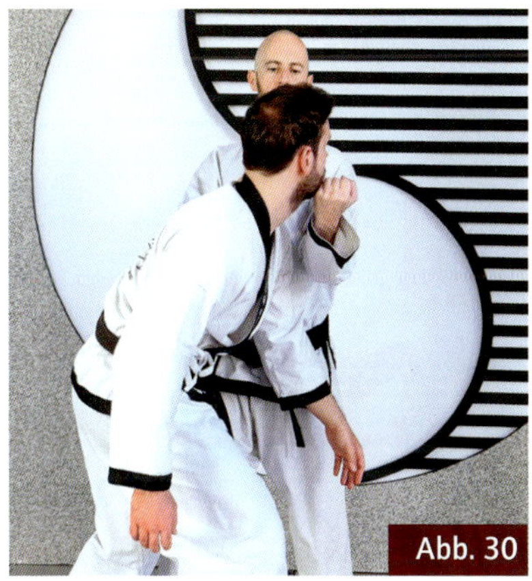
Abb. 30

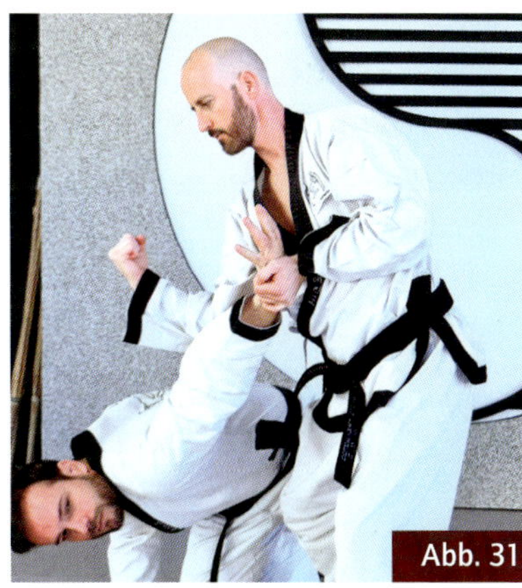
Abb. 31

Momtong-An-Makgi Ellbogenhebel aus der anderen Richtung

Wir haben den Mitteblock als Schlagtechnik und als Armhebel bereits in Poomsae 1 kennengelernt. Hier gehen wir von einem Armhebel beim ersten Momtong-Makgi aus (induziert durch die Drehung).

Der zweite Mitteblock ist wohl als Hammerfaust (zum Unterkiefer) und Abschlusstechnik zu verstehen, da danach die Bewegungsrichtung in der Poomsae geändert wird.

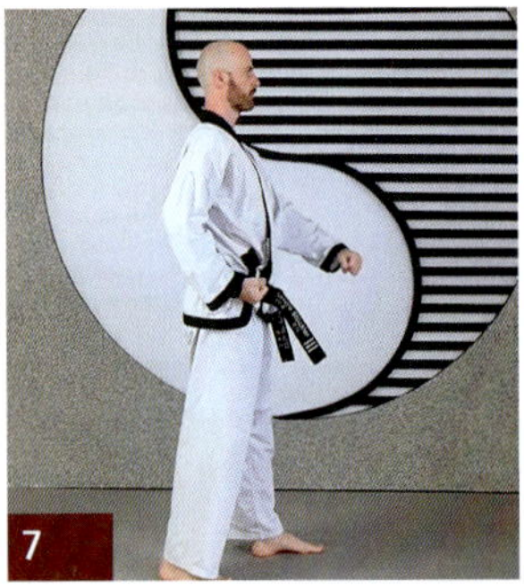

7

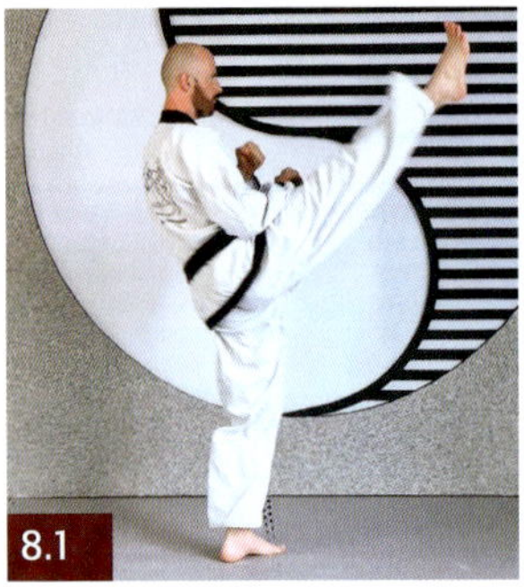

8.1

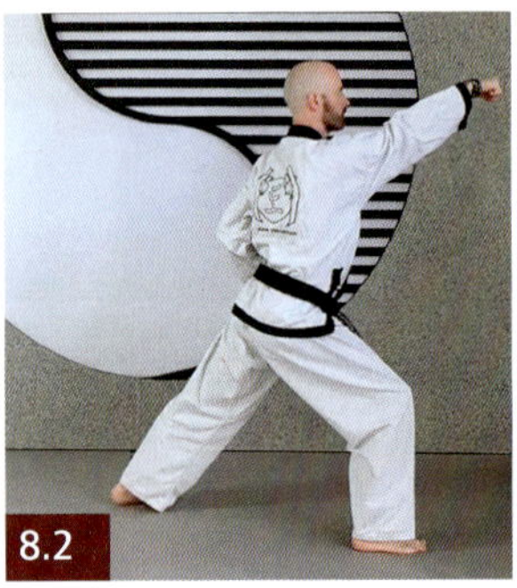

8.2

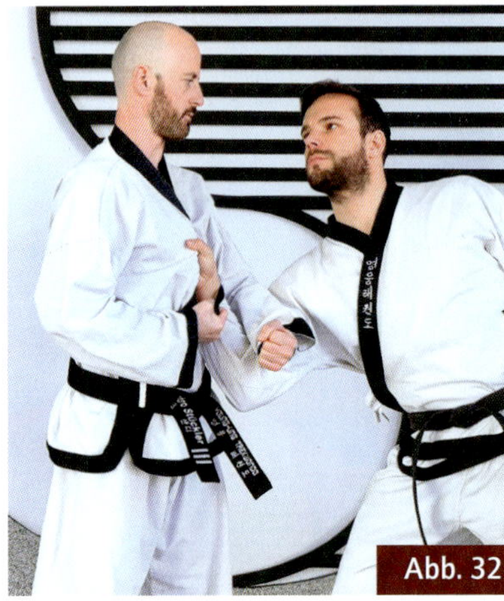

Abb. 32

Die Gegenbewegung fixiert die Hand des Gegners (!).

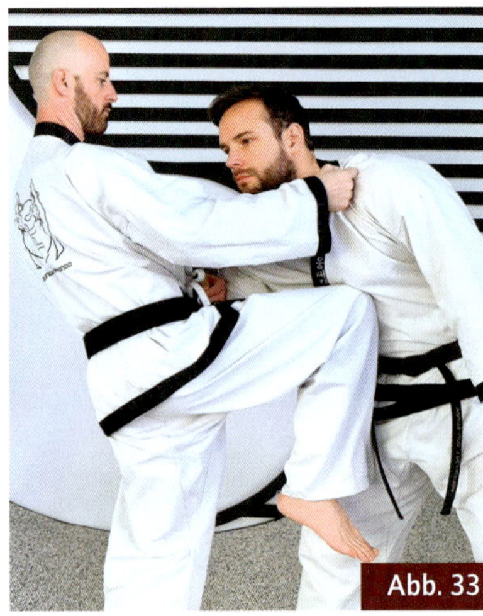

Abb. 33

Diesmal dient der Tiefblock zum Heranziehen (und Kontrollieren) des Gegners. Der Kick kann zum Unterleib, als Kniestoß oder als Fegetechnik zur Destabilisierung des Gegners ausgeführt werden. Hier wird ein Kniestoß zum Solarplexus gezeigt.

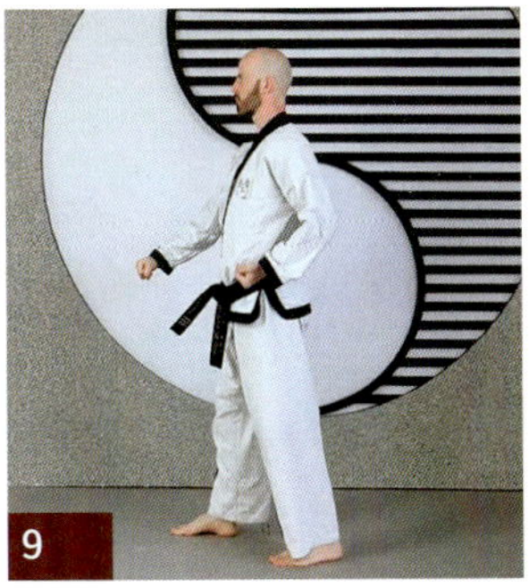

9

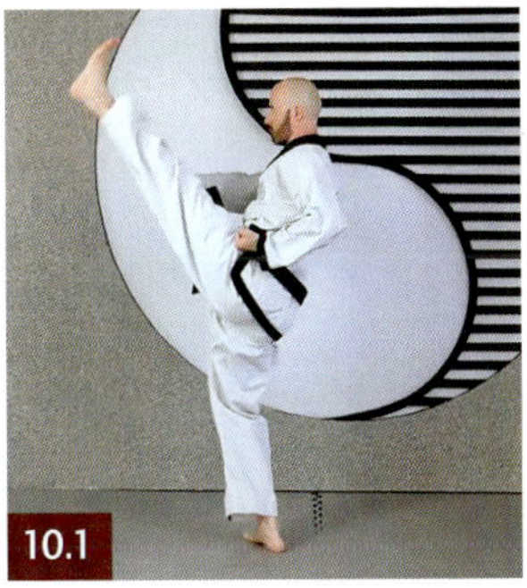

10.1

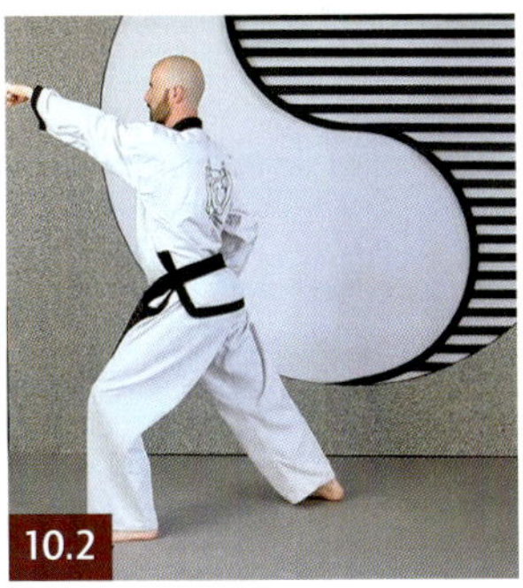

10.2

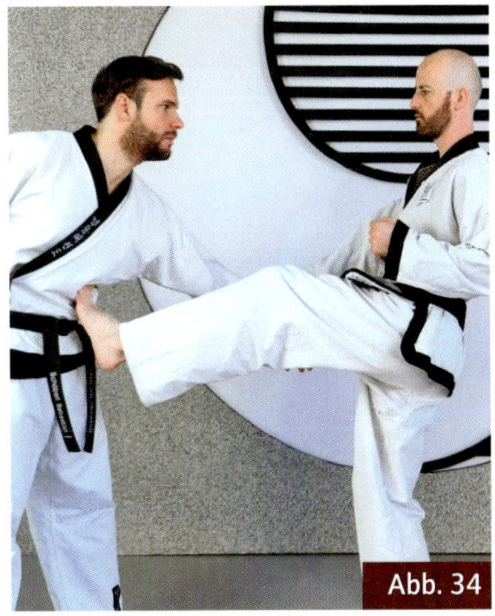

Abb. 34

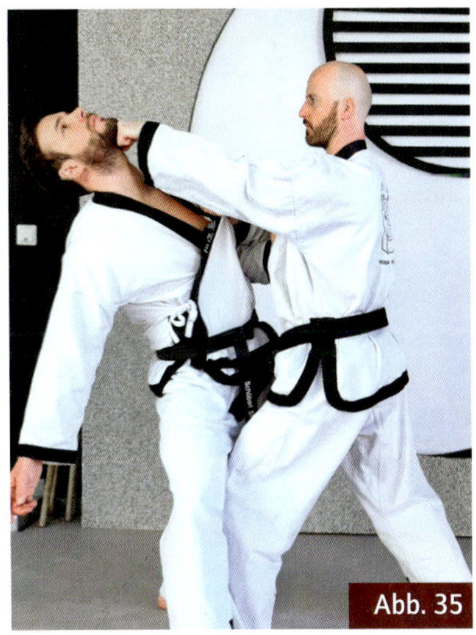

Abb. 35

Im zweiten Beispiel folgt auf die Kontrolltechnik ein Ap-Chagi in den Bauch sowie ein Fauststoß zum Kopf des Angreifers.

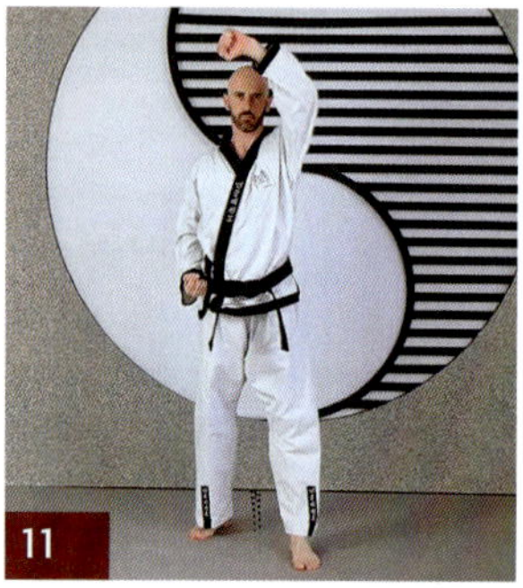

11

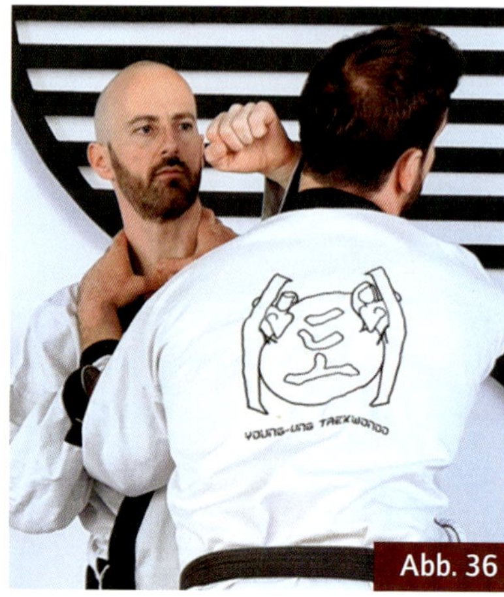

Abb. 36

Schaue dir auch Abb. 20 an, um die Technik von der Seite zu sehen!

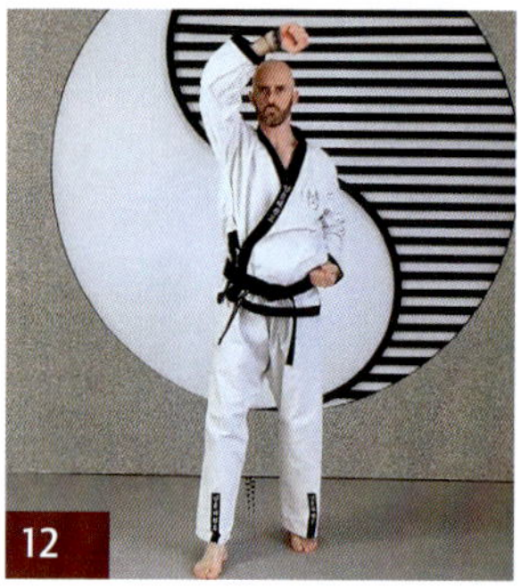

12

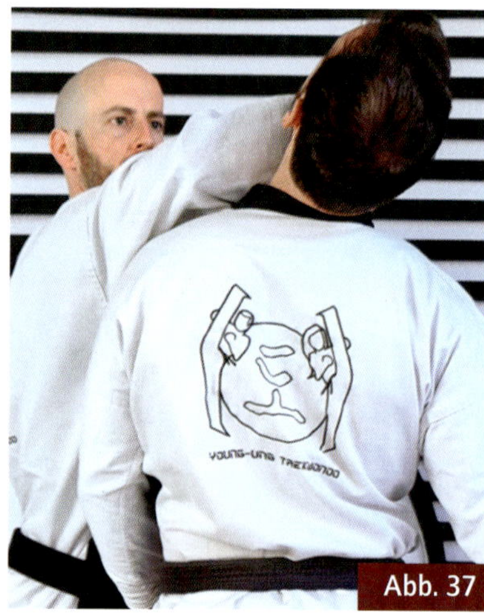

Abb. 37

Die Hochblocks sind hier Schläge mit dem Unterarm zum Unterkiefer des Angreifers, um sich gegen einen Würgegriff aus kurzer Distanz zu befreien.

Achtung: Die Hand, welche die Gegenbewegung ausführt, zieht den Arm des Angreifers nach unten und verstärkt dadurch die Wirkung des Befreiungsschlags. Die zweimalige Ausführung der Technik schließt hier Befreiung und Gegenangriff mit ein.

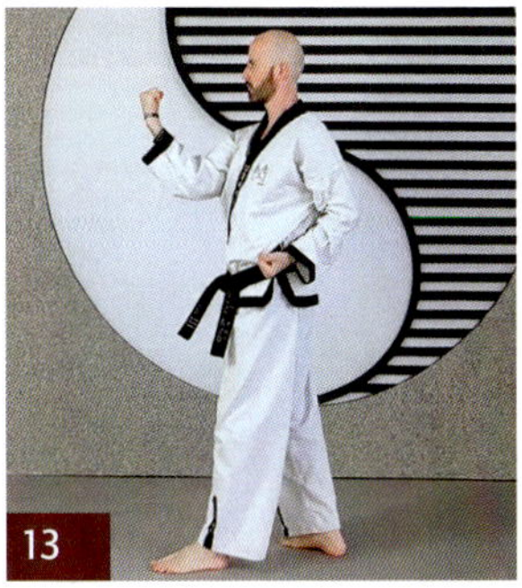
13

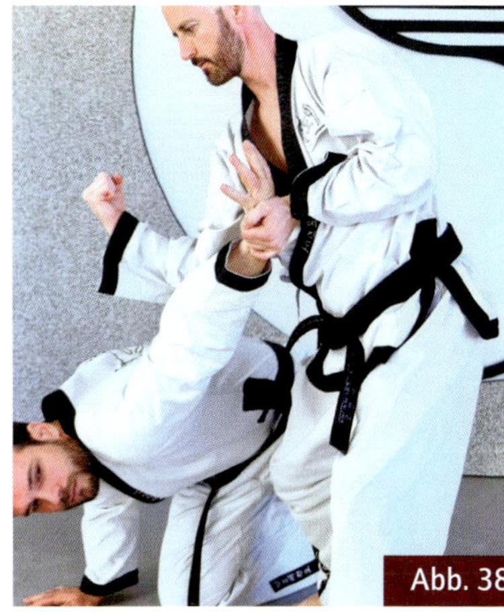
Abb. 38

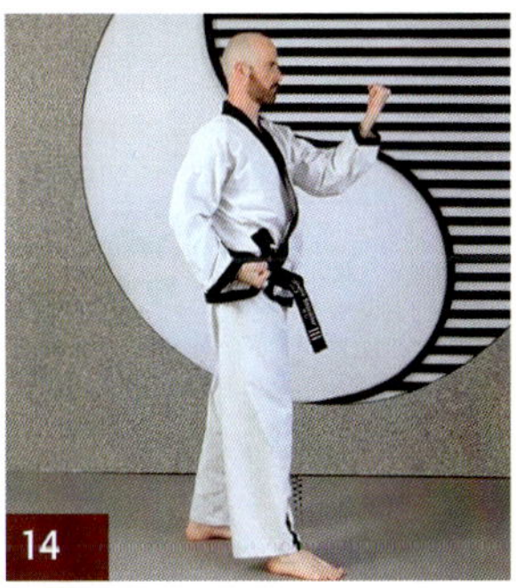
14

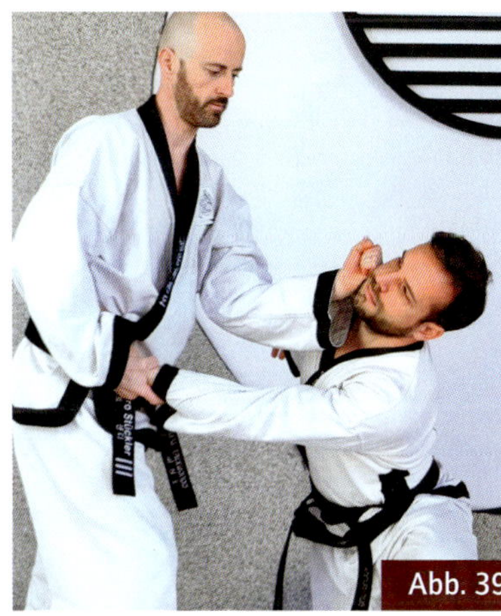
Abb. 39

Momtong-An-Makgi als Hammerfaust-K.-o-Schlag

In Sequenz 13 und 14 sind zwei Dinge erkennbar:

Der erste Momtong An-Makgi kommt aus einer Drehbewegung, was seine Anwendbarkeit als Armhebel begünstigt und wahrscheinlich erscheinen lässt. Hier gilt das Gleiche wie für Bewegung 13.

Des Weiteren beendet der zweite Momtong An-Makgi (Mitteblock) die Aktion für die aktuelle Bewegungsachse. Wir haben hier den Gegner entweder Knock-out geblockt oder, die wahrscheinlichere Interpretation, die Bewegung ist als Hammerfauststoß zum Unterkiefer zu verstehen. Nach dem K.-o.-Schlag wäre hier keine weitere Gegenwehr zu erwarten, und es kann die neue Bewegungsrichtung eingeschlagen werden.

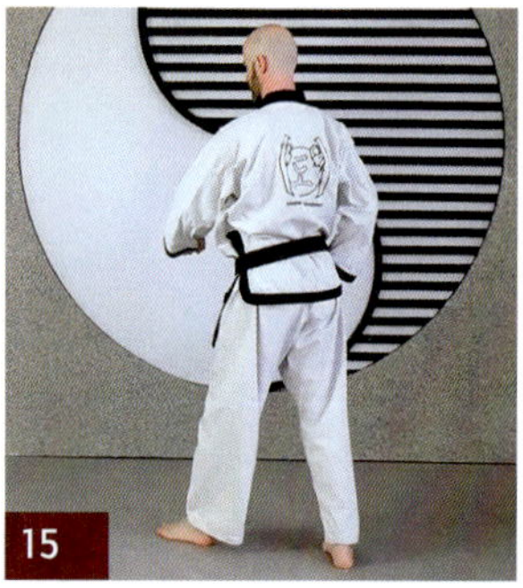

15

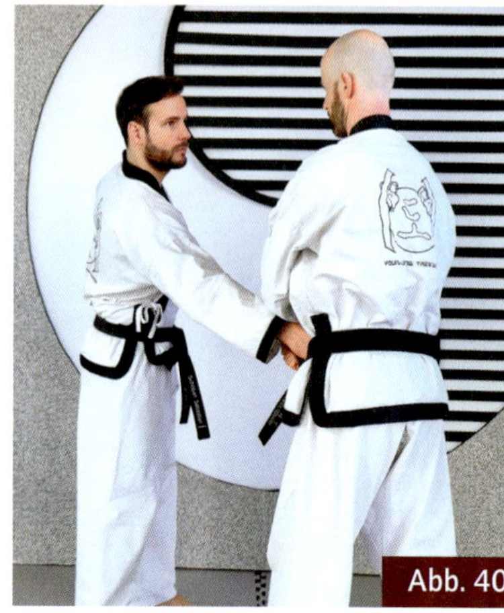

Abb. 40

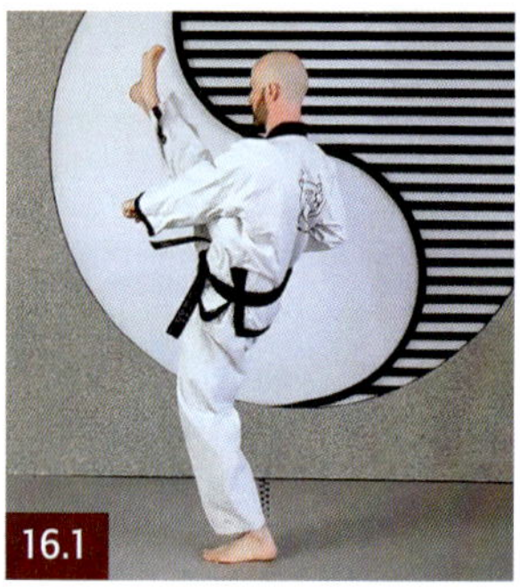

16.1

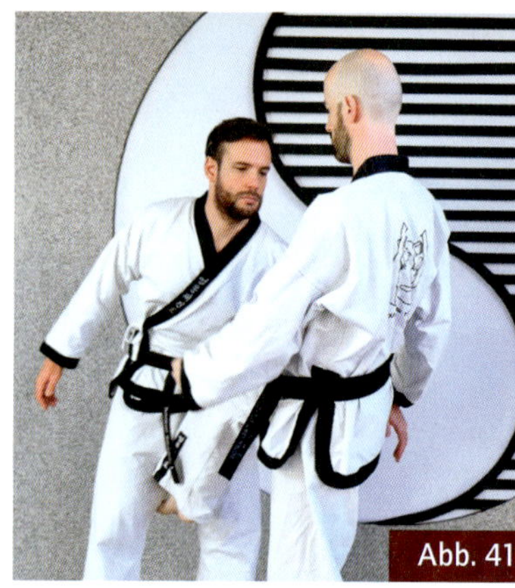

Abb. 41

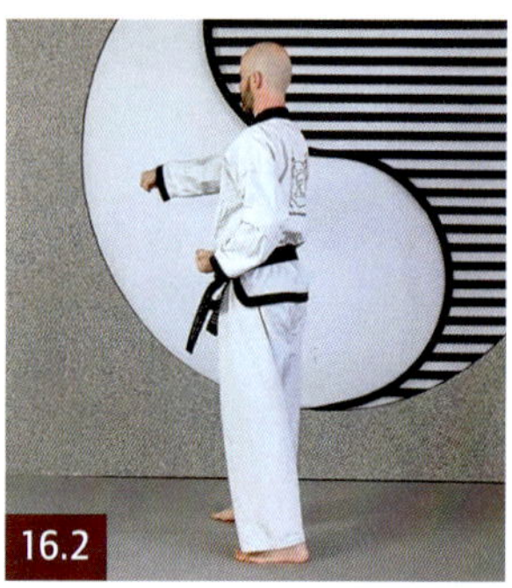

16.2

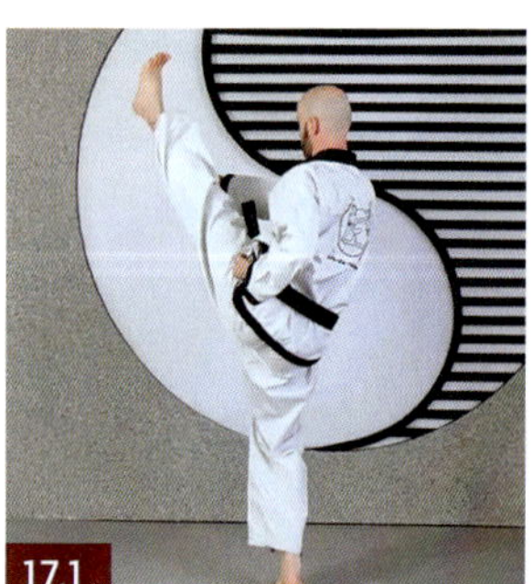

17.1

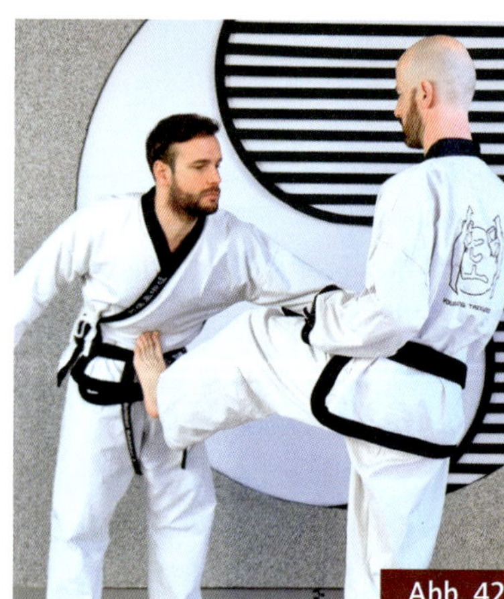

Abb. 42

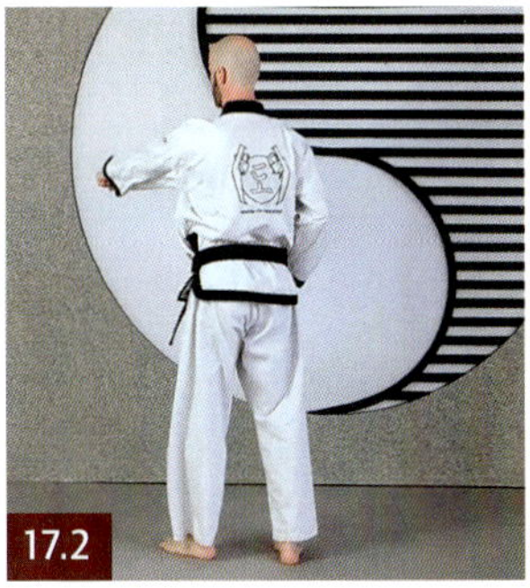

17.2

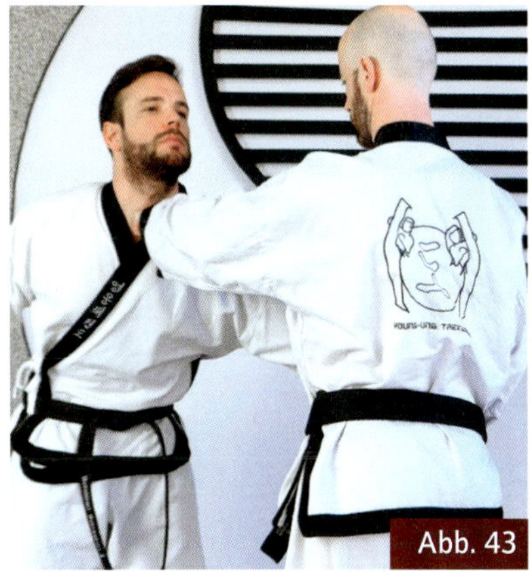

Abb. 43

Schnelle Abfolge eines Fauststoßes (hier zum Kehlkopf) . . .

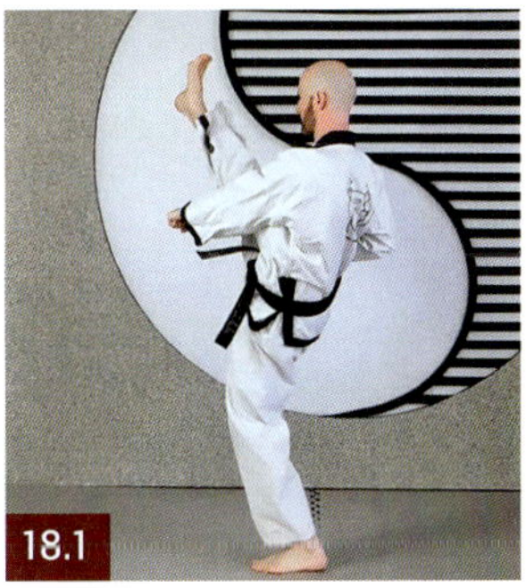

18.1

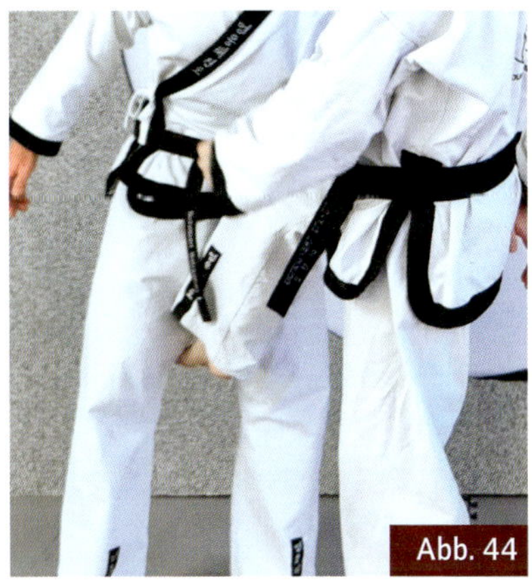

Abb. 44

. . . Ap-Chagi (Front Kick) in die Genitalien . . .

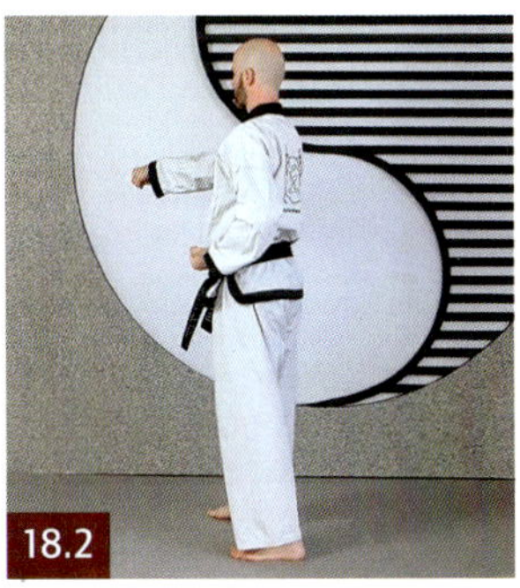

18.2

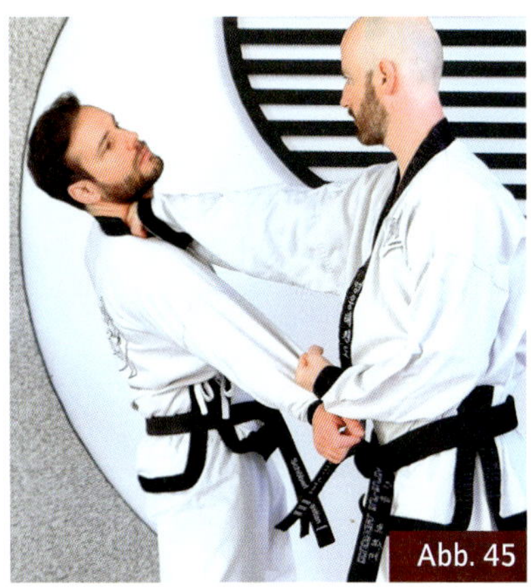

Abb. 45

. . . und erneutem Fauststoß zum Hals des Gegners

Beachte, dass der Gegner immer mit der zweiten Hand festgehalten wird. Er kann sich dadurch nicht in die von ihm gewünschte Position bringen. Gleichzeitig kann er nicht ausweichen.

Die letzte Passage der zweiten Poomsae besteht aus Techniken, die bereits vorgestellt wurden.

Bemerkenswert ist die Aneinanderreihung und stakkatoartige Abfolge. Hier ist ein forciertes Hinarbeiten auf den Abschluss erkennbar. Der Gegner soll überrannt werden, bzw. es soll ihm keine Gelegenheit für einen neuen Angriffsversuch mehr eingeräumt werden.

Das entschlossene Vorgehen am Ende – nach mehreren vorangegangenen Kontroll- bzw. Abwehrversuchen – tritt hier am Ende der zweiten Poomsae als Konzept erstmals in Erscheinung.

3.3 Taegeuk Sam-Jang

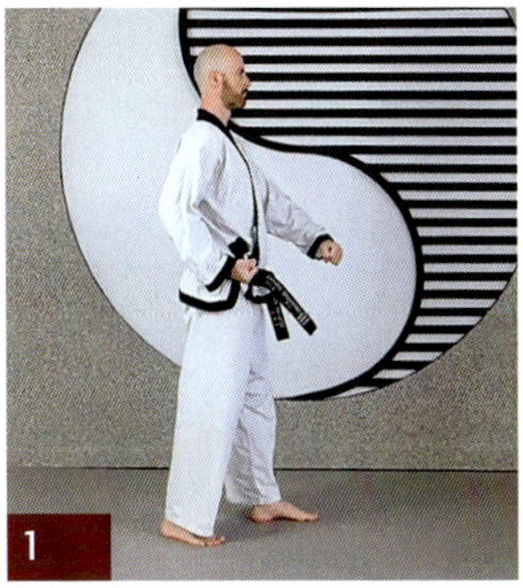
1

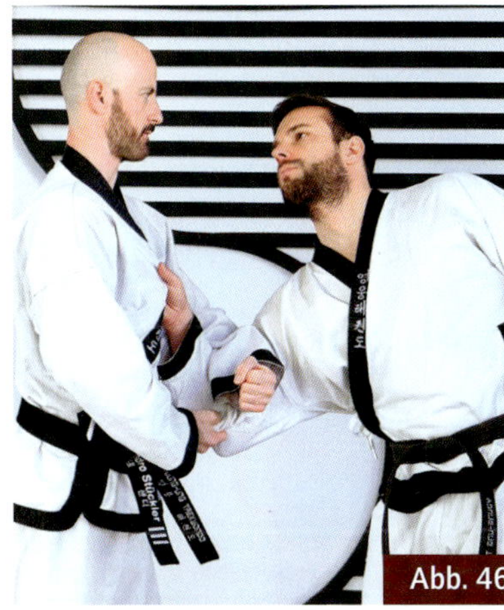
Abb. 46

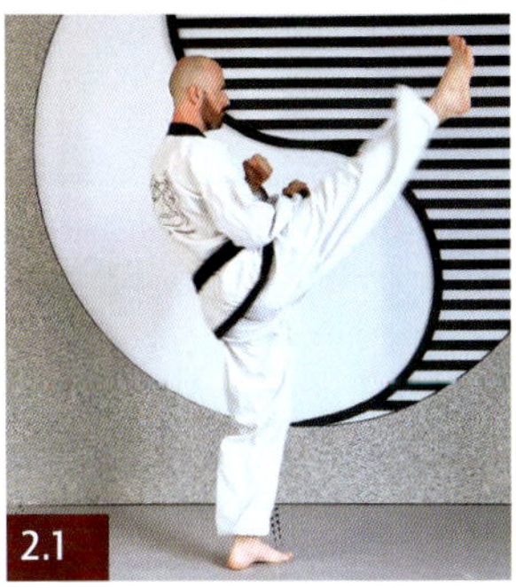
2.1

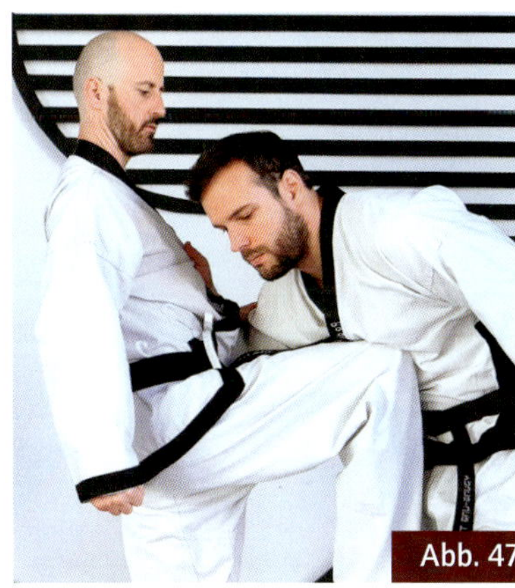
Abb. 47

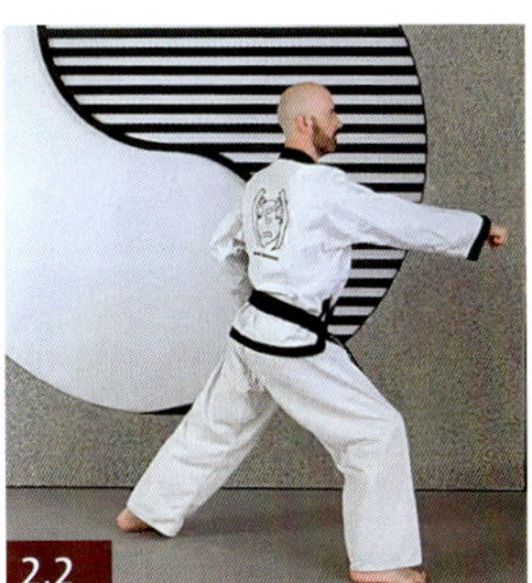
2.2

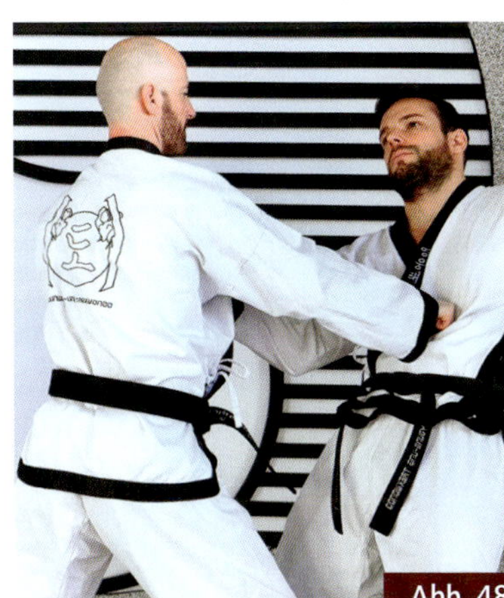
Abb. 48

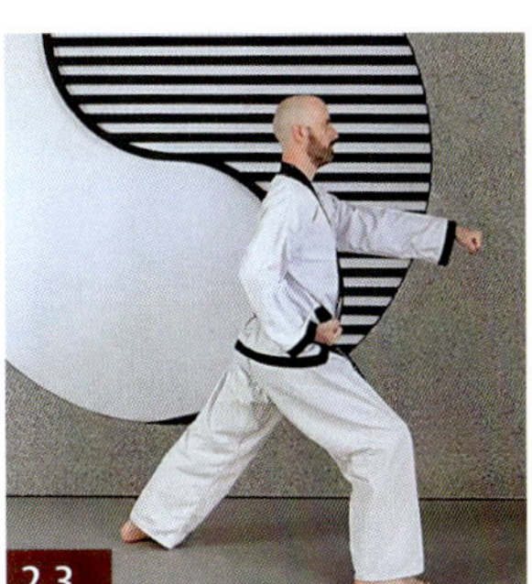
2.3

Das Wichtigste zu „Poomsae 3" auf einen Blick:

- Viele der Bewegungen, die wir in der ersten und zweiten Poomsae kennengelernt haben, kommen in der nachfolgenden dritten Poomsae auch wieder vor. Wir werden daher nicht jede einzelne Bewegung noch einmal erklären, sondern in einigen Teilen die Bilder sprechen lassen.

- Versuchen Sie bitte, ein Gefühl für die Bewegungen zu entwickeln. Das Wichtigste wird in den Beschreibungen in den Bildern kurz zusammengefasst.

- Obwohl eine neue Bewegung, namentlich der Handkantenblock (Han Sonal Bakkat Makgi), hinzukommt, bleiben die Prinzipien die Gleichen. Es werden weitere Beispiele für Befreiungen mit nachfolgenden Hebeln und Schlägen zum Abschluss exemplarisch vorgeführt.

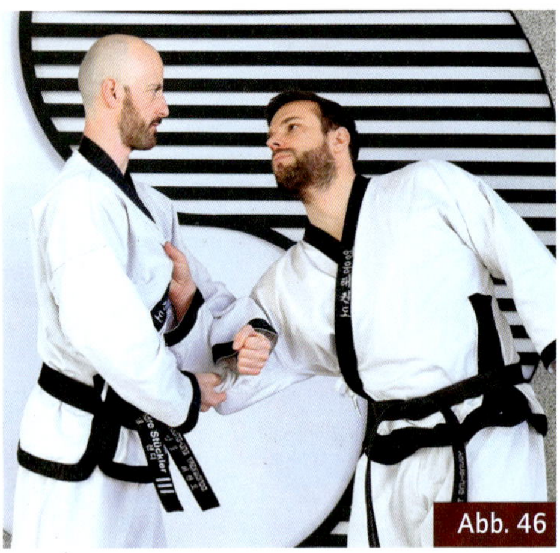

Abb. 46

Der Angreifer hält den Verteidiger mit der rechten Hand am Revers fest (vgl. Angriffe: Abb. 1). Zur Verteidigung schlägt die linke Hand mit der Arae-Makgi-(Tiefblock-)-Bewegung in die Ellbogenbeuge, um den Gegner heranzuziehen. Danach übernimmt die rechte Hand des Verteidigers zur Kontrolle den Arm des Angreifers.

Ein Kniestoß zum Solarplexus zeigt hier eine Variante zum in der Poomsae gezeigten Ap-Chagi, den Vorwärtskick. Gleich nach dem Absetzen des Beins (bzw. gleichzeitig) folgt auf der gleichen Seite ein Fauststoß, wieder in die Magengegend geführt.

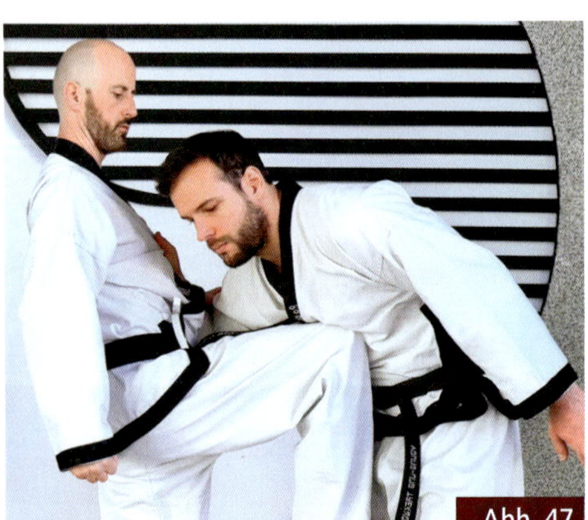

Abb. 47

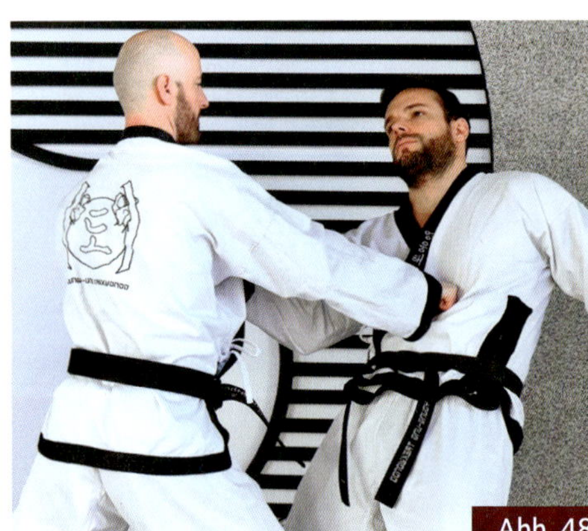

Abb. 48

Wir gehen von einem Griff zum Revers als Angriff aus. Der Gegner wird kontrolliert und festgehalten. Der Schlag in die Ellbogenbeuge zieht ihn zu uns heran. Achtung vor Schlägen mit der rechten Hand!

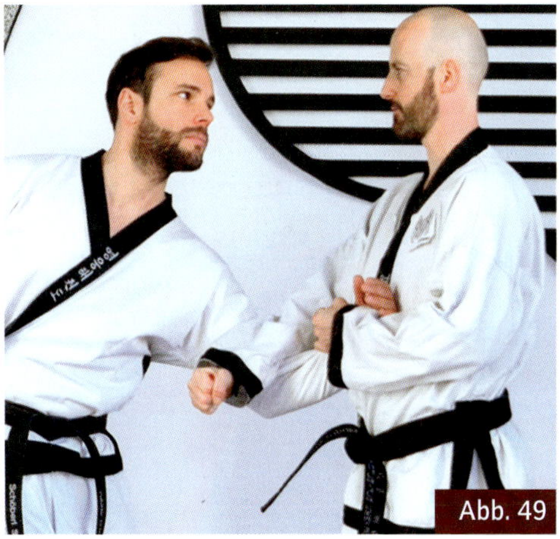

Abb. 49

Als zweite Technik folgt ein Kick mit dem linken Fuß an die Oberschenkelinnenseite. Der Gegner wird dadurch destabilisiert. Ein Fauststoß mit der linken Faust in den Solarplexus setzt nach. In der Poomsae folgt noch ein weiterer Fauststoß mit der anderen Hand.

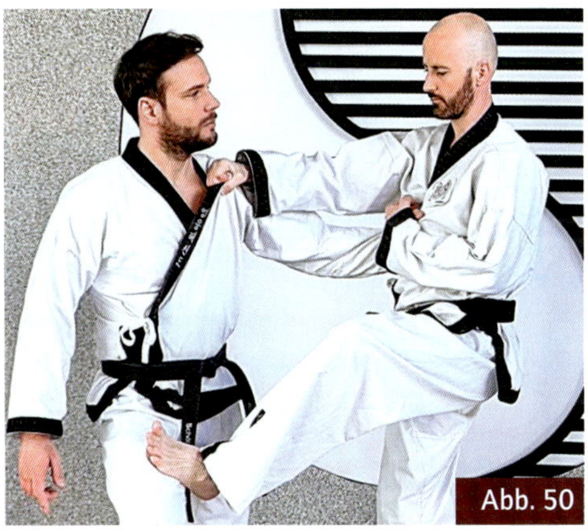

Abb. 50

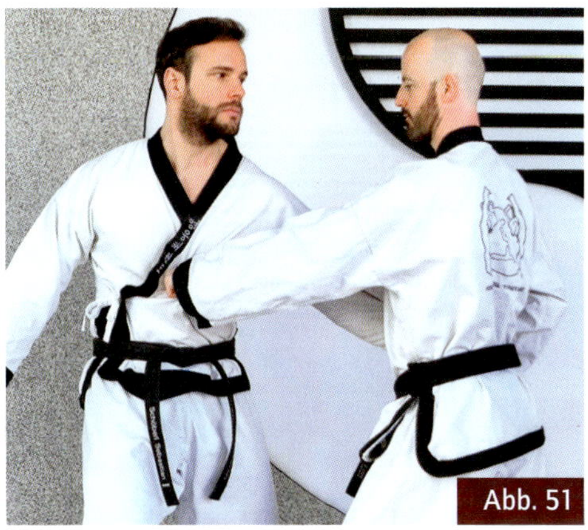

Abb. 51

Hier ist zu beachten, dass der Tritt an den rechten Oberschenkel des Aggressors ihn natürlicherweise am Zuschlagen mit der rechten Hand hindert. Dies ist grundsätzlich weiterhin möglich, wird aber durch den Kick zumindest erschwert, da der Verteidiger mit dem Bein hier tendenziell einen Reichweitenvorteil gegenüber dem Faustangriff des Angreifers hat.

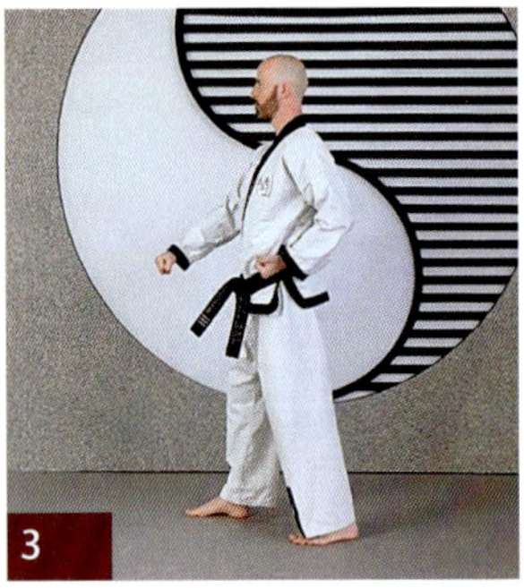
3

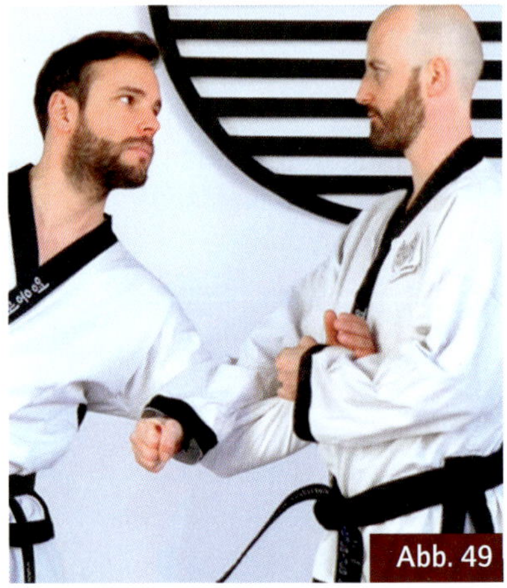
Abb. 49

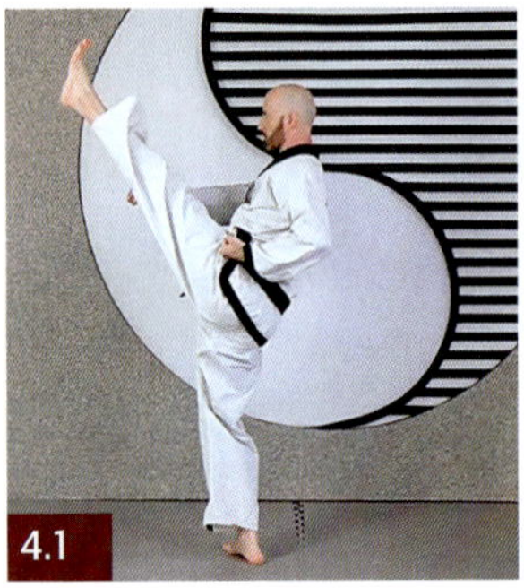
4.1

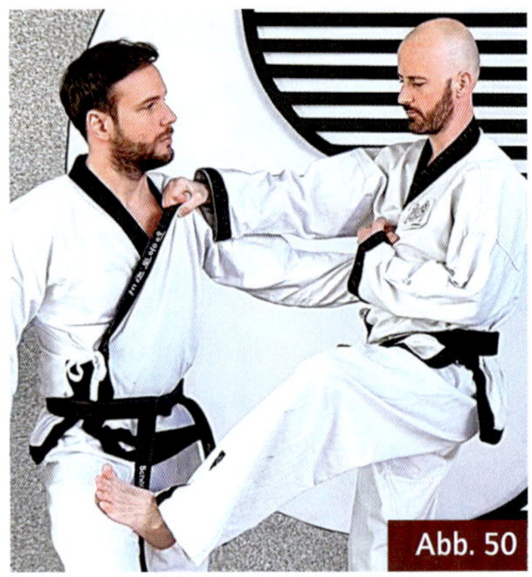
Abb. 50

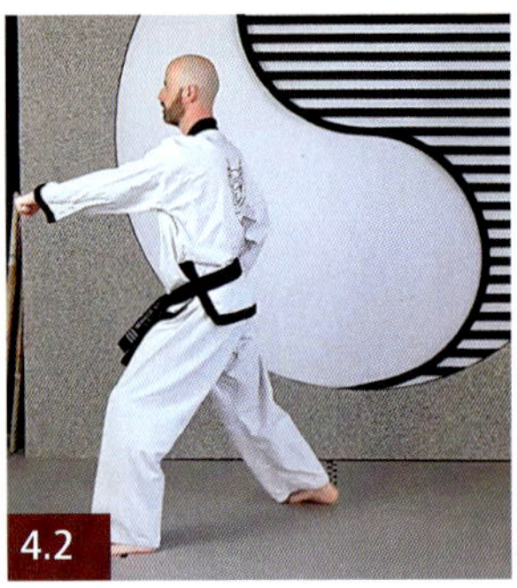
4.2

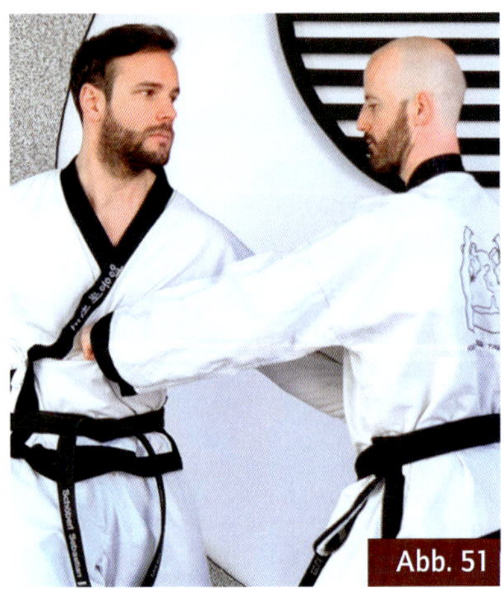
Abb. 51

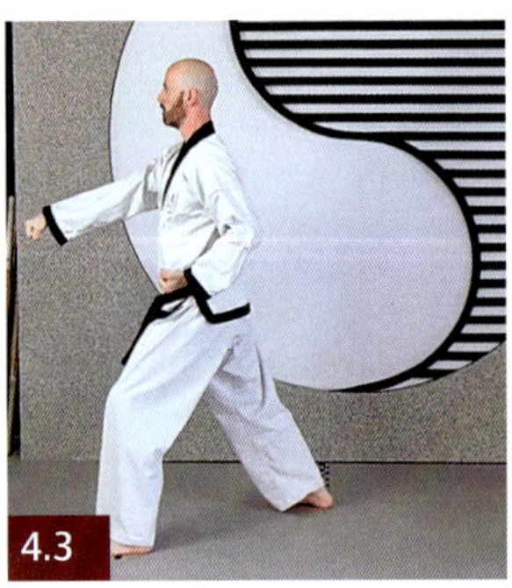
4.3

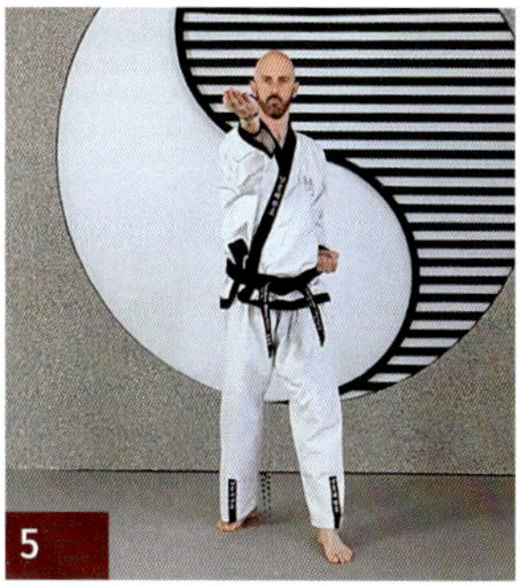

5

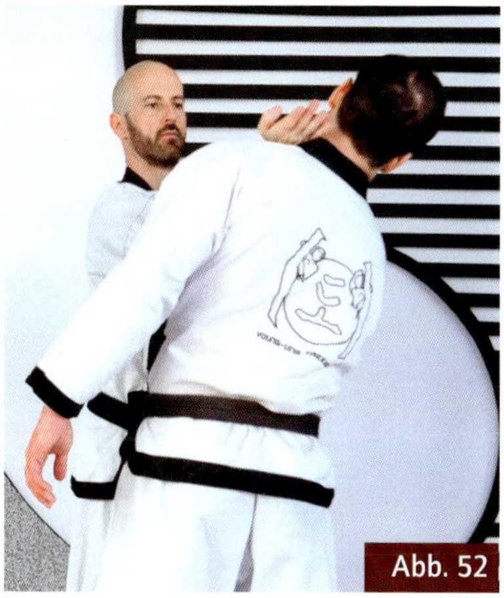

Abb. 52

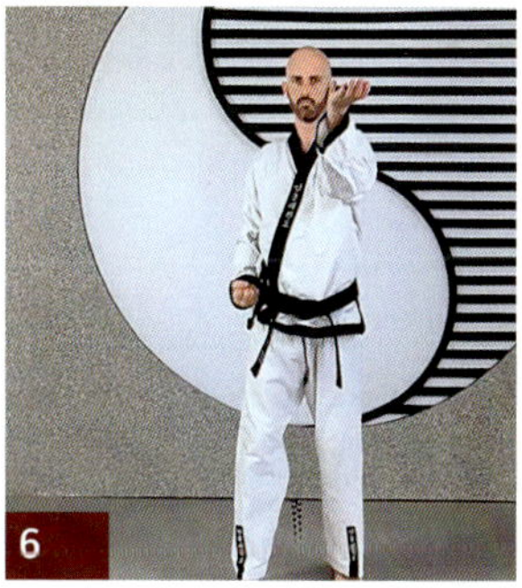

6

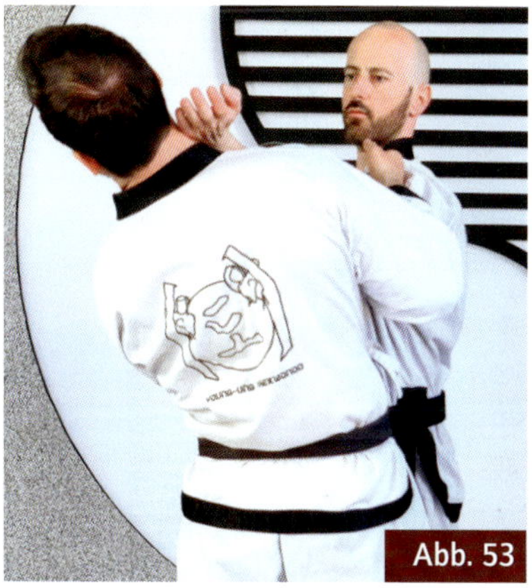

Abb. 53

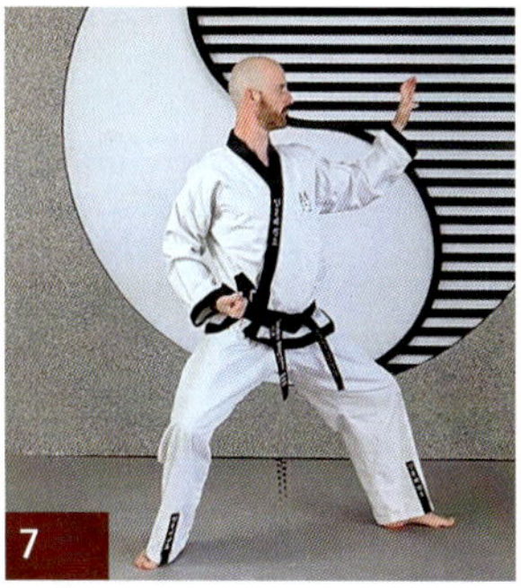

7

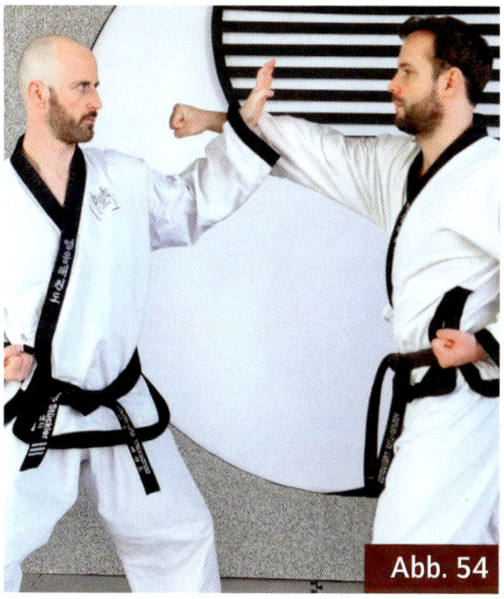

Abb. 54

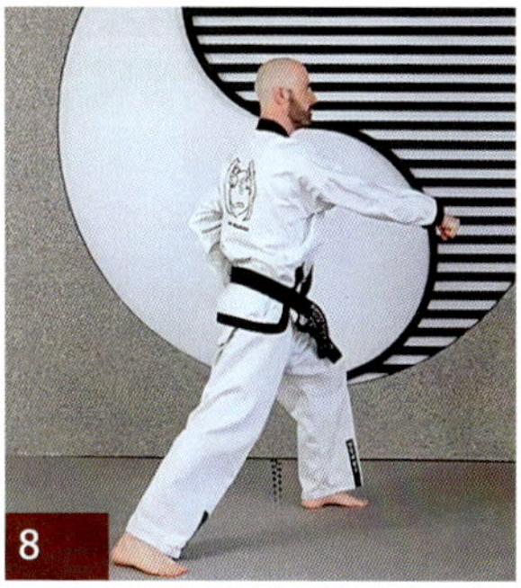

8

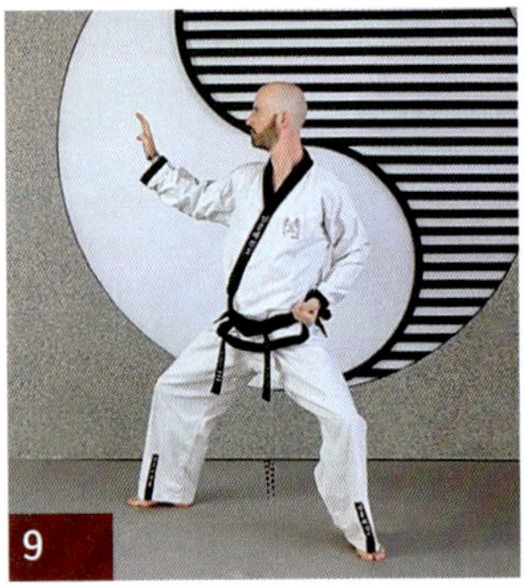

9

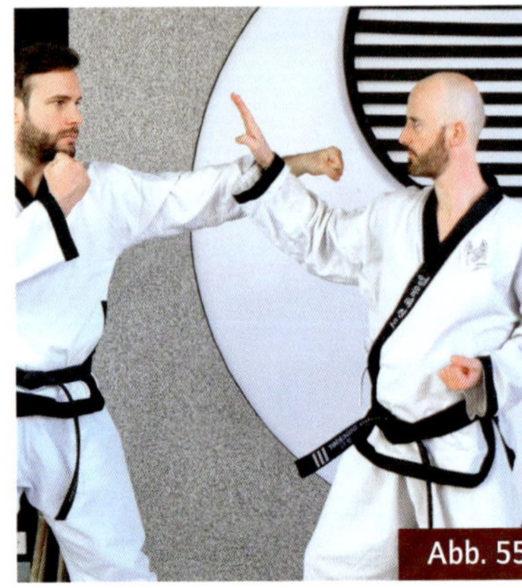

Abb. 55

Die Hand die hier den Block ausführt, greift danach den Arm . . .

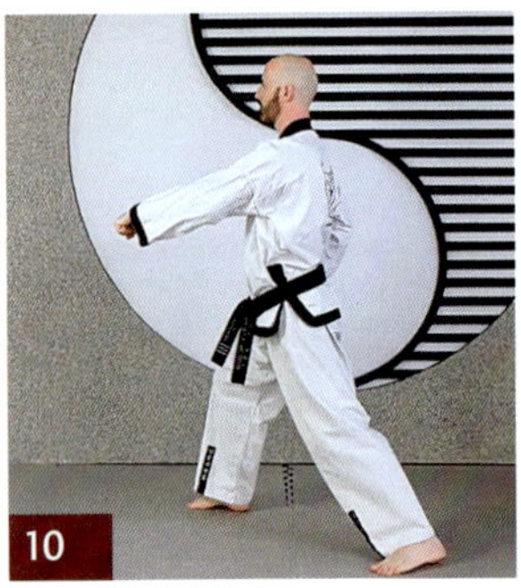

10

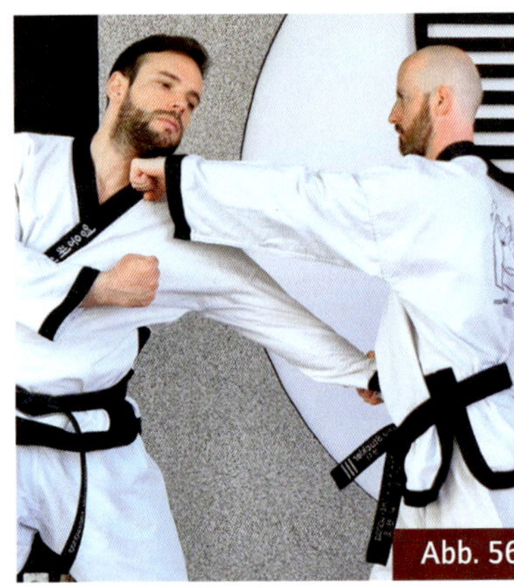

Abb. 56

. . . und zieht den Gegner in den Schlag hinein!

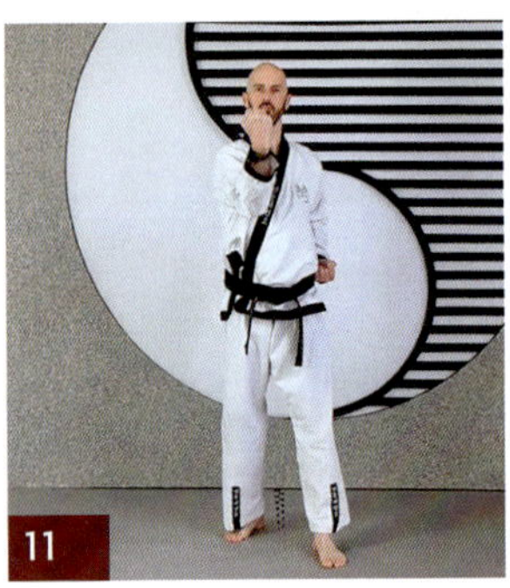

11

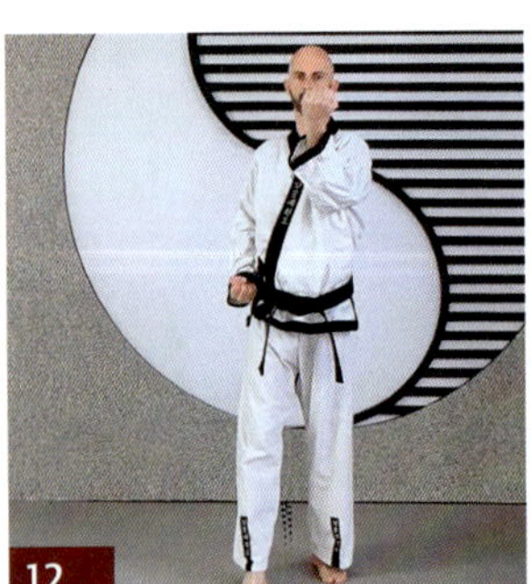

12

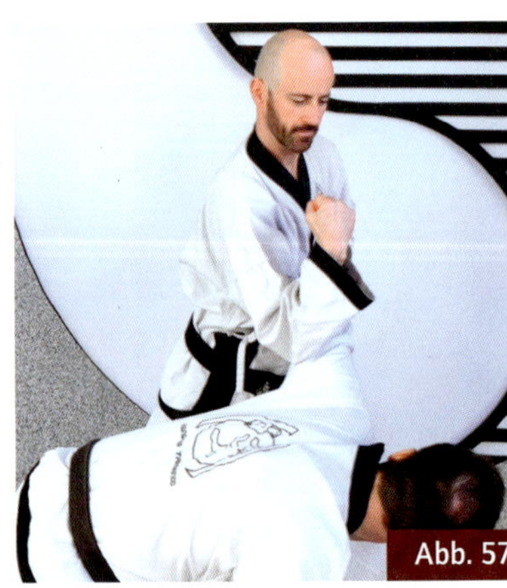

Abb. 57

Derselbe Arm wird weiter, mit einem Ellbogenhebel, traktiert.

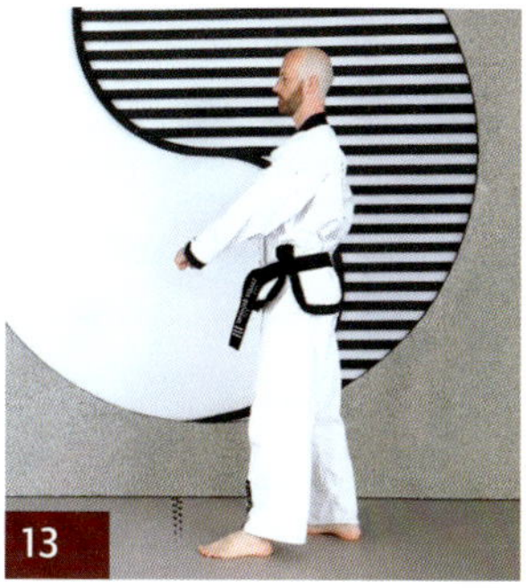
13

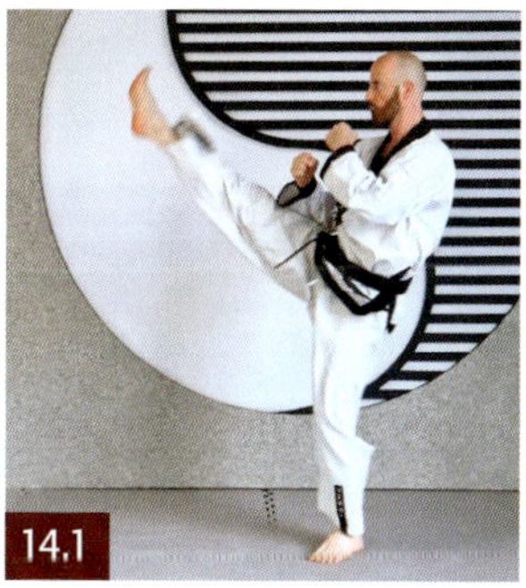
14.1

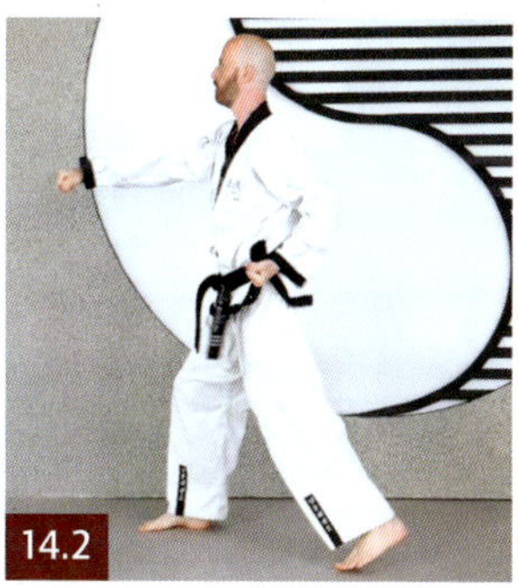
14.2

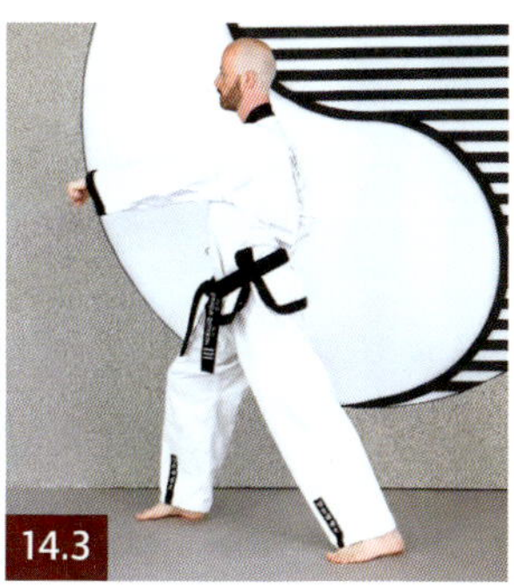
14.3

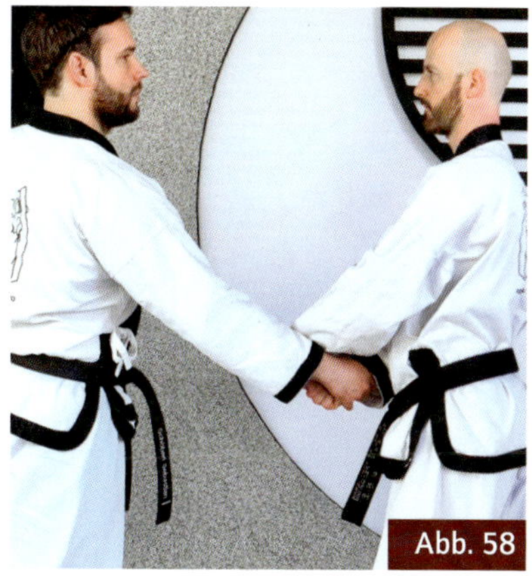
Abb. 58

Befreiung mit Arae-Makgi gegen einen Griff zum Handgelenk . . .

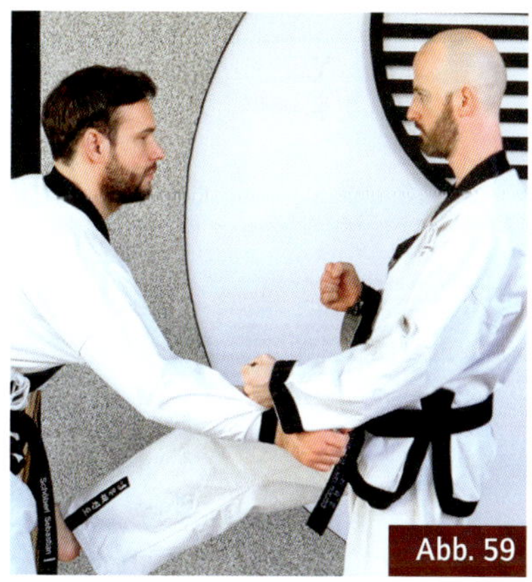
Abb. 59

Ap-Chagi mit dem rechten Bein, die Hand links packt den Gegner . . .

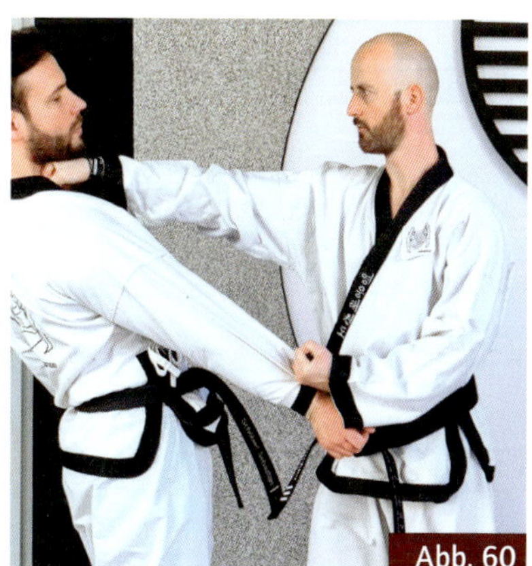
Abb. 60

. . . und zieht ihn in die folgende Schlagbewegung hinein.

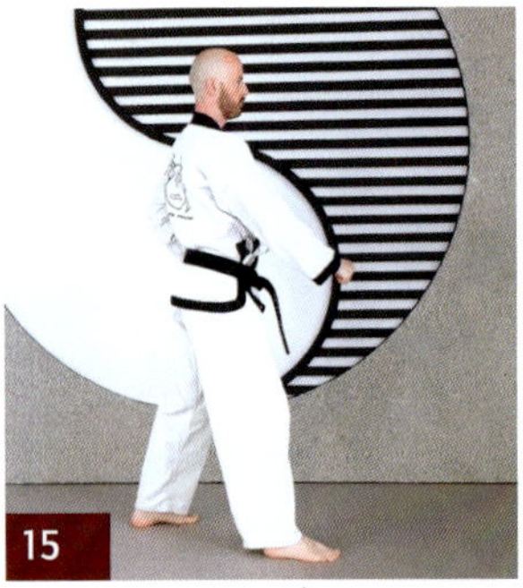

15

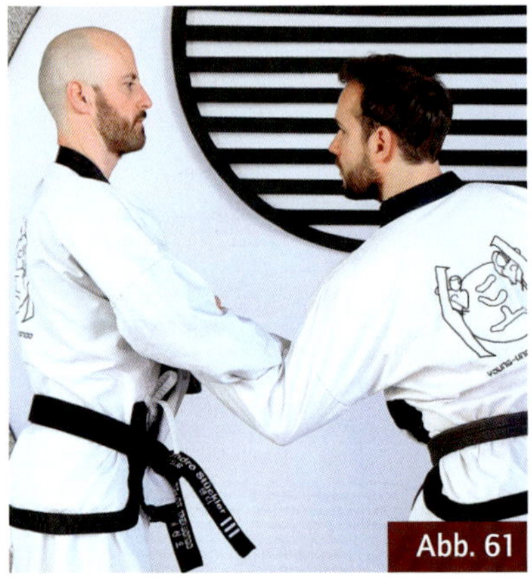

Abb. 61

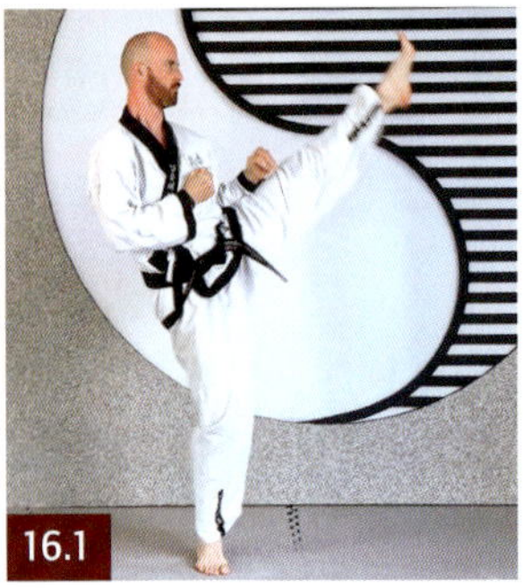

16.1

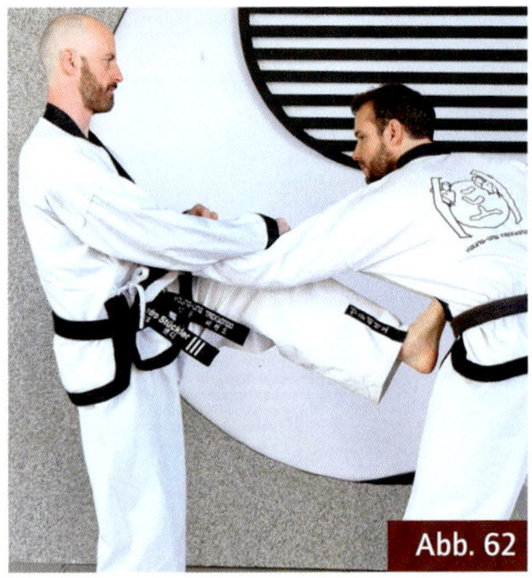

Abb. 62

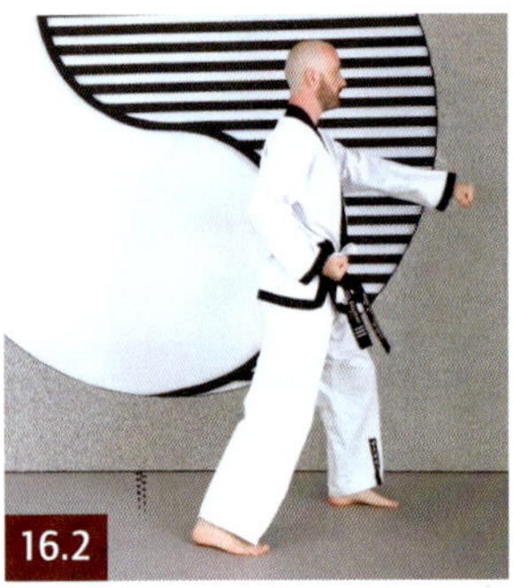

16.2

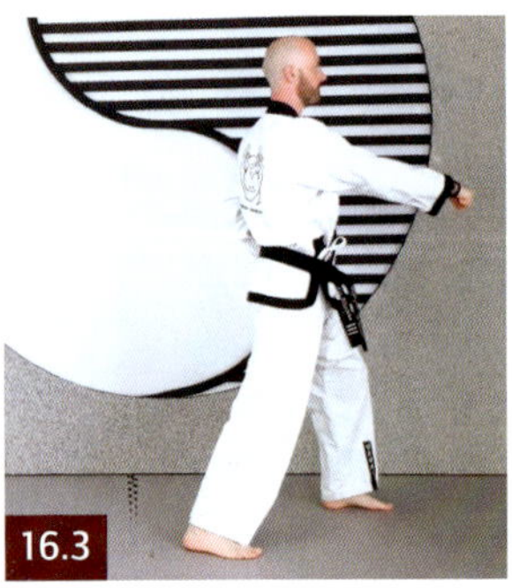

16.3

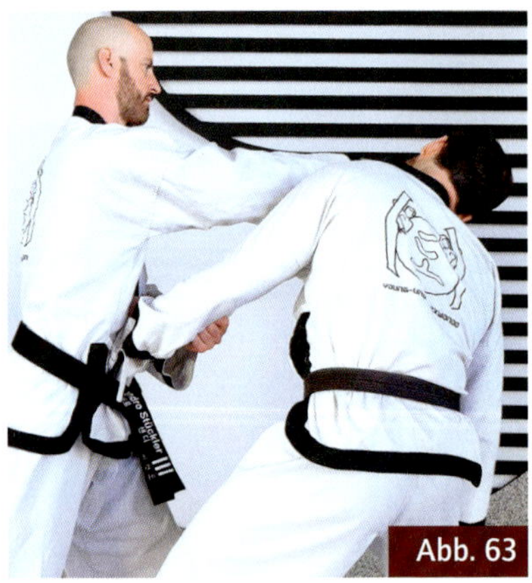

Abb. 63

Die Gegenbewegung zur Hüfte verhindert ein Ausweichen.

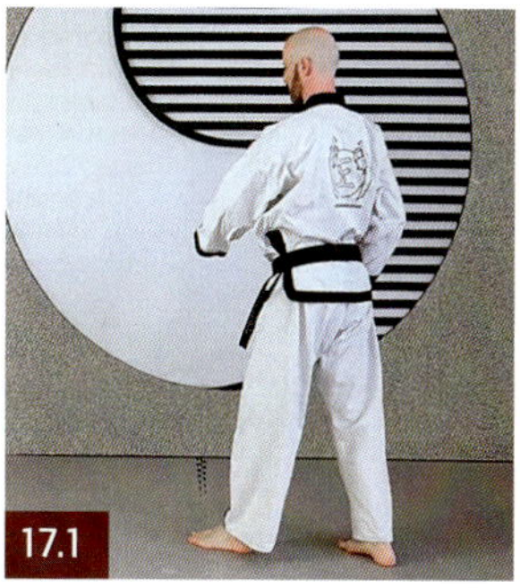
17.1

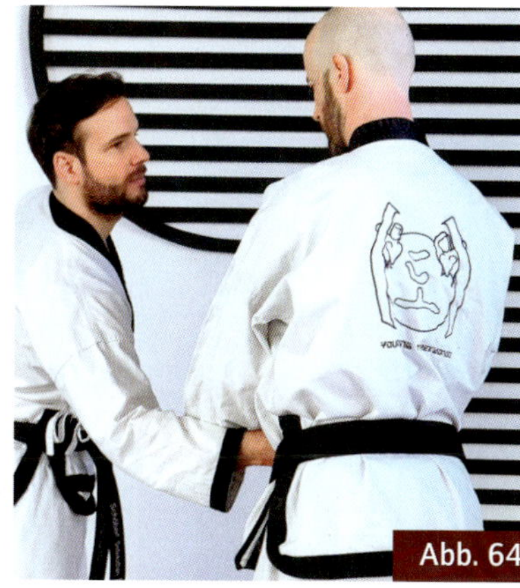
Abb. 64

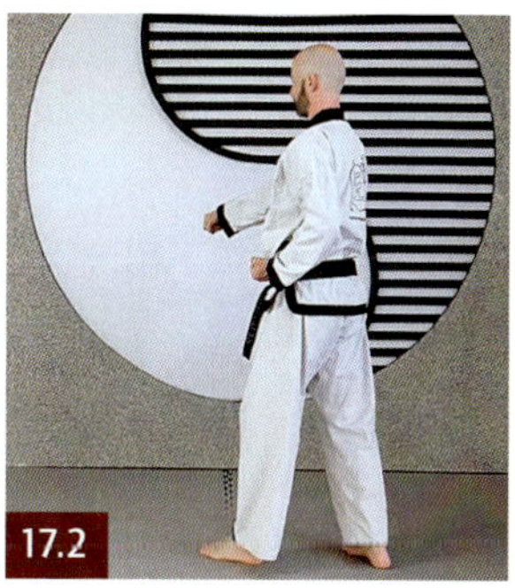
17.2

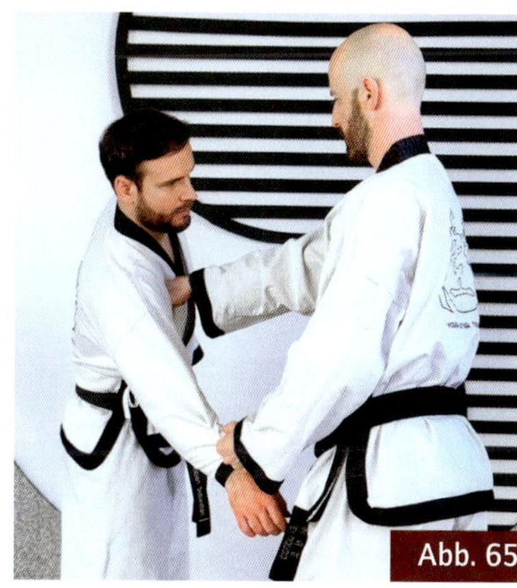
Abb. 65

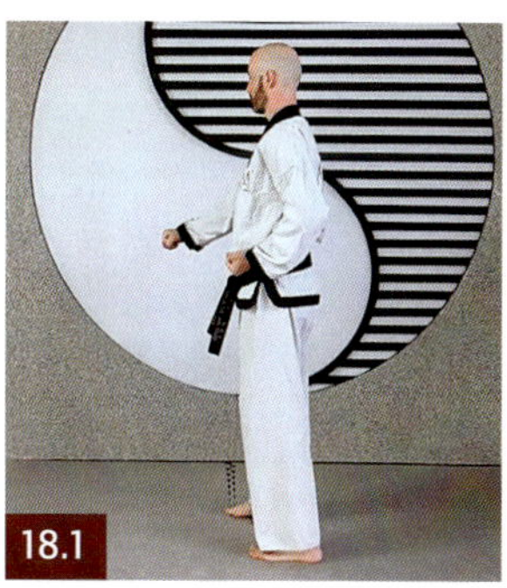
18.1

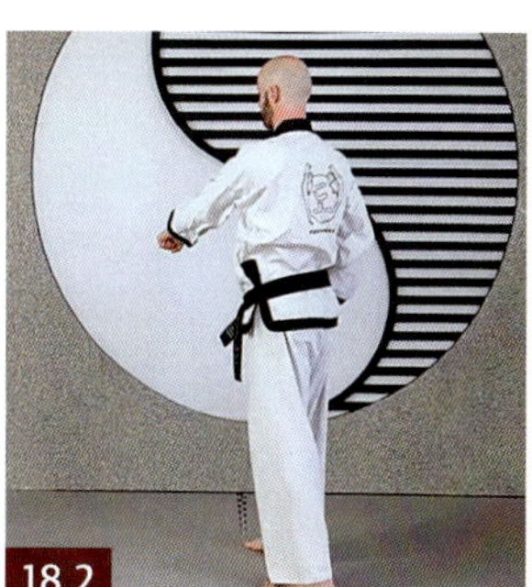
18.2

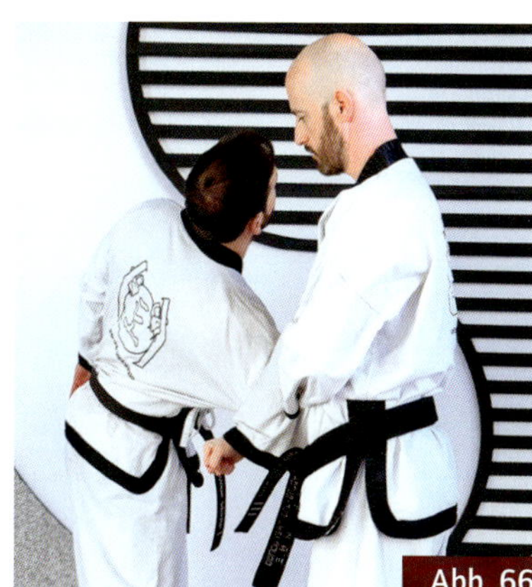
Abb. 66

Arae-Makgi wird hier als Schulter- bzw. Ellbogenhebel gezeigt.

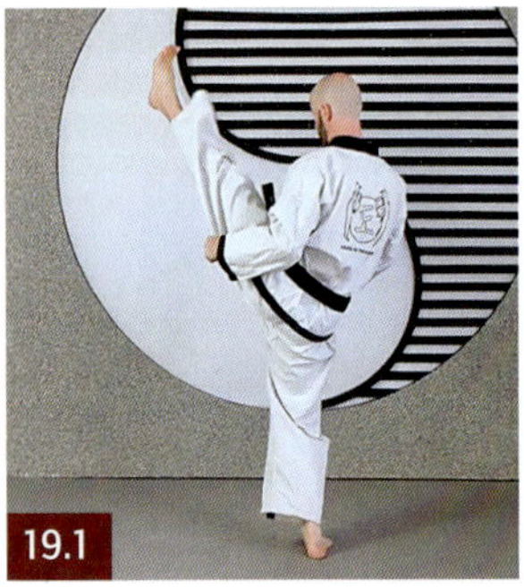
19.1

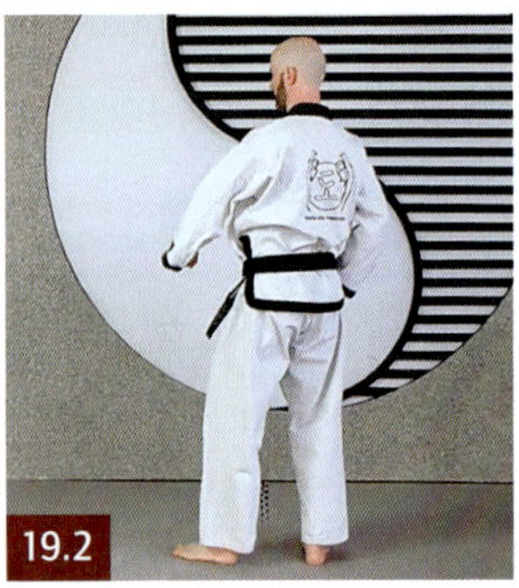
19.2

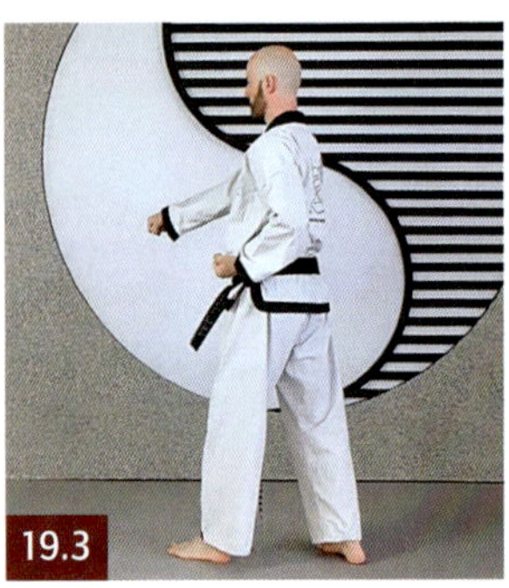
19.3

Abb. 67 und 68

Mit dem Kick aus der Balance gebracht, wird der Gegner danach mit dem Tiefblock (Arae-Makgi) niedergedrückt.

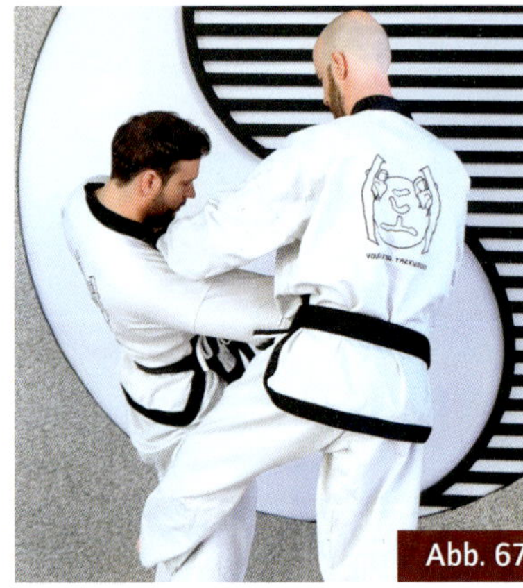
Abb. 67

Der Tritt zum Oberschenkel bringt den Gegner aus der Balance . . .

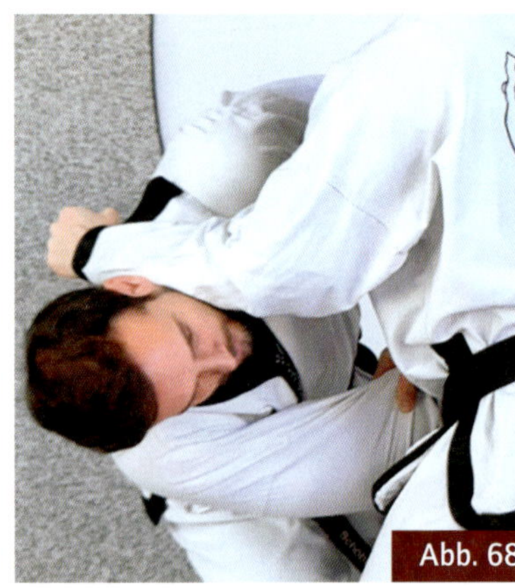
Abb. 68

Arae-Makgi als Niederdrücken des Gegners (gegen den Hals) . .

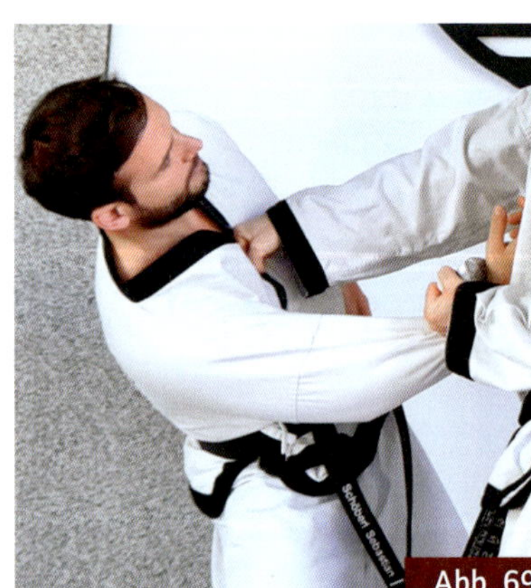
Abb. 69

. . . die Sequenz wird mit einem Fauststoß abgeschlossen.

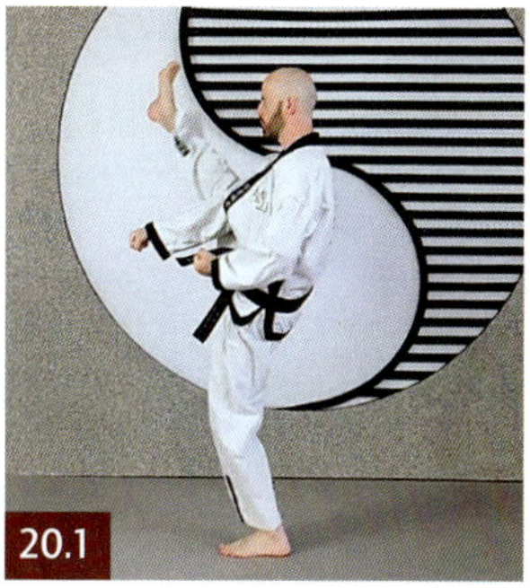

20.1

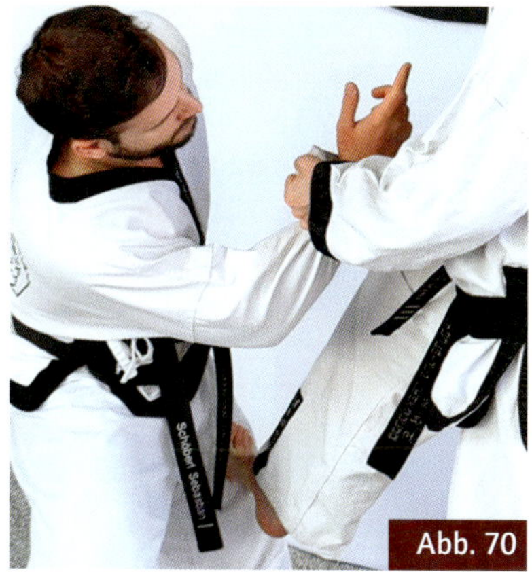

Abb. 70

Der Ap-Chagi kickt hier zur Oberschenkelinnenseite.

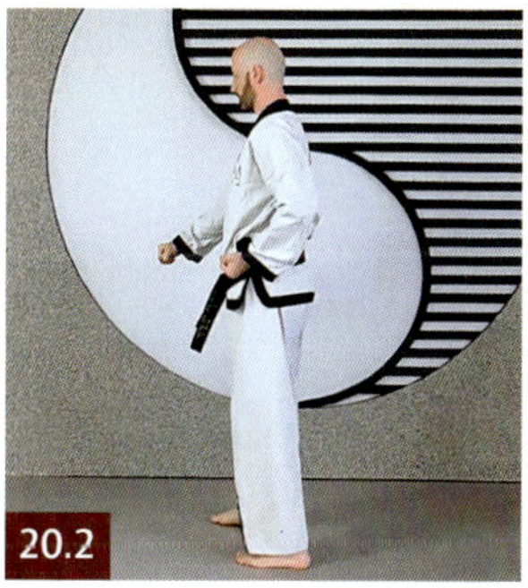

20.2

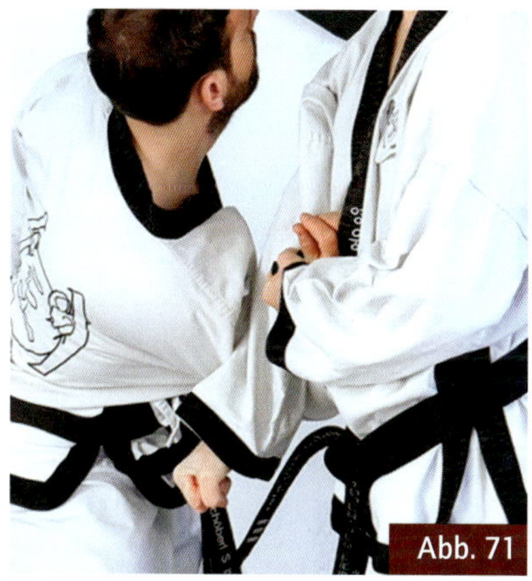

Abb. 71

Der Arae-Makgi im Einsatz als Schulterhebel (!)

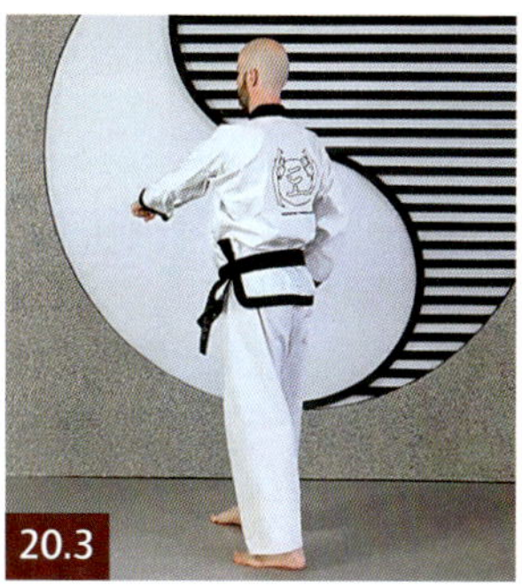

20.3

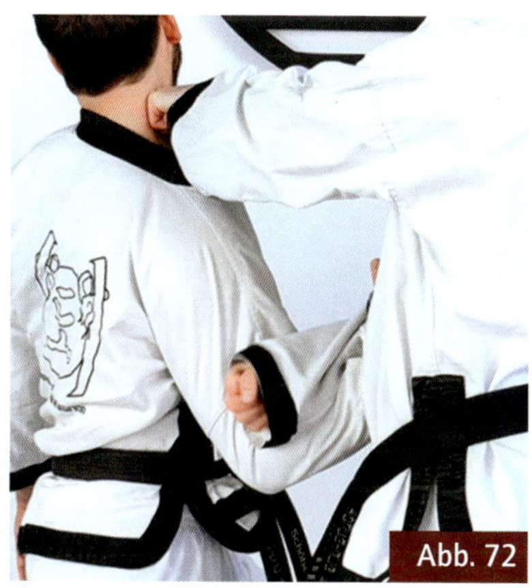

Abb. 72

Die rechte Hand behält ihre Position und die linke schließt ab.

Sehen wir uns die letzte Passage, also die Bewegungen, welche am Ende der Form nach hinten gehen, noch einmal genauer an. Hier wiederholt sich das Schema, welches wir am Ende von Poomsae 2 kennengelernt haben. Der Gegner wird mit einer Abfolge schneller Aktionen eingedeckt und es gibt kein Entkommen mehr.

Das Schema:

Block – Faust, Block – Faust – Kick – Block – Faust, Kick – Block – Faust

kann und soll hier der Situation entsprechend modifiziert werden. Wichtig ist, immer in Kontakt zu bleiben mit dem Aggressor und ihm keine Chance zu bieten, sich, im besten Wortsinn, neu aufzustellen.

Er wird ständig gezogen und aus dem Gleichgewicht gebracht.

Wir betrachten die letzten drei Bewegungen noch einmal im Detail:

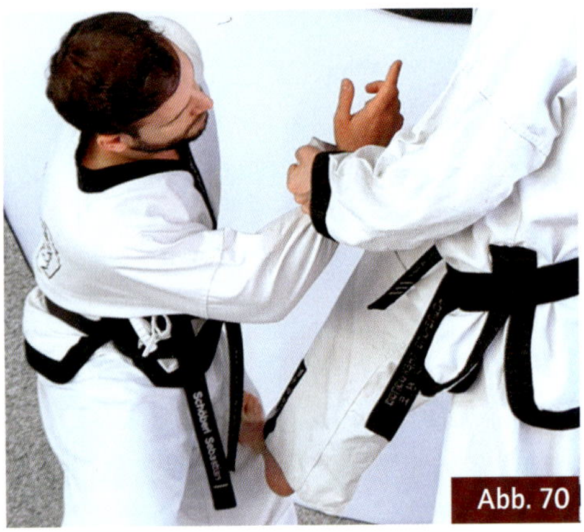

Abb. 70

Wir kontrollieren die Hand von der vorausgegangenen Technik und setzen einen Ap-Chagi an die Oberschenkelinnenseite, um das Gleichgewicht des Angreifers zu stören.

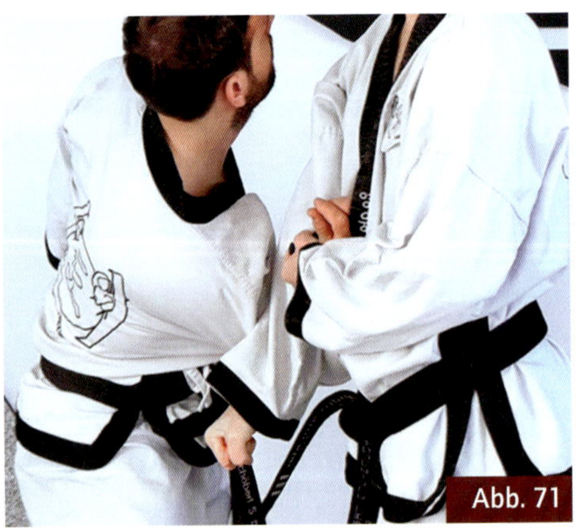

Abb. 71

Die Hand wird noch immer kontrolliert. Nun wird mit der rechten Hand ein Ellbogen-Schulter-Hebel (mit der Arae-Makgi-Tiefblock-Bewegung) nachgesetzt, um die Bewegungsfreiheit des Gegners weiter einzuschränken.

Der Hebel geht in eine Zugbewegung über und öffnet die Seite für den abschließenden Fauststoß. Durch die vorangegangenen Bewegungen ist der Gegner kaum in der Lage, seine zweite Hand zur Abwehr einzusetzen. Auch sieht er den Schlag durch die Seitenlage (wenn überhaupt) erst sehr spät kommen.

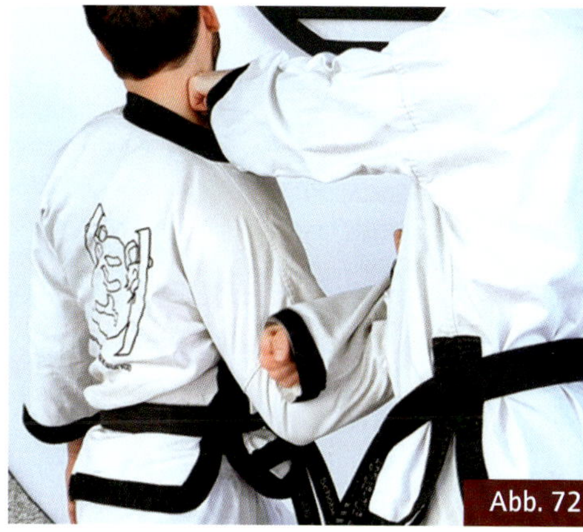

Abb. 72

3.4 Taegeuk Sa-Jang

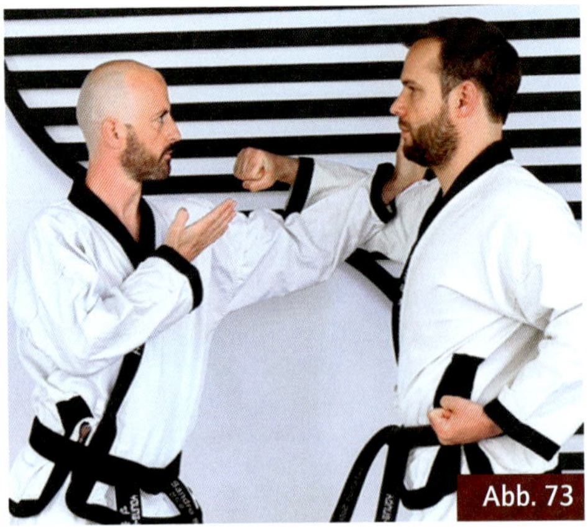

Abb. 73

Sonal-Bakkat-Makgi (Sudo-Taebi-Makgi) als Kontrolltechnik

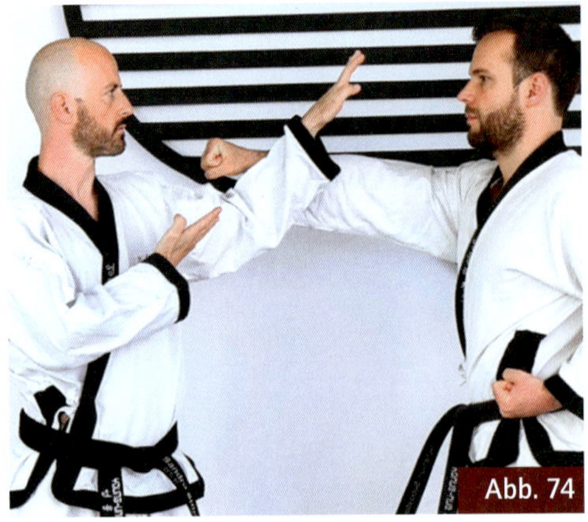

Abb. 74

Sonal-Bakkat-Makgi (Sudo-Taebi-Makgi) als Blocktechnik

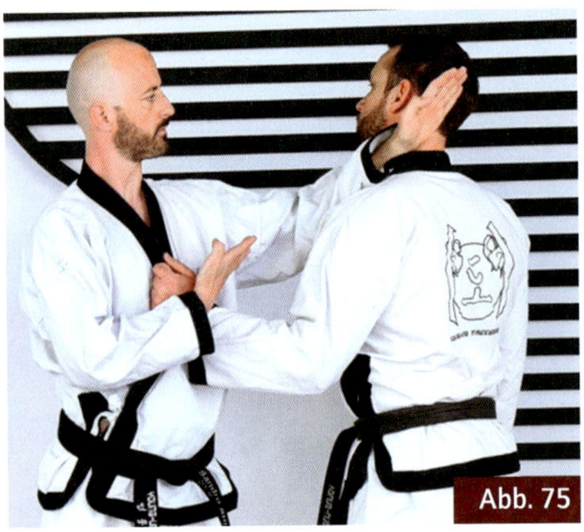

Abb. 75

Sonal-Bakkat-Makgi als Schlagtechnik (Sudo-Taebi-Makgi) als Blocktechnik

Das Wichtigste zu „Poomsae 4" auf einen Blick:

» Die vierte Poomsae beginnt mit zwei neuen Bewegungen, namentlich dem Sonal-Bakkat-Makgi (auch Sudo-Taebi Makgi), und dem Pyeonsonkeut-Jireugi (auch Kwansu-Tulki).

» Beide Bewegungen sind besonders interessant und es lohnt sich eine nähere Betrachtung.

» Die erste Bewegung, der Sonal-Bakkat-Makgi, ist eine der zentralen Multifunktions-Abwehr-Bewegungen des Taekwondo. Durch die Art der Ausführung eignet sie sich zur Abwehr aller geraden und geschwungenen Fauststöße. Es geht hier also um die Angriffe aus Abb. 1, 2 und 3, wobei es keine Rolle spielt, ob der Fauststoß als Gerade oder als Hakenfauststoß geführt wird.

- Die ideale Ausführung der Technik wäre, den Gegner bereits in der Anfangsphase der Bewegung zu unterbrechen. Der Unterarm oder die Handkante schlägt hierzu in die Ellbogenbeuge des Aggressors bzw. drückt den Angriffsarm nach hinten. Je früher die Intervention geschieht, desto weniger Wucht kann der Angriff entwickeln.

- Die Technik ist auch komplett vorbeugend, also als Kontrolltechnik, einsetzbar (siehe Abb. 73). Hier blockiert der Blockarm bereits VOR dem Schlag die Ellbogenbeuge des Angreifers und hindert diesen vorab an der Ausführung des Schlags. Die zweite Hand wird währenddessen zur Kontrolle des Arms, welcher das Revers hält, verwendet, sollte dies der Fall sein (vgl. Abb. 75).

- Genau dieselbe Technik kann auch noch als Angriffstechnik verwendet werden. Und genau das führt uns die vierte Poomsae vor, und zwar am Ende der Bewegung nach vorne, also in Bewegung Nr. 10. Dass uns die Bewegung hier vor dem Richtungswechsel präsentiert wird, deutet darauf hin. Es wäre nicht logisch, sich nach einer Blockbewegung vom Gegner abzuwenden. Nach einem Schlag zum Hals mit der Handkante ist es aber sehr wohl möglich, dass der Angreifer nun kampfunfähig ist, und wir uns neuen Zielen zuwenden können!

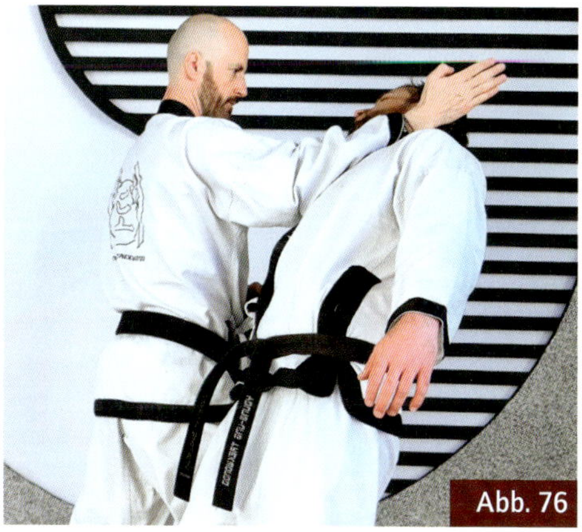

Abb. 76

Pyeonsonkeut-Jirugi (Kwansu-Tulki) als Niederwurf

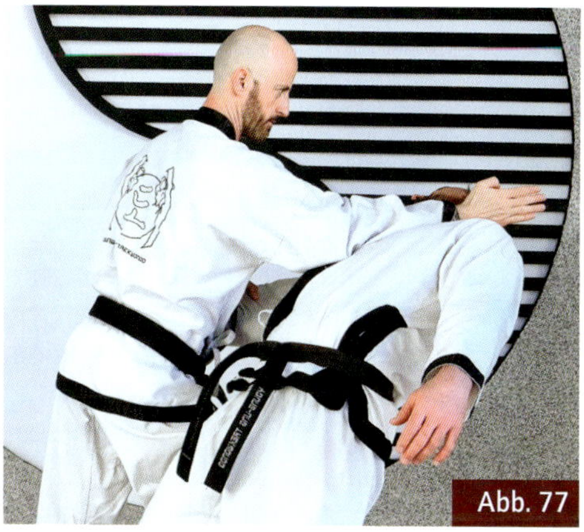

Abb. 77

Das rechte Bein verhindert ein Ausweichen des Gegners.

Hier haben wir also wieder ein **Bewegungsmuster** und mindestens drei Anwendungen:

1. Kontrolltechnik,

2. Blocktechnik und

3. Schlag-Angriffstechnik.

Wir haben den diesbezüglichen Aufbau der Poomsae ja bereits in Kap. 1 erörtert.

Ebenso interessant ist die zweite Technik, der sogenannte *Fingerspitzenstich* (Pyeonsonkeut-Jireugi oder Kwansu-Tulki).

Die häufigste Erklärung für diese Bewegung ist, dass hier mit den gestreckten Fingerspitzen in den Bereich des Solarplexus gestochen wird, was beim Gegner eine Art Schock auslösen soll.

Es gibt immer wieder Demonstrationen zu sehen, wo, meist Meister, mit den Fingerspitzen Bretter zertrümmern. Wer derart geschult und abgehärtet ist, mag eine wirksame Ausführung der Technik auch imstande sein zu bewerkstelligen. Für die meisten Normalsterblichen ist diese Anwendung jedoch schlicht und ergreifend nicht praktikabel.

Auch Fortgeschrittenen würde ich in einer Stresssituation nicht zu dieser Technik raten. Neben der Verletzungsgefahr für den Verteidiger selbst kommen noch andere Faktoren hinzu, die eine erfolgreiche Ausführung infrage stellen.

Wird beispielsweise das Brustbein getroffen, statt dem Solarplexus, ist die Technik im Grunde wirkungslos. Ist der Aggressor gut trainiert und verfügt über starke Bauchmuskeln, ist der Bereich für einen wirksamen Treffer sehr klein. Bekleidung wie Jacken und dergleichen mindern den Effekt zusätzlich.

Zu guter Letzt könnte ich noch ins Feld führen, dass in Hunderten von MMA und ähnlichen Kämpfen nach Reglements ohne geschlossene Handschuhe, NOCH NIE diese Technik erfolgreich angewendet gesichtet wurde.

Wird der Schlag in Richtung Hals geführt, erhöht sich eventuell die Wirksamkeit ein wenig, jedoch gibt es hier wieder die bekannte Schmerz-Punkt-Problematik (es ist schwer, genau zu treffen), und die Ausführung ist in den Poomsae ja eindeutig auf Höhe des Solarplexus.

Dies führt uns auch direkt zu einer weiteren, weit weniger bekannten, dafür aber viel wahrscheinlicheren Variante der Technik.

Pyeonsonkeut-Jireugi als Niederwurf des Gegners:

Der Schritt wird hierbei hinter das Bein des Angreifers gesetzt. Gleichzeitig wird er durch das Umfassen des Rückens, im Bereich der Lendenwirbelsäule, am Zurückweichen gehindert.

Die stichartige Bewegung wird mit starkem Druck des Unterarms in Richtung Brustbein und dann nach unten ausgeführt. Der Angreifer wird ruckartig zu Boden geschlagen.

Achtung: Das vordere Bein des Verteidigers steht an der Rückseite des Angreifers und stellt diesem das Bein (Abb. 79).

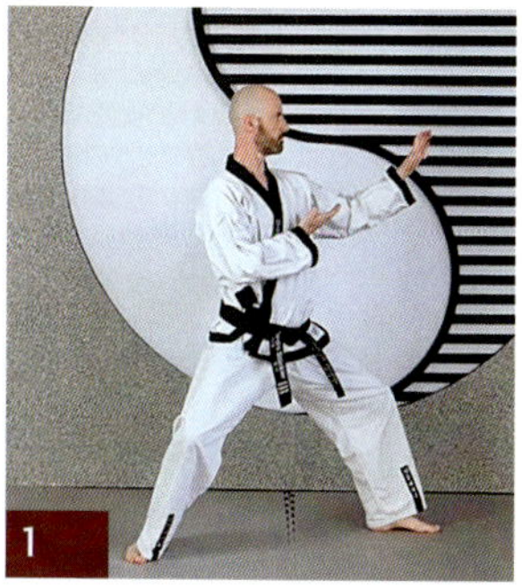
1

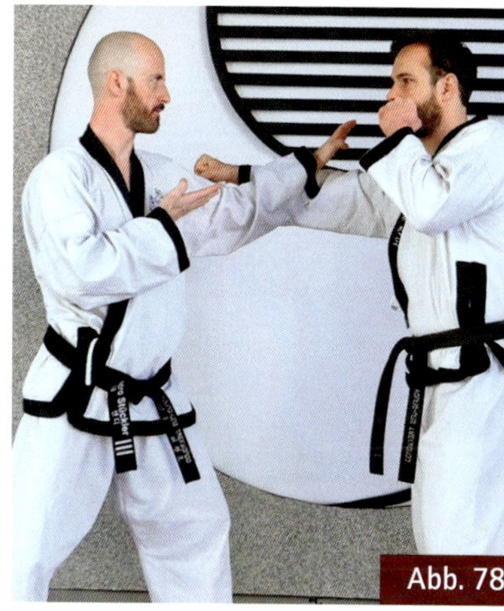
Abb. 78

Der Block mit dem linken Unterarm wird gefolgt von einem . . .

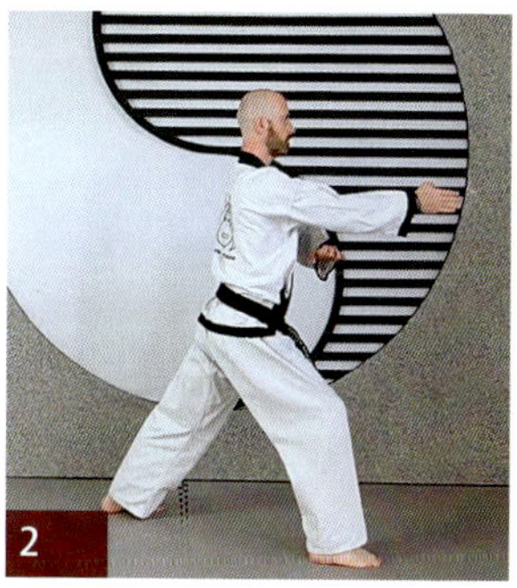
2

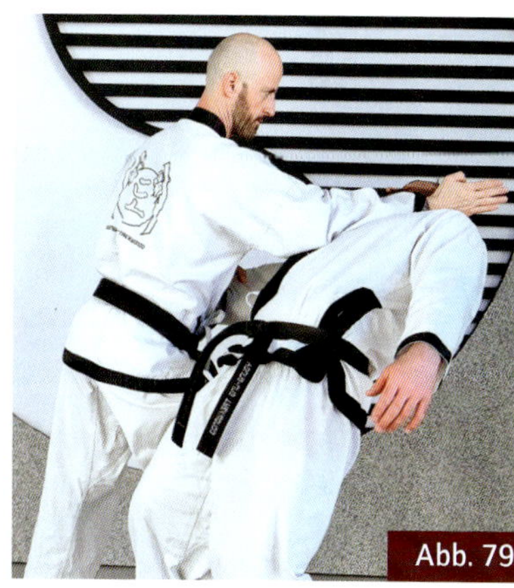
Abb. 79

. . . Druck/Stoß (= „Takedown") mit dem rechten Unterarm.

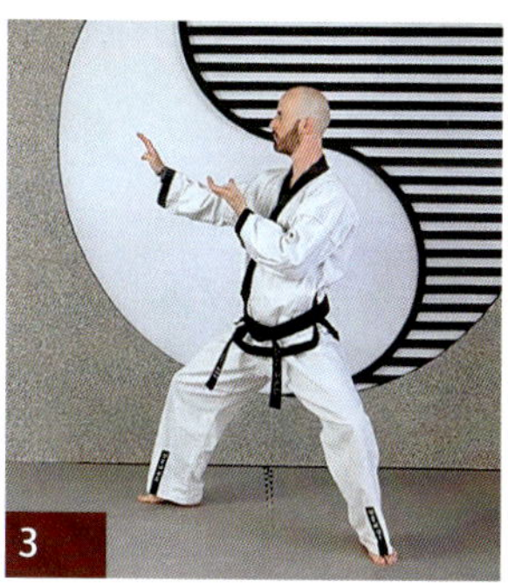
3

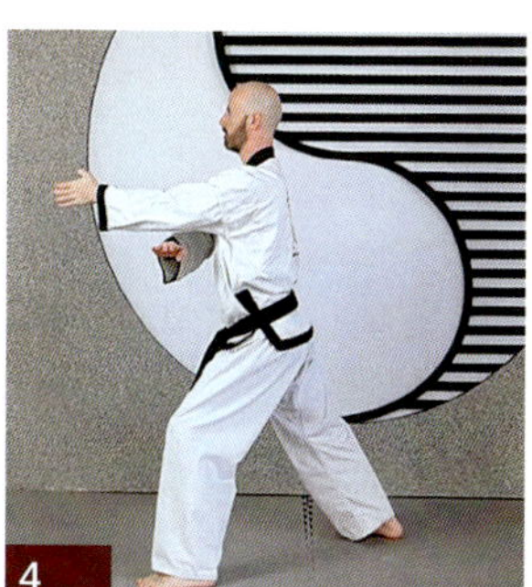
4

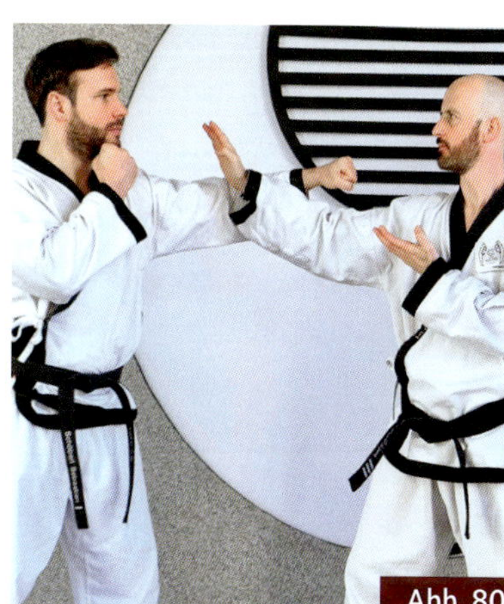
Abb. 80

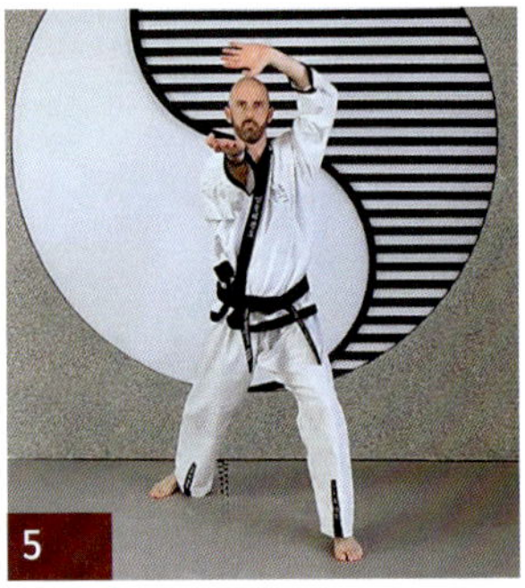
5

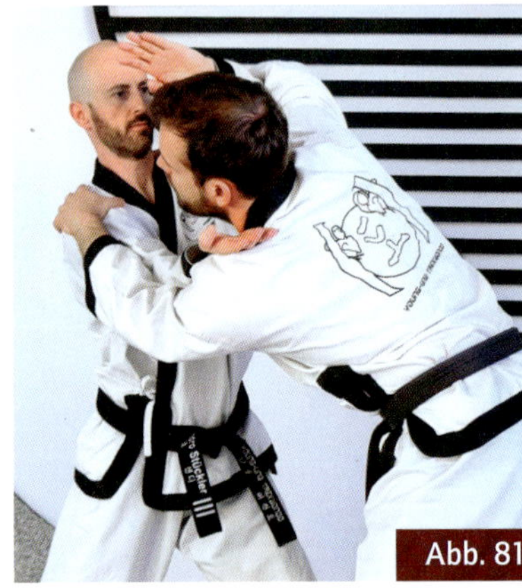
Abb. 81

Befreiung aus einer Umklammerung mit Schlag zum Hals

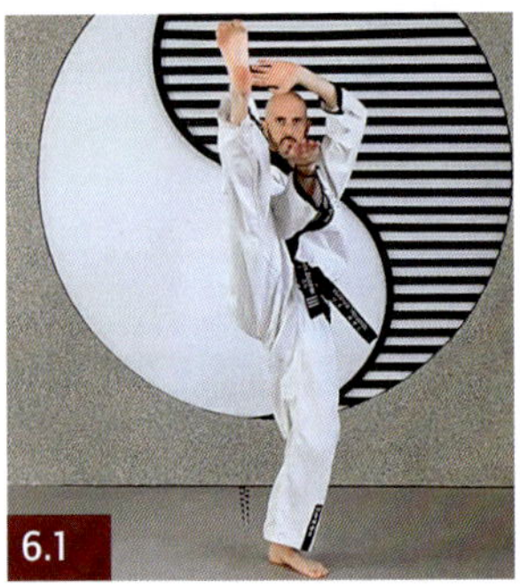
6.1

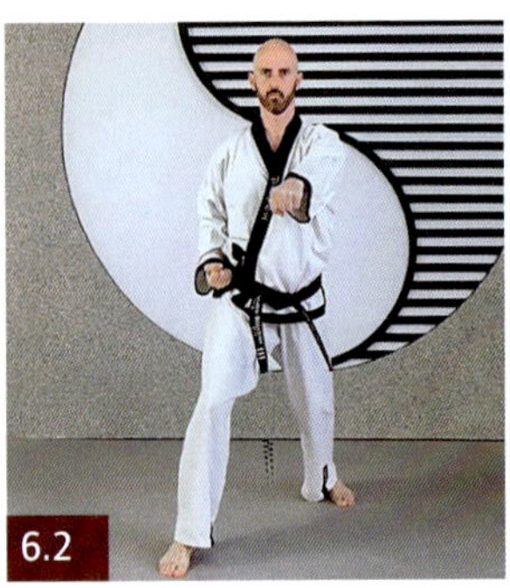
6.2

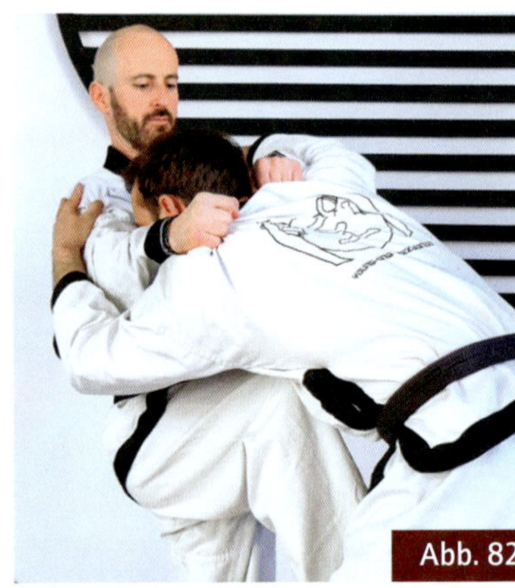
Abb. 82

Wenn der Gegner sehr nahe ist, wird aus dem Tritt ein Kniestoß.

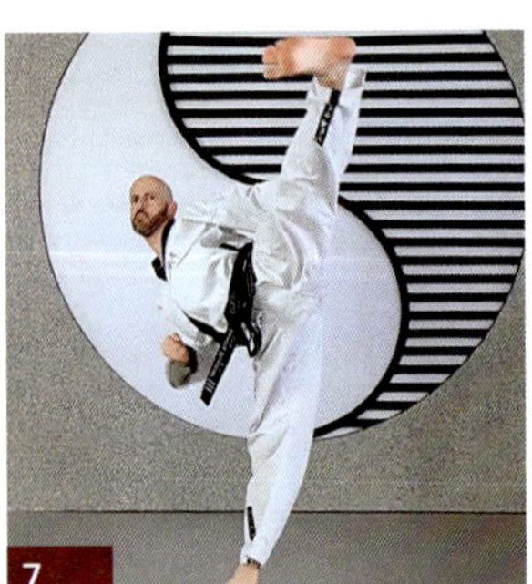
7

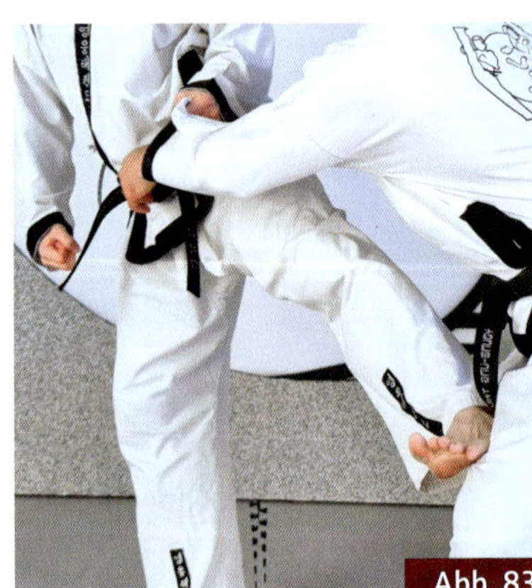
Abb. 83

Ein Seitwärtstritt geht im Selbstschutz am besten zum Knie . . .

Auch die fünfte Technik ist neu. Der sogenannte *Jebipum-Sonal-Mok-Chigi* (auch Jebipum An-Chigi) ist eine Kombination aus einem Hochblock (Ulgul-Makgi bzw. Sangdan-Makki) und einem Handkantenschlag zum Hals (Sonal-Mok-Chigi bzw. Sudo-Mok-Taerigi).

Diese Technik eignet sich sehr gut, um sich aus einem Clinch (Klammern von vorne) zu befreien. Dabei wird eine Hand des Gegners mit der Hochblockbewegung nach oben weggeschoben. Dies dient gleichzeitig als Ablenkung und Vorbereitung für den darauf folgenden Schlag mit der Handkante zum Hals.

Entscheidend ist die ruckartige seitliche Verdrehung der Schultern (das Merkmal der Jebipum-Bewegung (= Schwalbenflug)). Die Techniken können entweder kurz hintereinander oder gleichzeitig ausgeführt werden. Für maximale Wirkung sollte der Handkantenschlag etwa auf Höhe des Kehlkopfs auf die Karotis (Halsschlagader) geführt werden.

Vorsicht ist beim Üben geboten, der besondere Nervenpunkt[1] an dieser Stelle kann beim Partner eine Ohnmacht auslösen. Diese Übung empfiehlt sich daher ohne oder mit nur leichtem Kontakt.

1 *Der Glomus-Caroticum kontrolliert den Blutdruck im Körper und meldet an das Gehirn. Ist der Blutdruck (durch den Schlag) scheinbar zu hoch, werden z. B. Baucharterien geweitet und es kann zu einem plötzlichen Abfall des Blutdrucks und damit zur Ohnmacht kommen (vgl. Maluschka et al., 2009).*

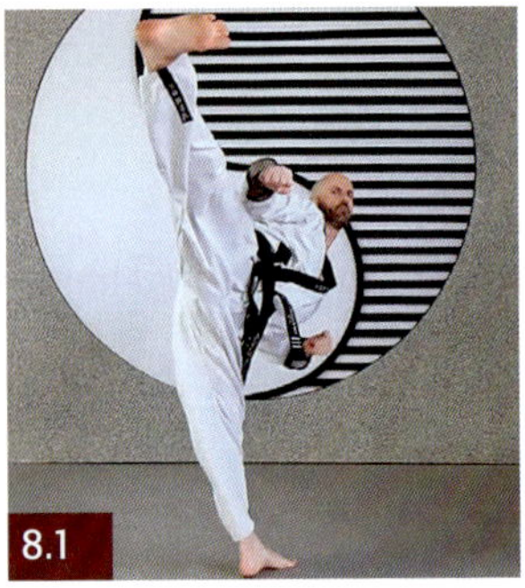

8.1

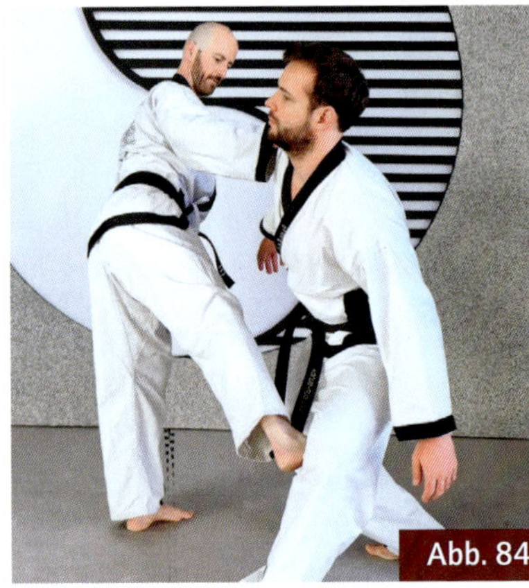

Abb. 84

. . . genauer gesagt zur Knieinnenseite.

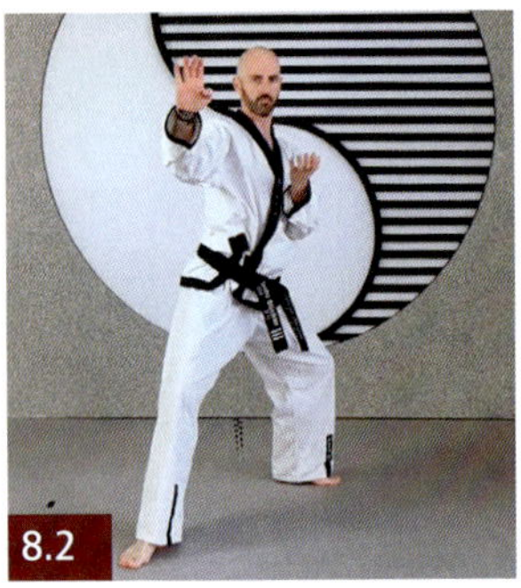

8.2

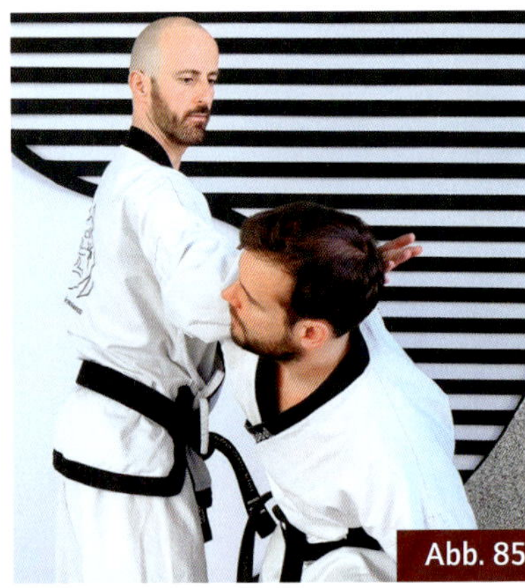

Abb. 85

Ein Handkantenblock, hier als Schlag zum Hals ausgeführt.

Sonal-Bakkat-Mok-Chigi als Schlag mit dem Unterarm oder der Handkante zu einem Nervenpunkt an der Halsschlagader.

Alternative Interpretation der Technik Nr. 10: Hier wird statt dem Handkantenschlag ein Ellbogenschlag zur Schläfe des Gegners als Abschlusstechnik verwendet.

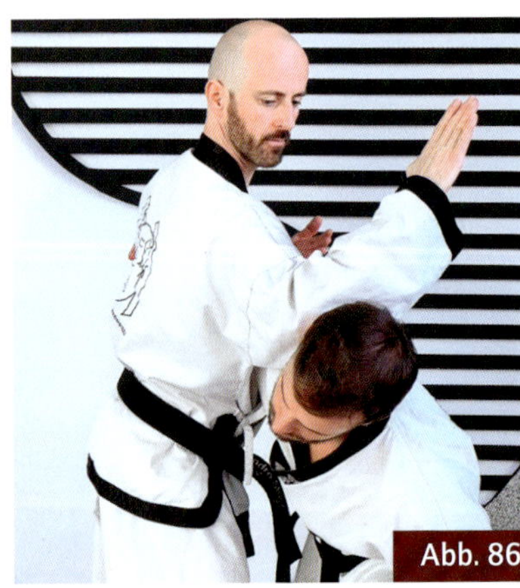

Abb. 86

Alternativ könnte der Ellbogen zur Schädelseite eingesetzt werden.

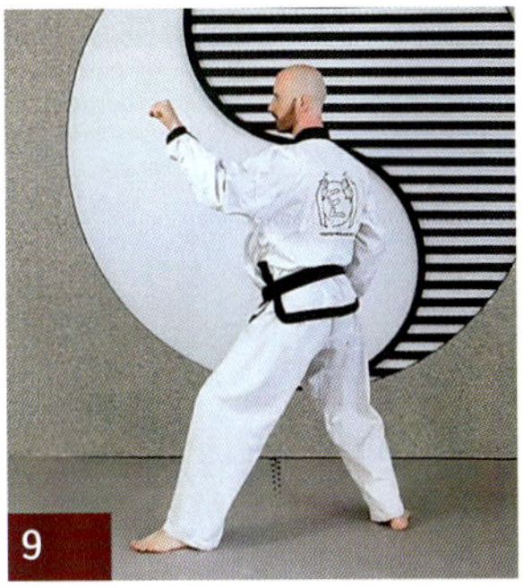
9

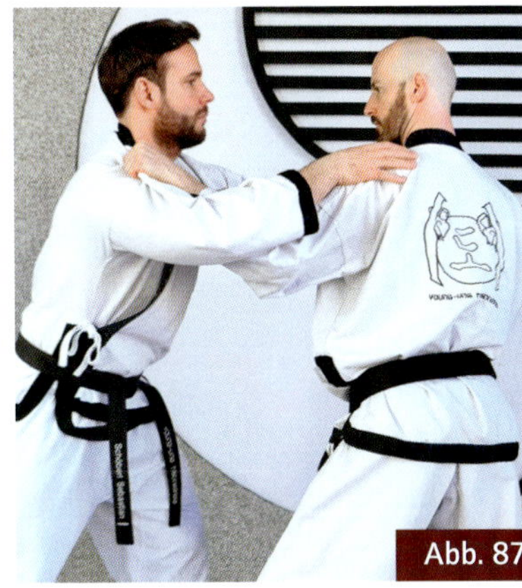
Abb. 87

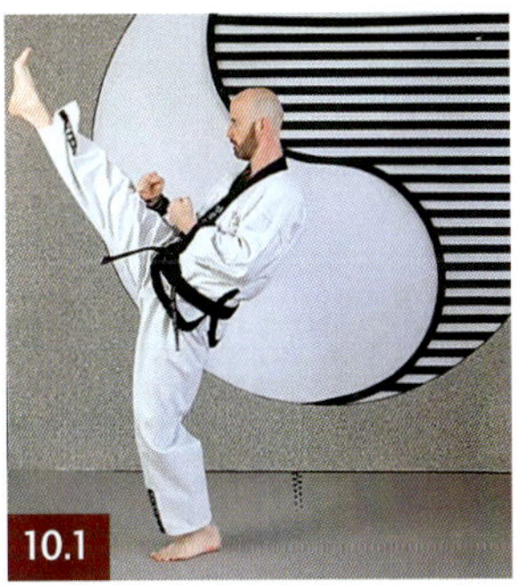
10.1

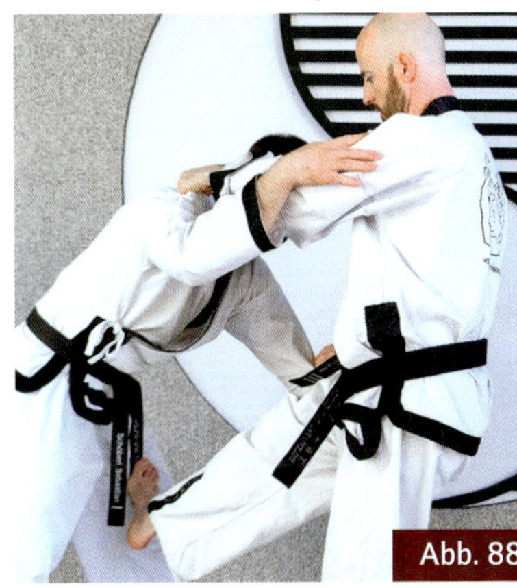
Abb. 88

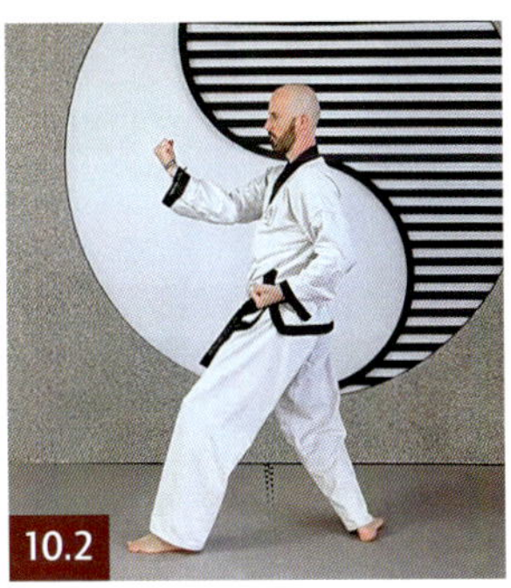
10.2

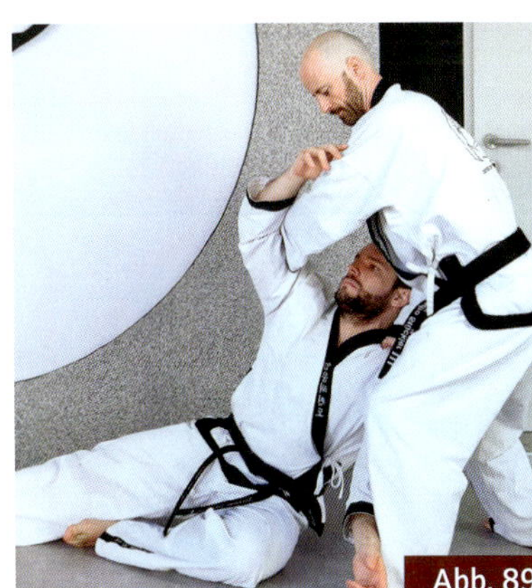
Abb. 89

Die Sequenz zeigt eine Wurftechnik durch das Verdrehen des Gegners. Als Einleitung wird das Bein des Angreifers attackiert. Sobald er das Gewicht auf das andere Bein verlagert, wird die Wurf-Dreh-Bewegung ausgeführt.

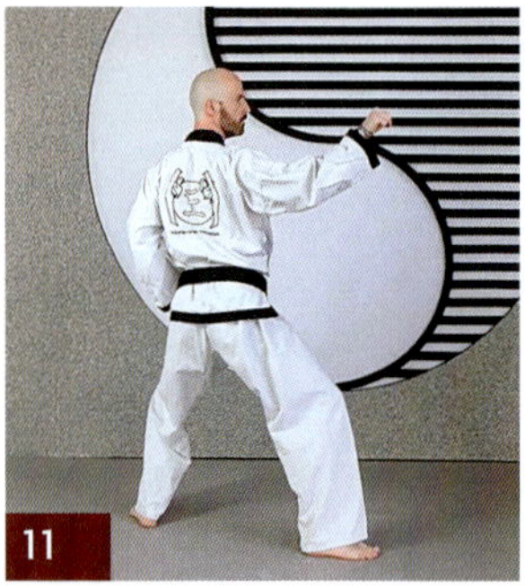
11

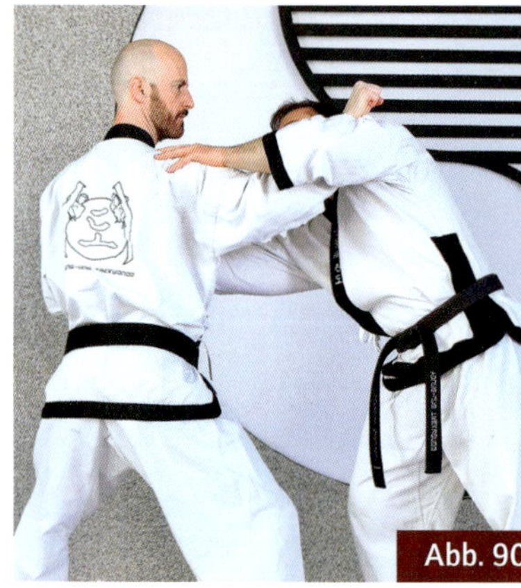
Abb. 90

Die Schultern werden seitlich verdreht, der Griff gelockert . . .

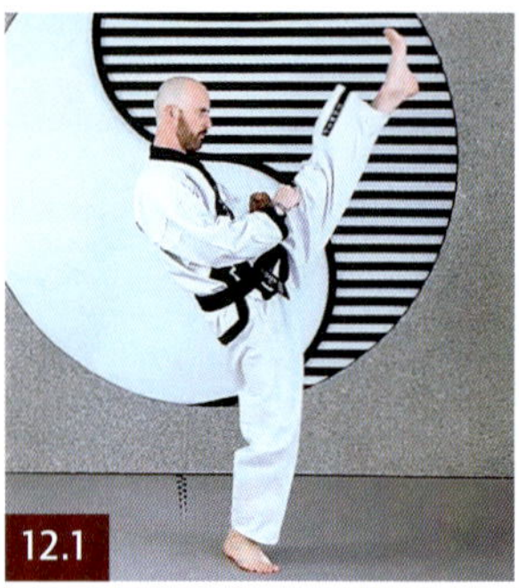
12.1

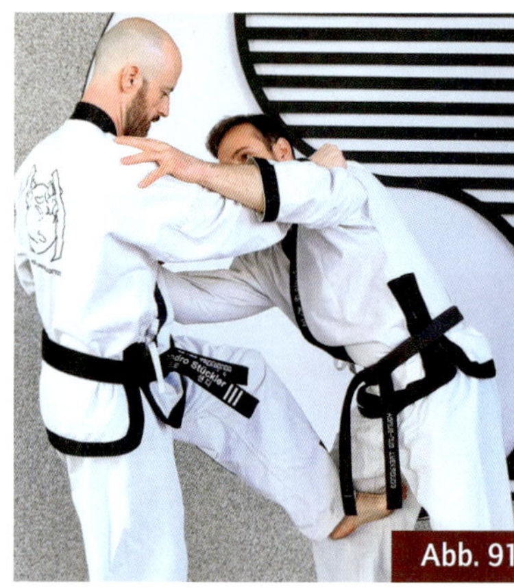
Abb. 91

. . . der Tritt gegen das Bein destabilisiert den Gegner . . .

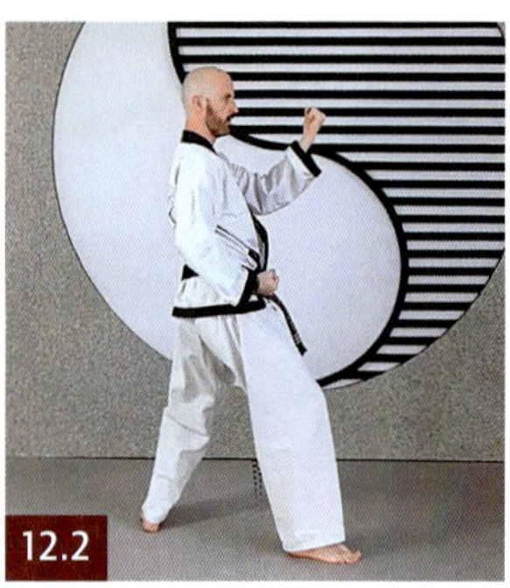
12.2

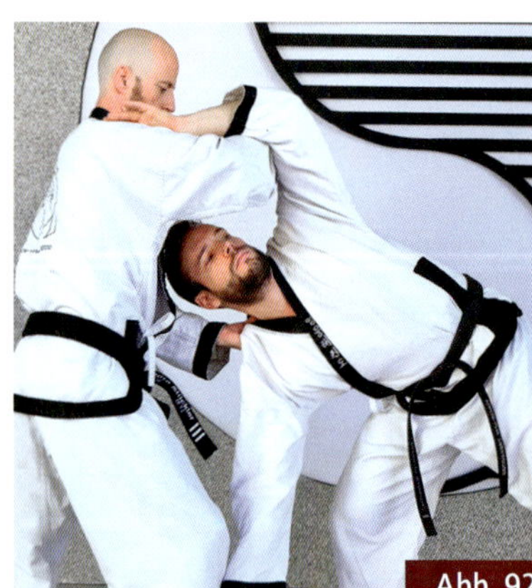
Abb. 92

. . . die linke Hand zieht ruckartig nach unten und wirft den Gegner.

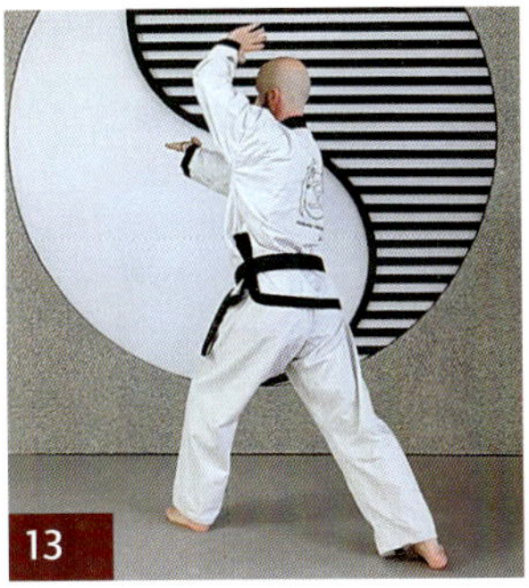

13

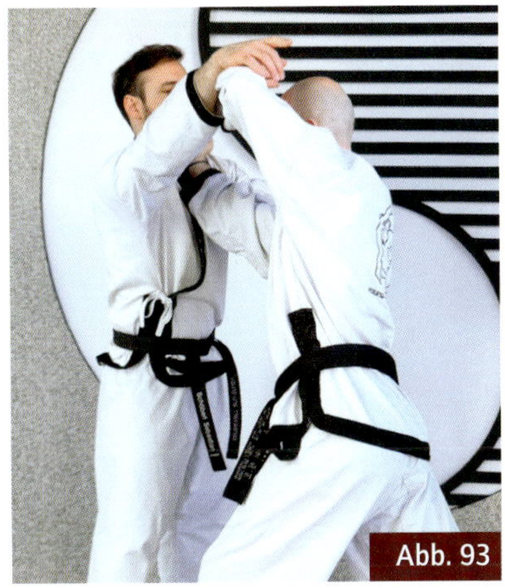

Abb. 93

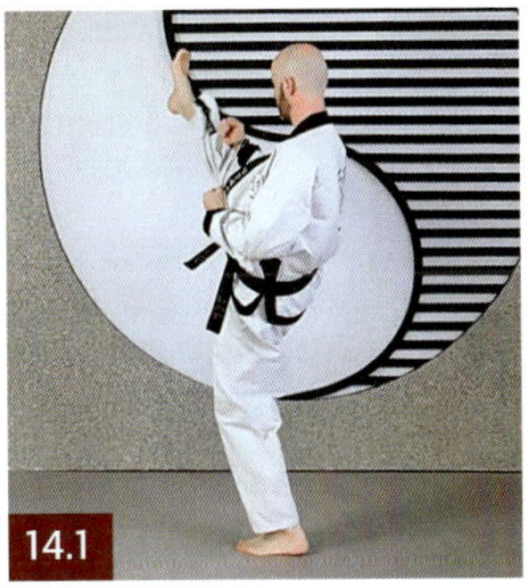

14.1

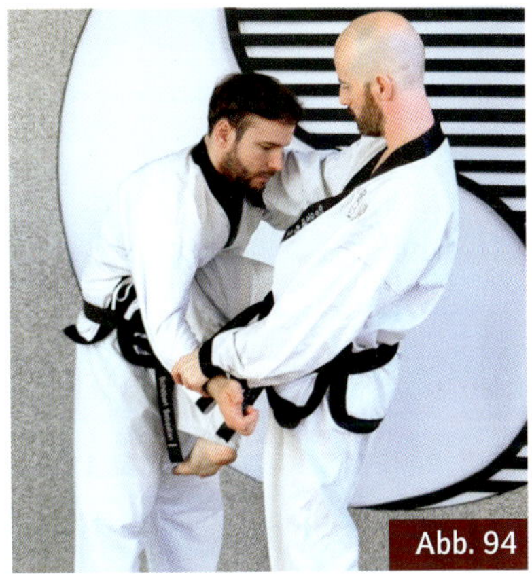

Abb. 94

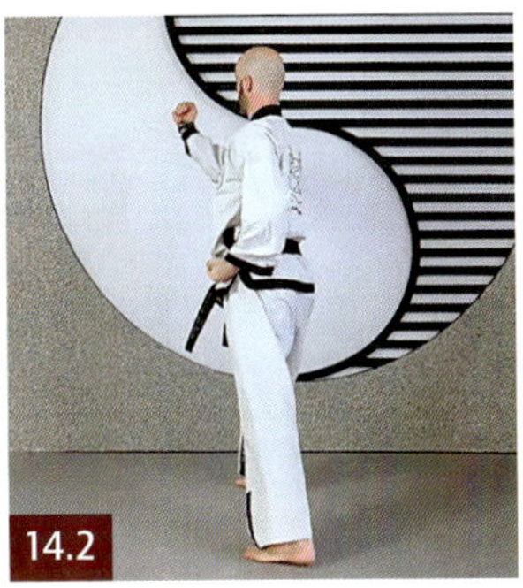

14.2

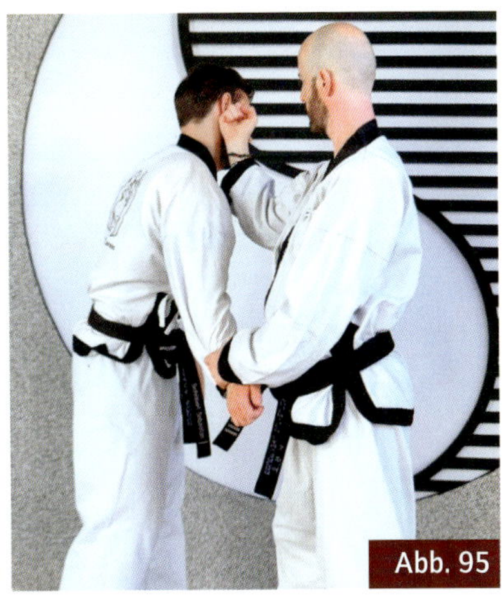

Abb. 95

Man beachte, wie hier die linke Hand nach der ersten Technik (Nr. 13) den Gegner fasst und dann nicht mehr loslässt, bis die Sequenz beendet ist (Abb. 93-95)! Der Abschluss ist ein Faustrückenschlag zur Schläfe, zum Ohr oder Unterkiefer.

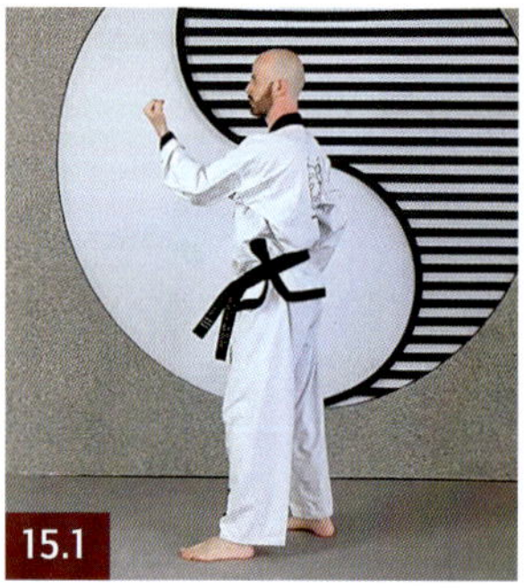
15.1

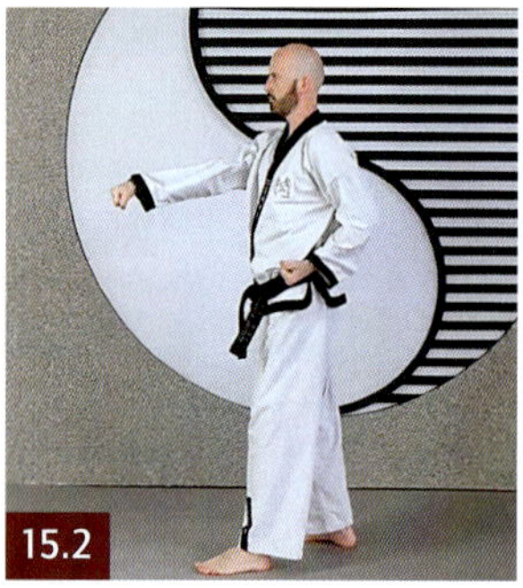
15.2

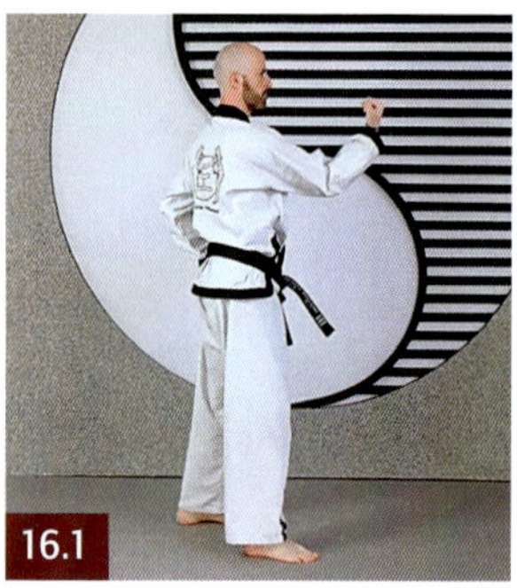
16.1

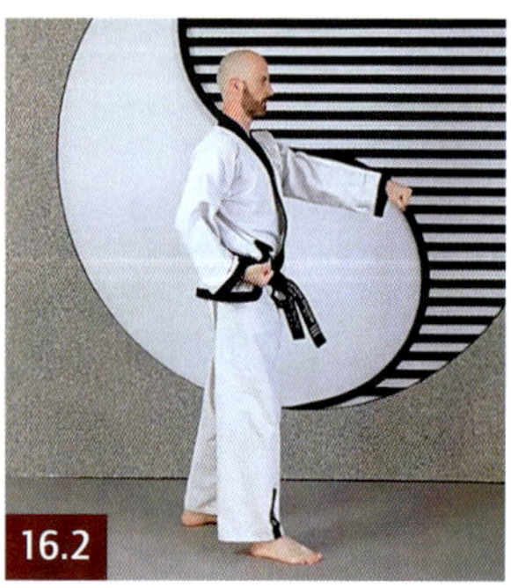
16.2

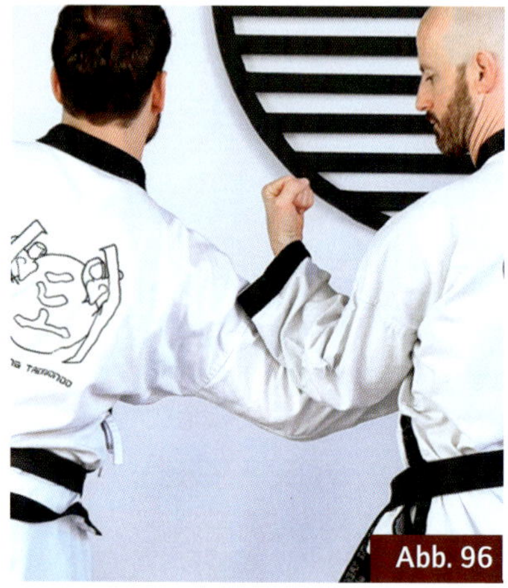
Abb. 96

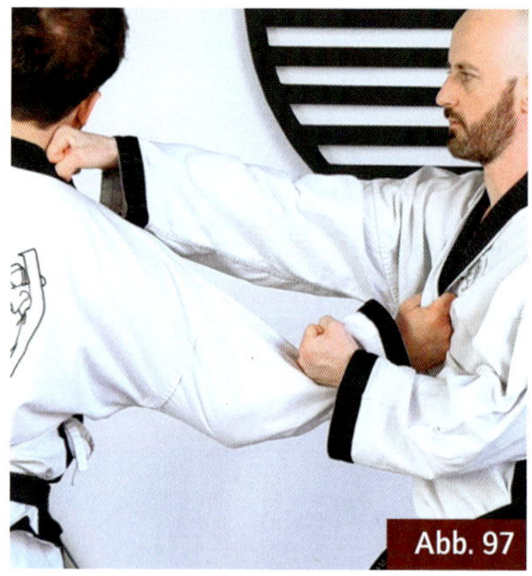
Abb. 97

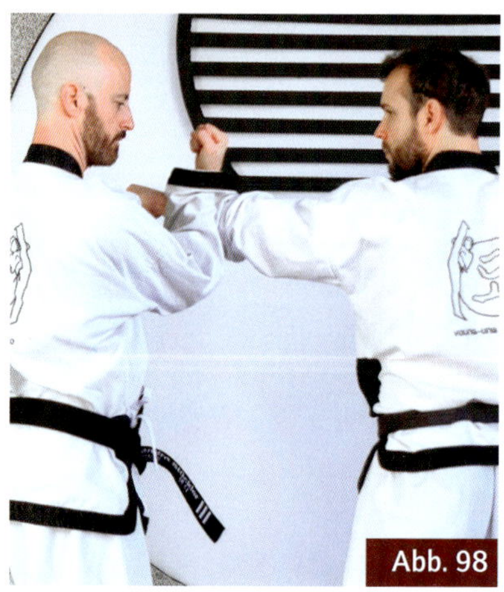
Abb. 98

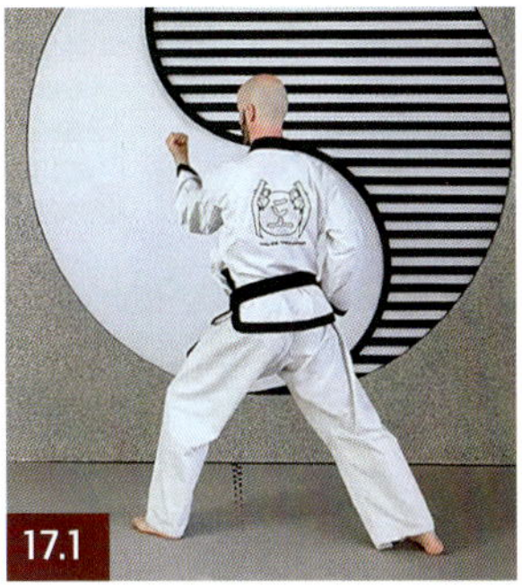
17.1

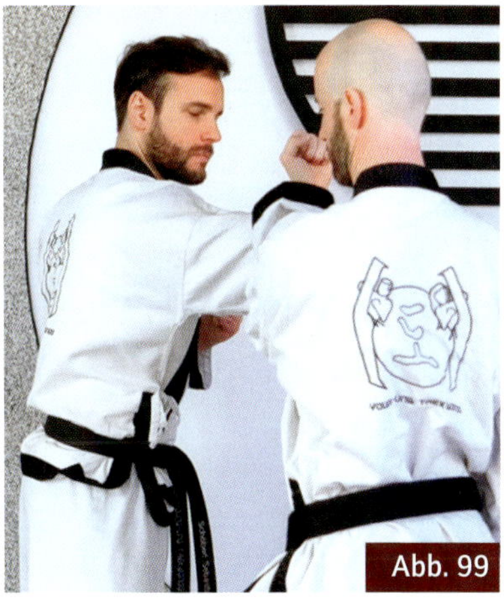
Abb. 99

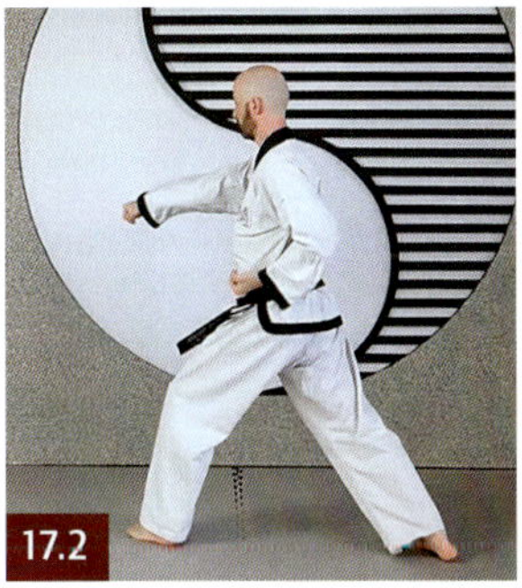
17.2

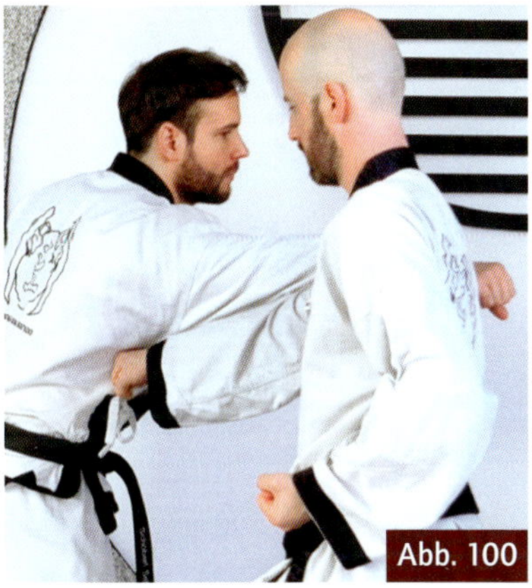
Abb. 100

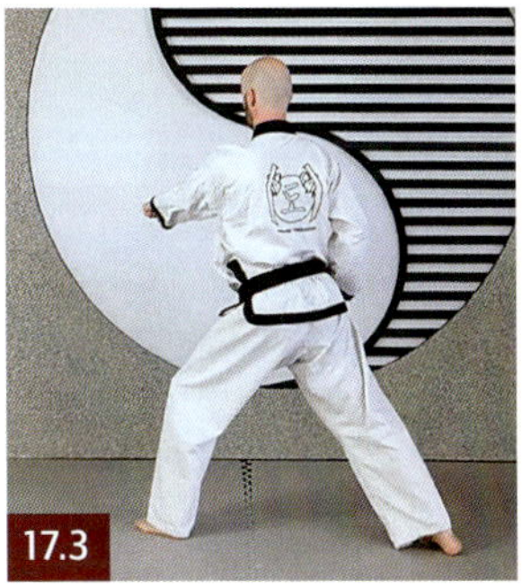
17.3

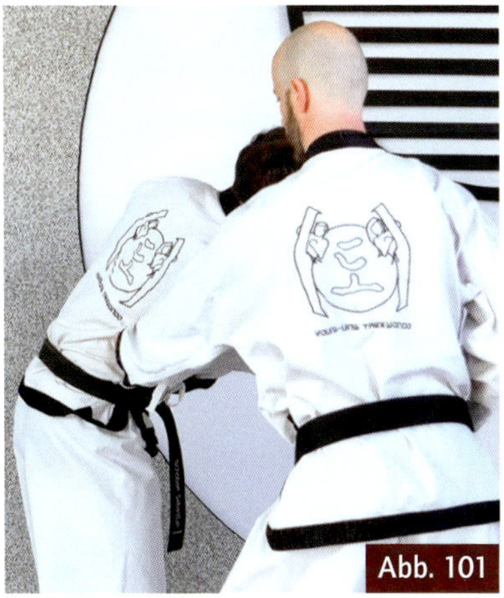
Abb. 101

In Abb. 96 und Abb. 97 kann man sehr schön sehen, wie die Abwehrbewegung der linken Hand des Verteidigers fließend in die Kontrollhaltung übergeht. In Abb. 97 zieht sie den Angreifer schließlich am Ärmel.

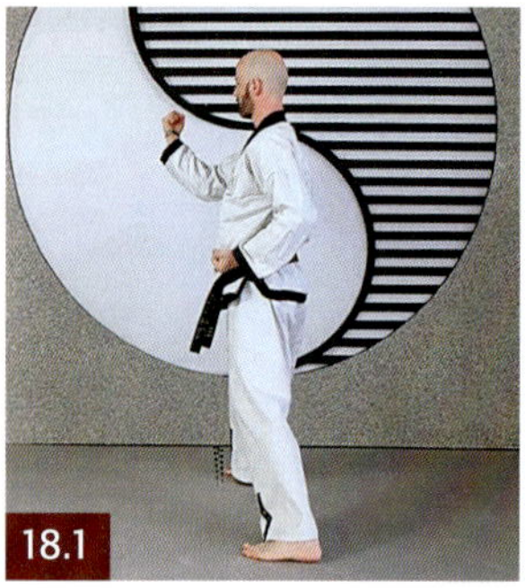
18.1

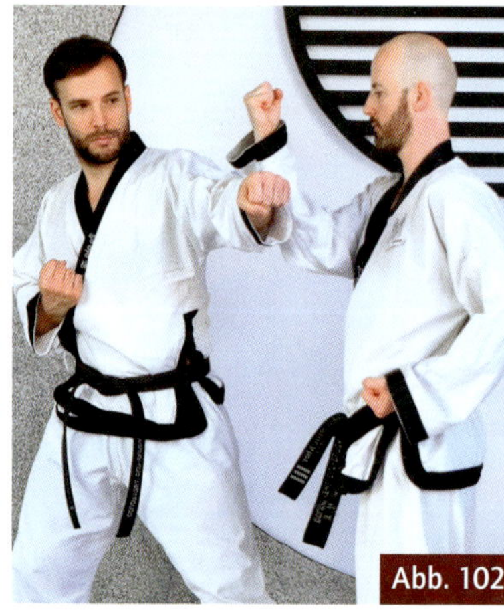
Abb. 102

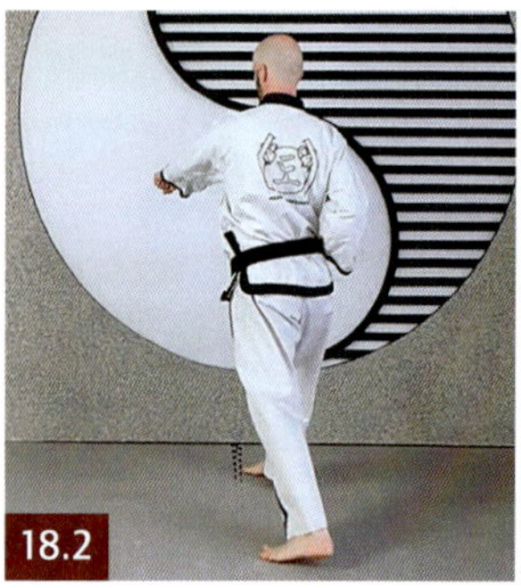
18.2

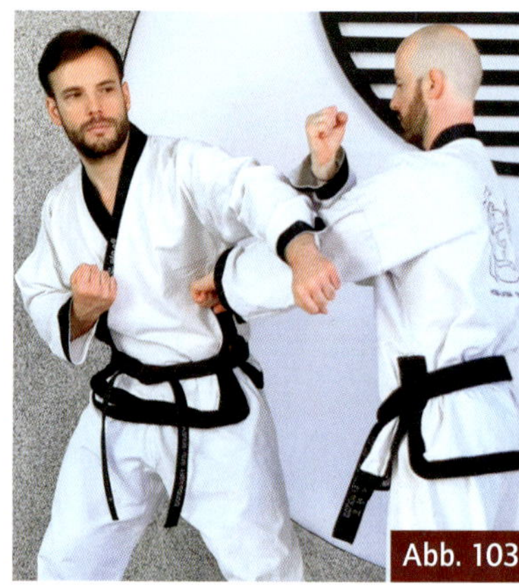
Abb. 103

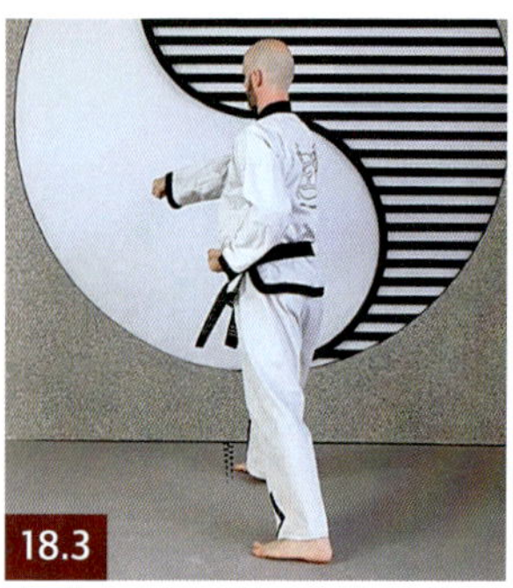
18.3

In Abb. 102 und 103 wird gezeigt, wie die Hand, welche den Block ausgeführt hat, zur Kontrolle in ihrer Position bleibt, bis der nachfolgende Schlag ausgeführt wird. Diese Variante der Technik wird in den höheren Formen noch auftauchen. Wir zeigen sie hier als Alternative zur Standardvariante. Da der Verteidiger sich in Abb. 102 bereits auf der Rückenseite (Blind Side) des Gegners befindet, wird diese Ausführung verwendet, um den Vorteil der Position zu nutzen und den Arm des Angreifers zu blockieren.

3.5 Geografische Einordnung: Welche Kampfkünste haben das Taekwondo geprägt?

Die Einflüsse auf die Kunst des Taekwondo

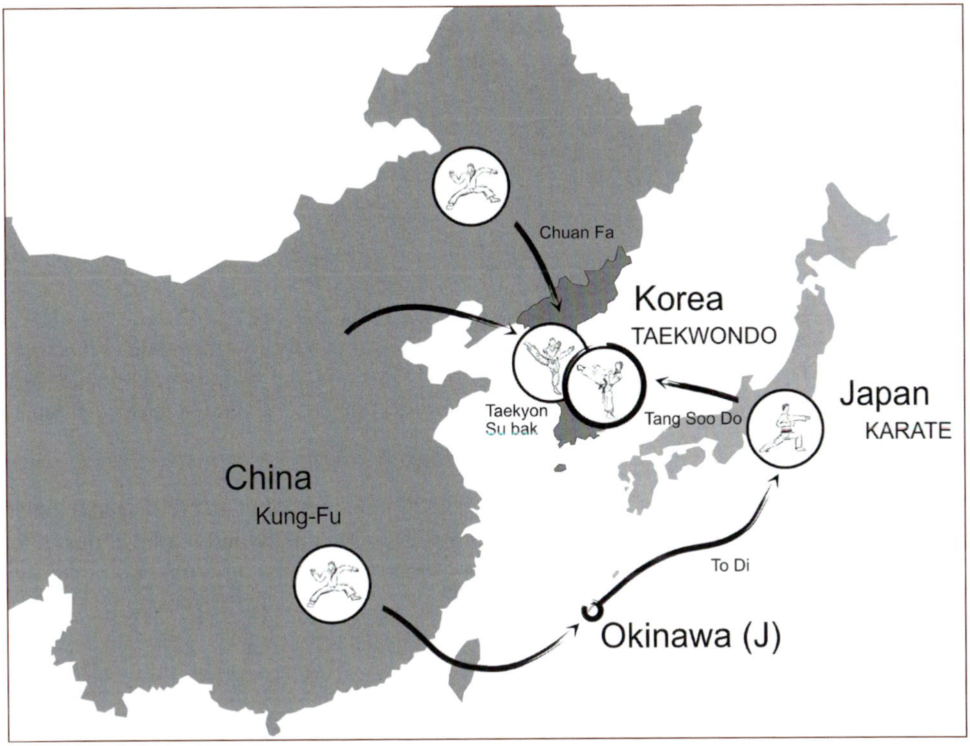

Die Zusammenhänge unter den Kampfkünsten bilden ein komplexes Netz. Stark vereinfacht lässt sich Folgendes herauskristallisieren:

Das chinesische Kung-Fu ist auf zwei Wegen nach Korea gekommen, einmal im Norden direkt über die Grenze und einmal über den Umweg von Okinawa über die japanische Hauptinsel und dann, durch die Ausbildung und oder Kriegsgefangenschaft vieler Koreaner in Japan, wieder zurück nach Korea.

Hier hatte das Kung-Fu aber schon mehrere Transfomationsprozesse durchlaufen, sodass daraus die verschiedenen Stile des japanischen Karate entstanden sind, was wir als die zweite Komponente sehen wollen.

Natürlich hatten auch die Karatestile diverse lokale und internationale Einflüsse, die wir hier in all ihrer Komplexität nicht behandeln wollen. Das Karate, welches wieder nach Korea importiert wurde, nannte man hauptsächlich **Tang Soo Do** (die chinesische Hand).

Die dritte Komponente des Taekwondo sind die „originalen" Stile Koreas wie das Taekkyon bzw. Su Bak sowie das Kwon Bop. Bei Taekkyon und Su Bak weisen Quellen darauf hin, dass die Begriffe synonym verwendet werden, dass es sich also im Wesentlichen um die gleiche oder mindestens eine ähnliche Kampfkunst handelt.

Beide sind ihrem Ursprung nach der Silla-Dynastie (Zeit der drei Königreiche, 1.-7. Jahrhundert n. Chr.) zuzuordnen. Wohingegen das Kwon Bop der Gogeureo-Dynastie zugeordnet wird. Mindestens bei einem der fünf Gründungsstile (später neun) des modernen Taekwondo (WT) ist eine starke Verbindung zum japanischen Judo nachweisbar.

Hierbei hat der Gründer des YUN-MOO-Stils (Stil = Kwan) den früheren Judo Dojang (Dojang = Schule/Studio) seines Meisters in eine Tang-Soo-Do-Schule umgewandelt.

Das moderne Taekwondo kann also getrost als Amalgam der großen asiatischen Stile Kung-Fu, Karate, Judo und der koreanischen Kampfkünste wie Taekkyon und Kwon Bop verstanden werden.

Als „Best of" der damaligen Kampfkünste war es immer wieder Prozessen der Wandlung und, bei den Poomsae besonders gut erkennbar, der Vereinfachung, unterworfen. Vieles, was kompliziert, unnötig oder schwer erlernbar war, wurde eliminiert und nur die wichtigsten und wesentlichen Aspekte sollten erhalten bleiben.

In der Architektur gibt es den Prozess der „klassischen Moderne" (ab circa 1920). Damit meint man, dass man sich aller Schnörkel der antiken Baukünste entledigte und nur mehr der Funktion folgend entwarf und baute, man nennt dies „form follows function" (die Form folgt der Funktion).

Diese Schnörkellosigkeit und „schlichte Eleganz" ist in den Poomsae eindeutig ablesbar und eines der Markenzeichen des modernen Taekwondo.

Besonders auffällig ist das in den Poomsae 1-4. Den etwas komplexeren, aber dennoch eleganten Abläufen der Poomsae 5-8 widmet sich nun der zweite Teil.

TANG SOO DO: Koreanische Form von Karate. Wörtlich Weg der chinesischen Hand.
(Tang = China, Soo = Hand, Do = Weg)
Als „koreanisches Karate" ist Tang Soo Do aber auch eine Mischung aus Karate, Chuan Fa (Kung-Fu) und alten koreanischen Stilen.

Kong Soo Do: Koreanische Form von Karate. Wörtlich Weg der leeren Hand.
Kong Soo Do und Tang Soo Do bezeichnen beide das koreanische Karate.

KWON BOP (oder Gweon Beop): Mehrere Bedeutungen, sowohl Synonym für TANG SOO DO als auch eine der traditionellen Kampfkünste Koreas.
Die Wurzeln der Wörter gehen eher auf die unbewaffneten Kampfkünste Gogeureos zurück (Zeit der drei Königreiche).

Su Bak (auch Subak, später Soo Bakh Do): Mehrere Bedeutungen, sowohl Synonym für TANG SOO DO, als auch eine der traditionellen Kampfkünste Koreas. Die Wurzeln der Wörter gehen auf die unbewaffneten Kampfkünste Sillas zurück (Zeit der drei Königreiche). Su Bak und Taekkyon waren zusammen mit Schwertkampf, Reiten und Bogenschießen die (Kampf-) Künste in denen die legendären Hwarang* geübt waren.

Taekkyon: Eine traditionelle koreanische Kampfkunst die eine große Anzahl an Tritten Schlägen und Würfen umfasst. Hohe Tritte, Sprünge und Athletische Tritttechniken sind die Spezialität. (Subak oder Soo Bahk Do sind Synonyme von Taekkyon, es handelt sich also um die selbe Kampfkunst).

***Hwarang:** Die legendären Krieger der (vereinigten) Silla Dynastie (645–935), ähnlich den jap. Samurai, jedoch existierten die Hwarang ab dem 7. Jahrhundert nach Chr. also schon 500 Jahre vor den Samurai. Die Hwarang besaßen bereits einen Kodex an Tugenden, vielfältige Ausbildung in den Kampfkünsten und ihr Mut und ihre Unbezwingbarkeit waren sprichwörtlich.

https://en.wikipedia.org/wiki/Hwang_Kee

https://de.wikipedia.org/wiki/Taekgyeonhttps://de.wikipedia.org/

wiki/Hwang_Ki

https://de.wikipedia.org/wiki/Taekgyeon

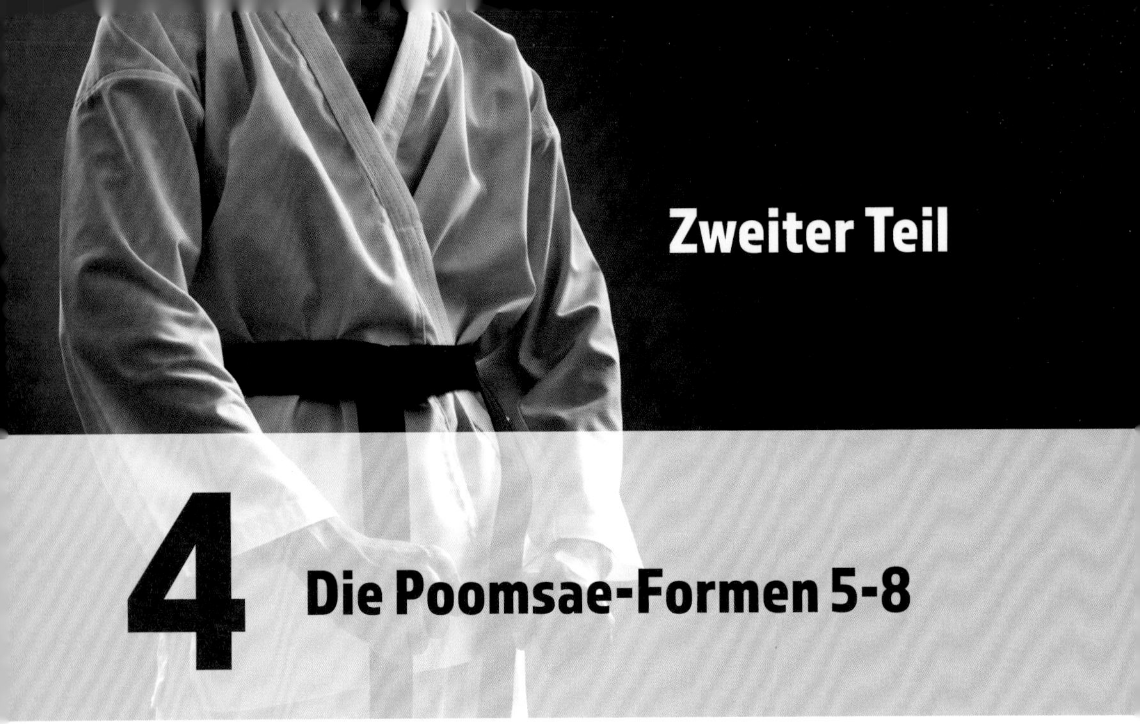

Zweiter Teil

4 Die Poomsae-Formen 5-8

4.1 Taegeuk Oh-Jang

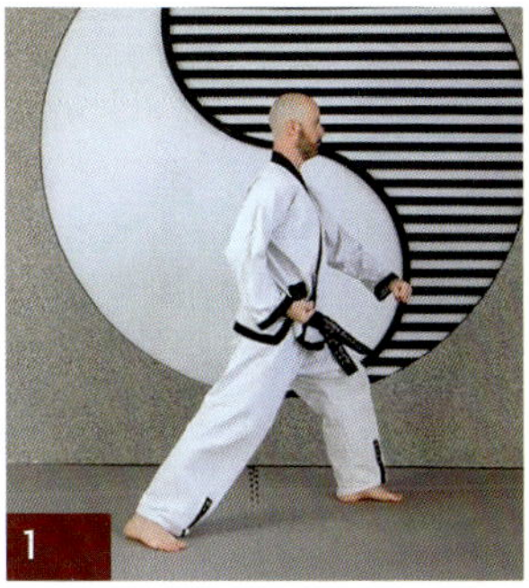
1

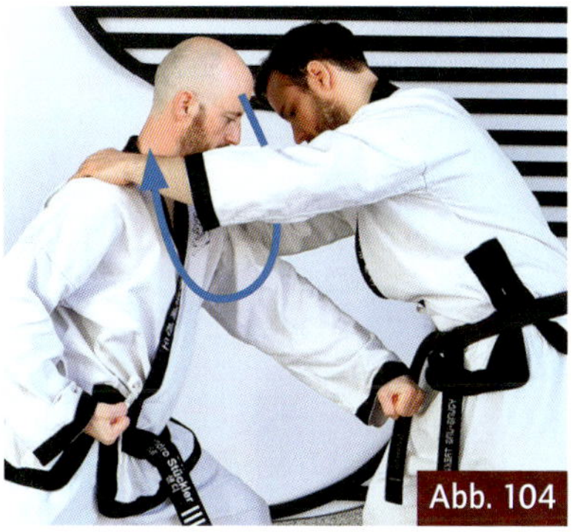
Abb. 104

Der Hammerfauststoß zum Unterleib als Ablenkungstechnik. Die blaue Linie zeigt die mögliche Kopfbewegung zur Befreiung.

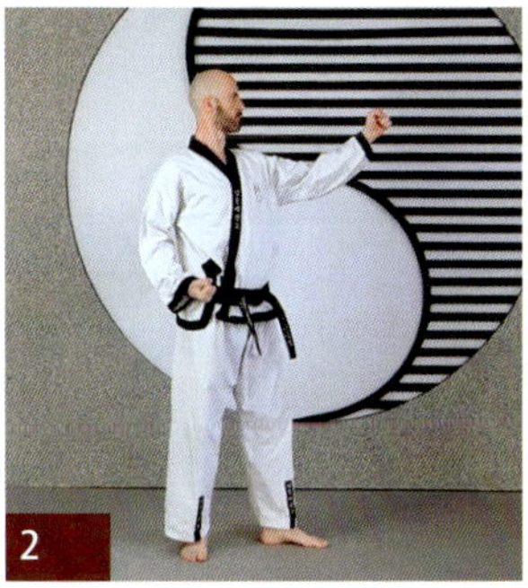
2

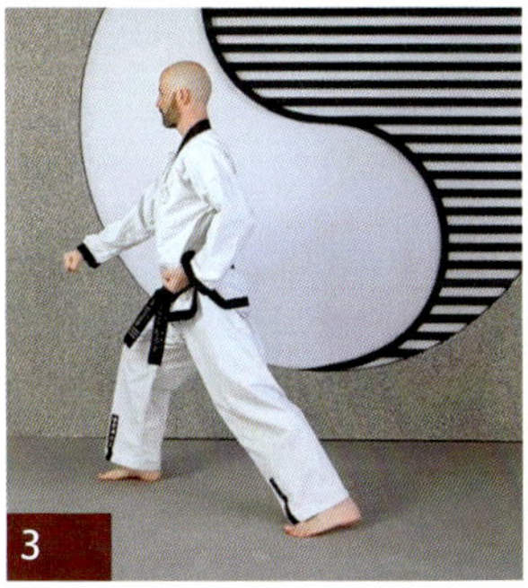
3

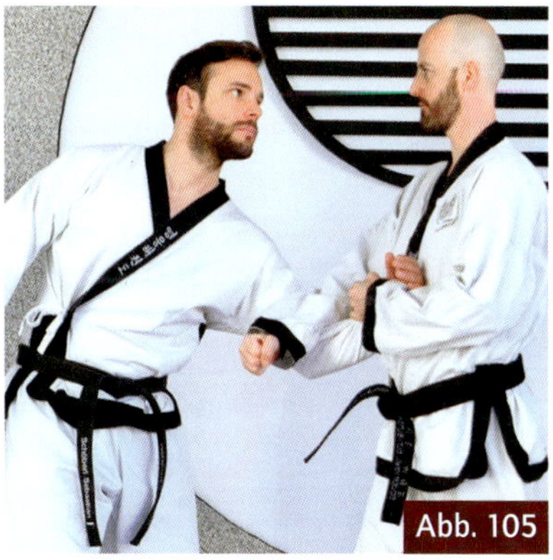
Abb. 105

Der Tiefblock zieht den Gegner (nach einem Griff zum Revers) heran.

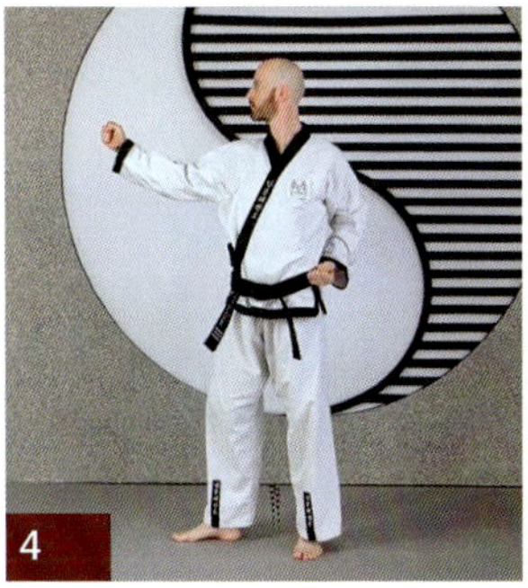
4

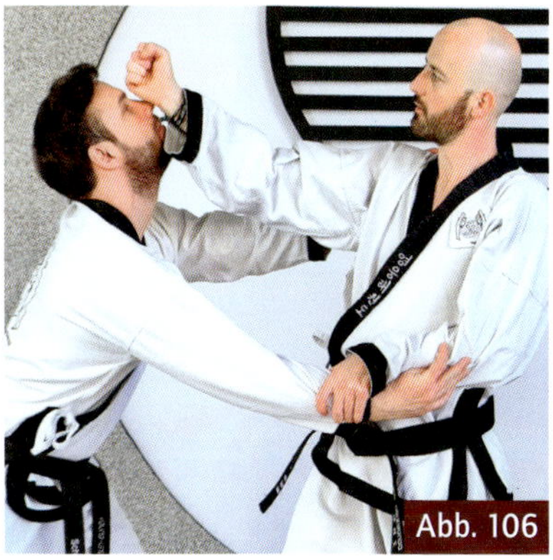
Abb. 106

Der folgende Hammerfauststoß zielt auf die Nasenspitze.

Das Wichtigste zu „Poomsae 5" auf einen Blick:

» Die fünfte Poomsae zeigt uns einige neue Bewegungen, darunter sind der Hammerfauststoß (Me-Jumok-Chigi) und ein Ellbogenschlag nach innen (Palkup-An-Chigi). Es wird auch eine zweite Art des Ellbogenstoßes gezeigt, nämlich jene Art, wo der Gegner am Rücken oder dem Genick festgehalten wird, während der Stoß geführt wird. Die Tatsache, dass der Angreifer hier überhaupt hinter dem Kopf gehalten werden kann, macht deutlich, dass es sich (selbst nach dem Yop-Chagi, welcher eigentlich eine Technik auf mittlere Distanz ist) noch um eine Nahkampfsituation handelt.

» Interessant ist auch die Anfangssequenz der Form. Der Tiefblock kann hier als Ablenkungstechnik zum Oberschenkel oder Unterleib des Gegners interpretiert werden, welche die Möglichkeit für den darauf folgenden Schlag erst eröffnet. Der Hammerfauststoß kann auch als Befreiungstechnik gedeutet werden. Die Bewegung, die der Kopf hierbei (nach dem Tiefblock) vollführen müsste, wird in Abb. 104 gezeigt.

» Ein weiterer Hinweis, dass wir bis zum Ende der Auseinandersetzung im Nahkampf verweilen wollen, bildet auch gleichzeitig den Abschluss der Poomsae. Der eingesprungene Faustrückenschlag (Dung-Jumok-Chigi) beendet die Form. Hier wird der eingesprungene Kreuzstand verwendet, um die Distanz zum Gegner blitzartig zu verkürzen. Die Drehbewegung der Hüfte erleichtert uns die Abwehr etwaiger Angriffe des Gegners, die eventuell gleichzeitig erfolgen. Des Weiteren eröffnet uns die Endposition (Hüfte an Hüfte, der Schwerpunkt des Gegners ist also sehr nah an unserem Körper), unsererseits eine Möglichkeit, eine Wurftechnik zum Abschluss zu setzen. Diese Wurftechnik wird in der fünften Poomsae nicht gezeigt, jedoch kommen in den Schwarzgurtformen und den traditionellen Hyongs noch einige Würfe vor. Die fünfte Poomsae legt durch die Beinarbeit eindeutig den Grundstein für einen Wurf.

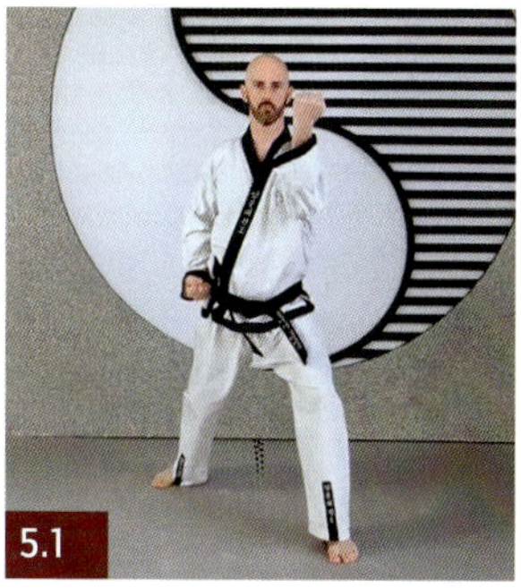
5.1

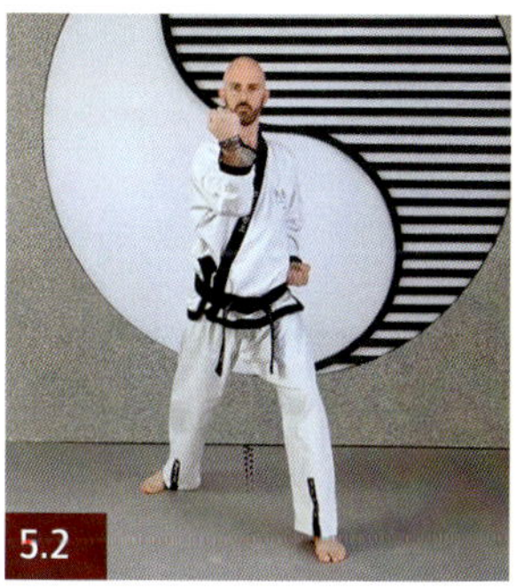
5.2

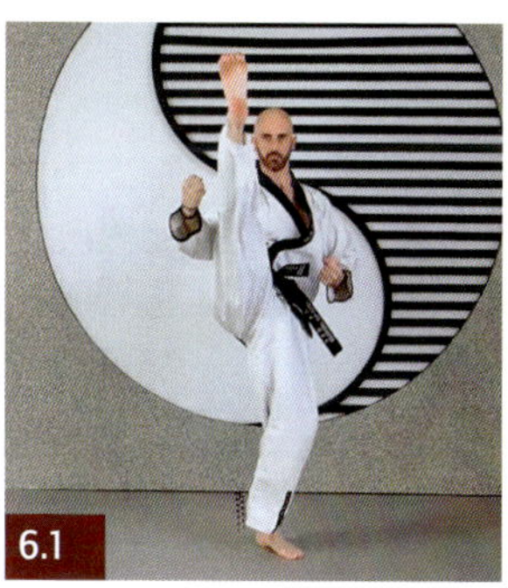
6.1

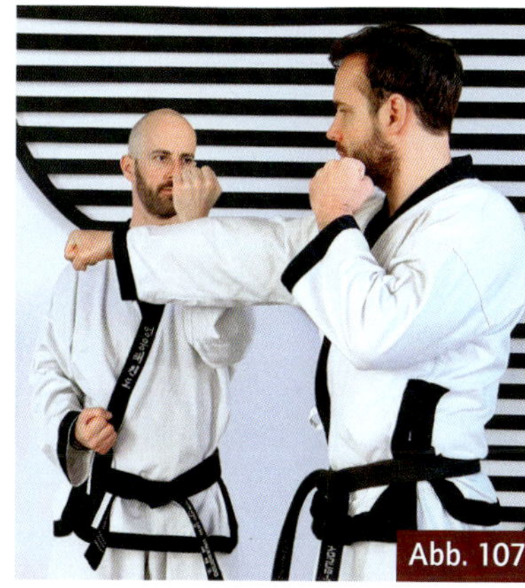
Abb. 107

Der Mitteblock positioniert uns auf der blinden Seite des Gegners.

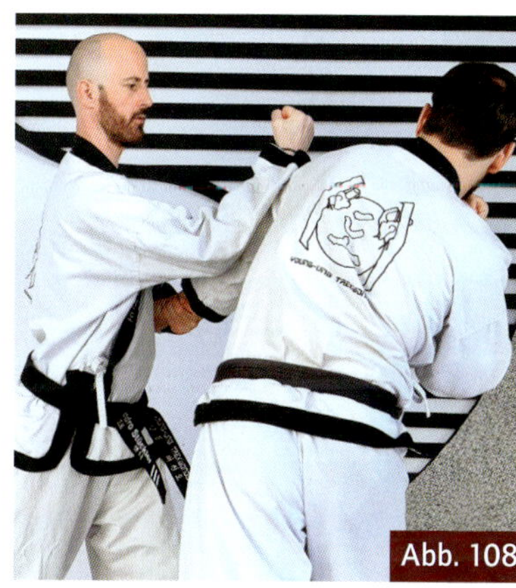
Abb. 108

Der zweite Mitteblock wird als Armhebel interpretiert . . .

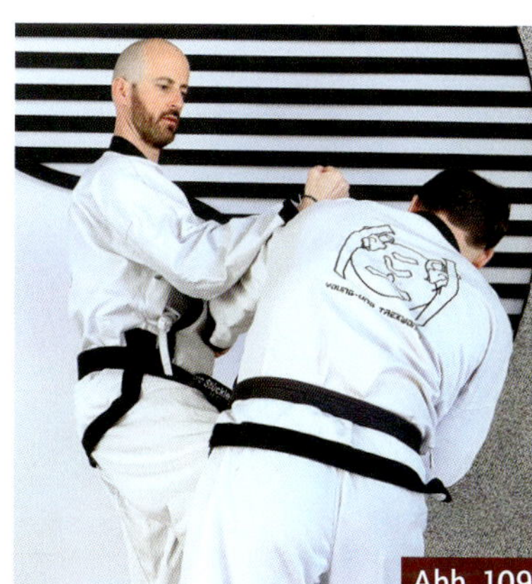
Abb. 109

. . . direkt gefolgt von einem (Ap-Chagi) Kick in die Genitalien.

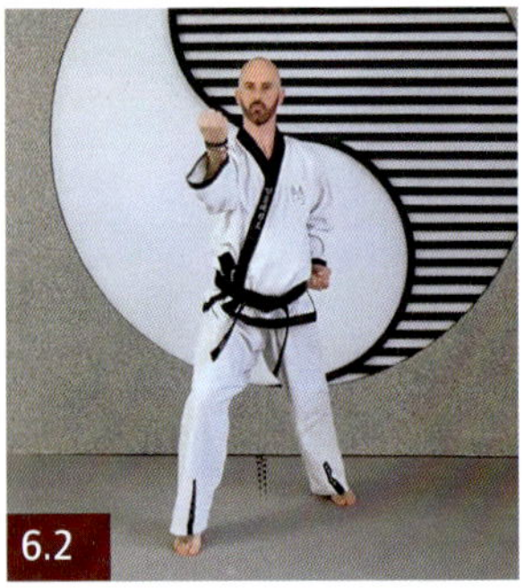

6.2

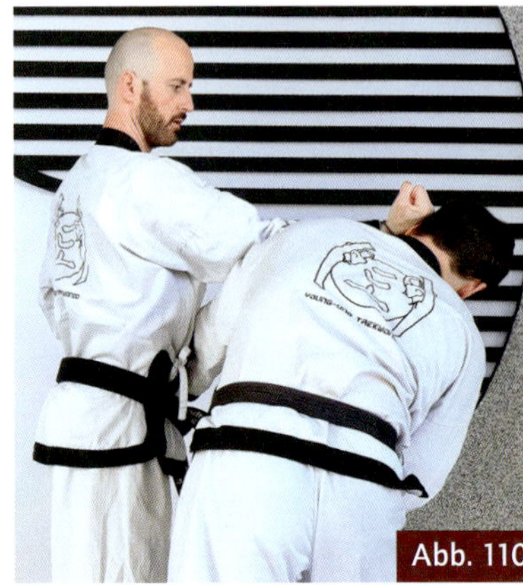

Abb. 110

Auf den Kick folgt unmittelbar ein Faustrückenschlag zum Kopf.

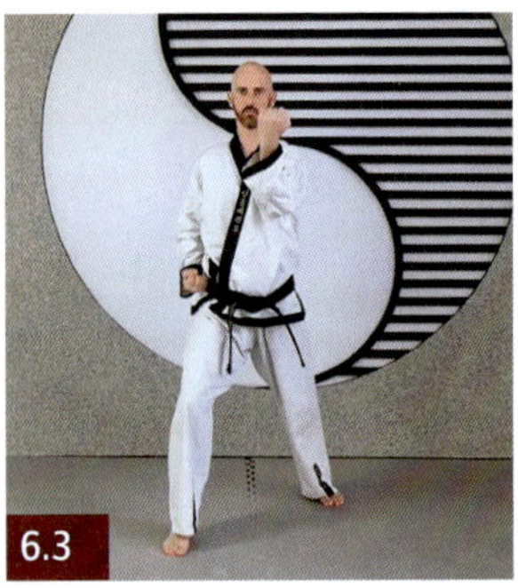

6.3

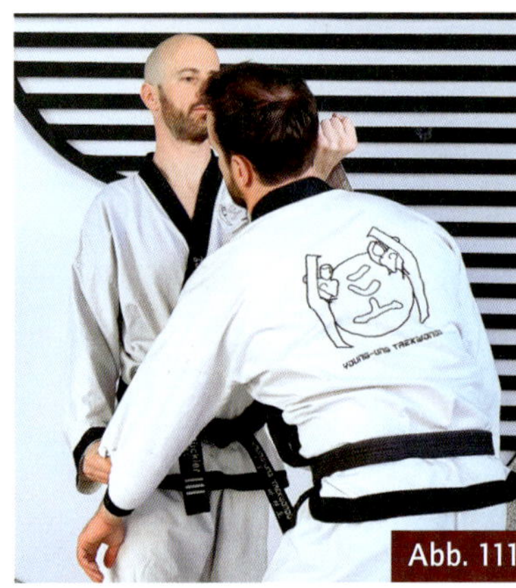

Abb. 111

Erneute Hammerfaust, man beachte die zweite Hand (Kontrolle).

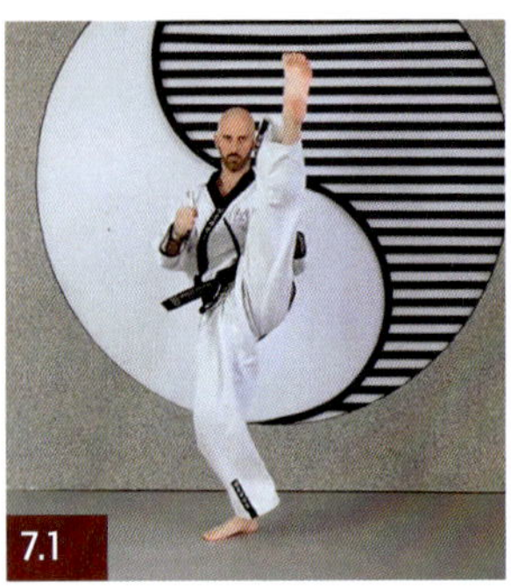

7.1

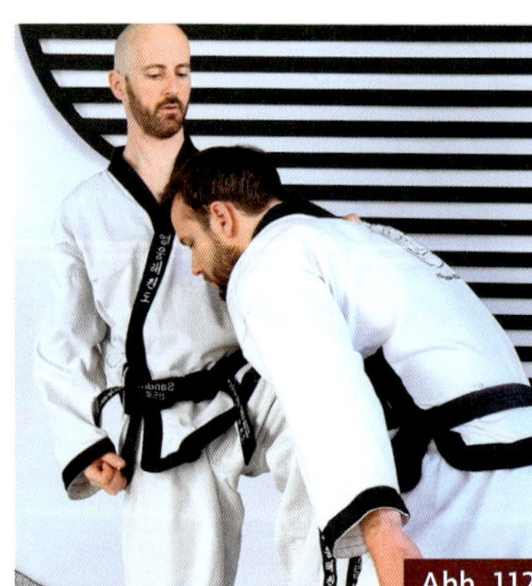

Abb. 112

Der Ap-Chagi – hier wieder als Kniestoß verwendet.

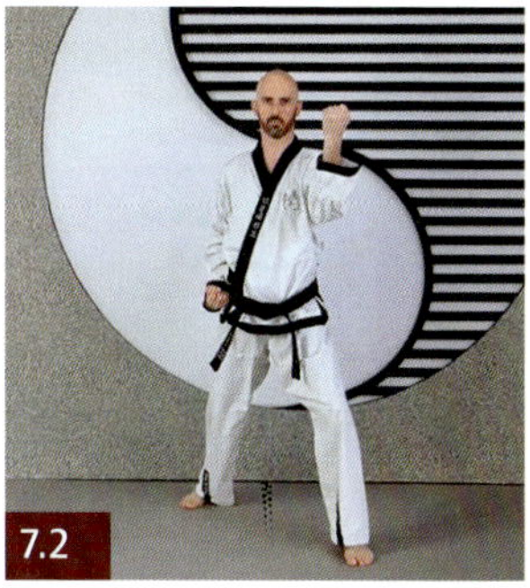
7.2

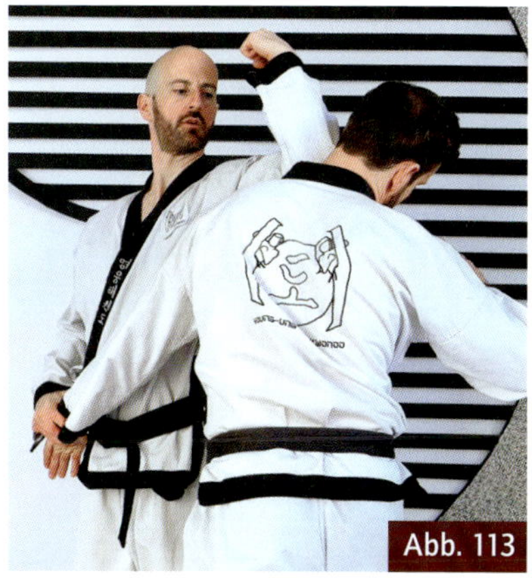
Abb. 113

Alternative Ausführung des Faustrückenschlags als . . .

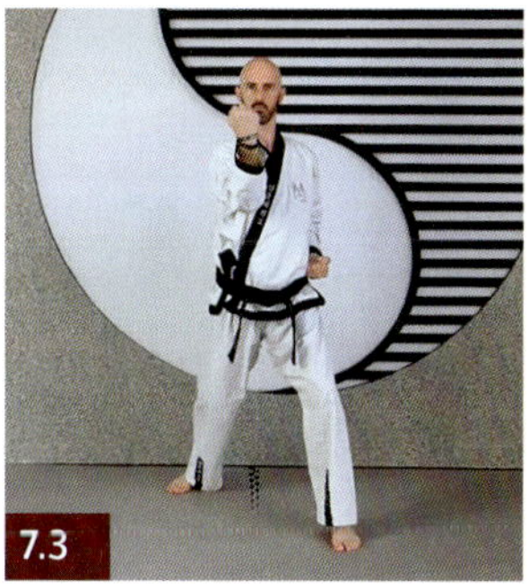
7.3

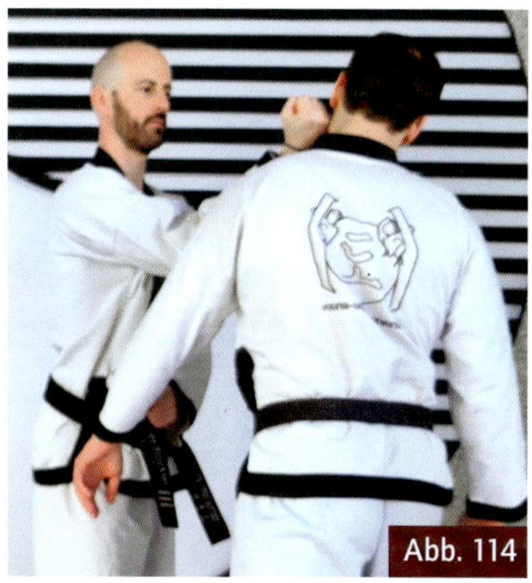
Abb. 114

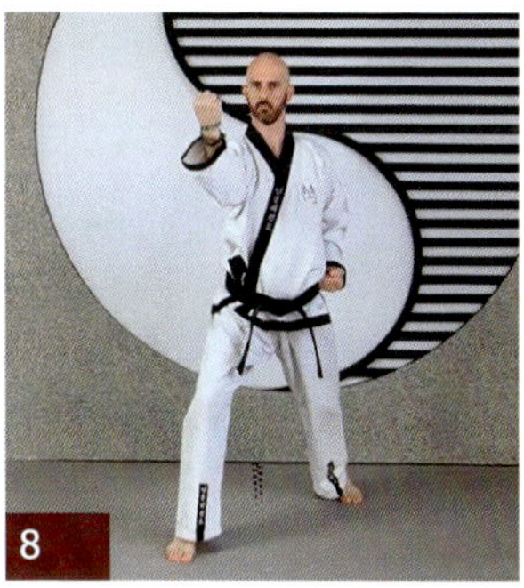
8

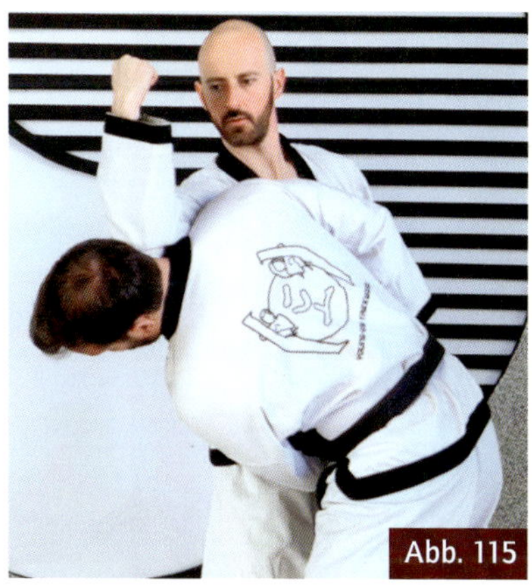
Abb. 115

. . . Ellbogenstoß nach unten.

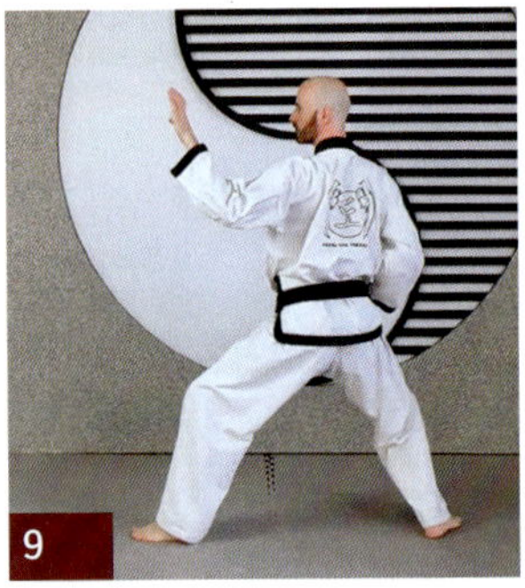
9

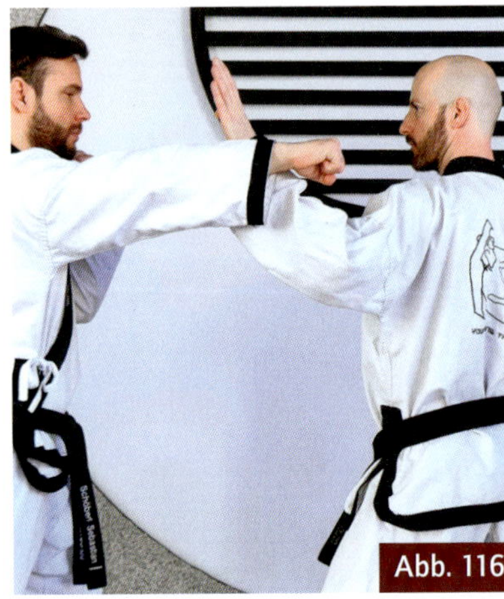
Abb. 116

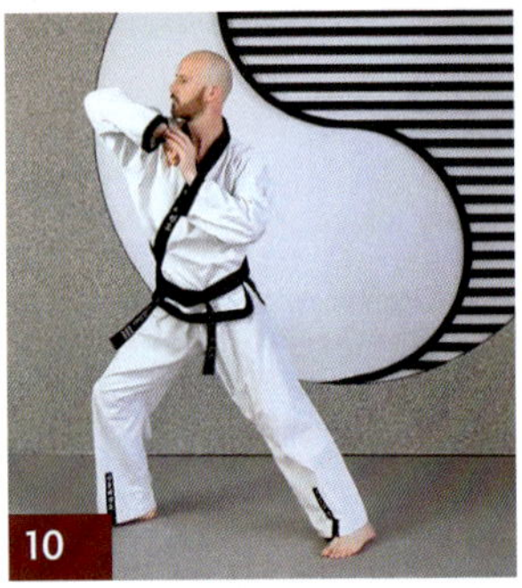
10

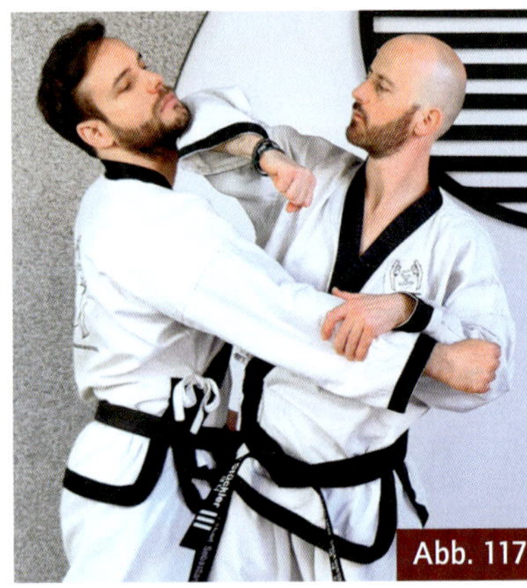
Abb. 117

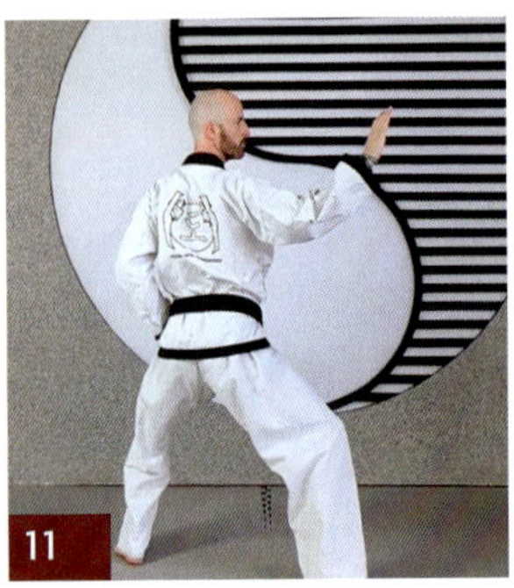
11

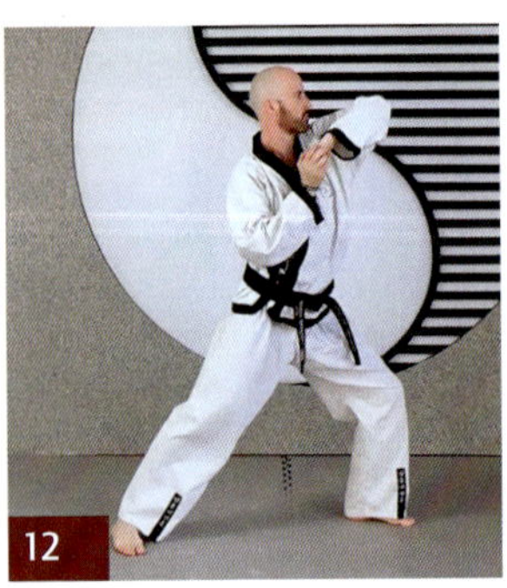
12

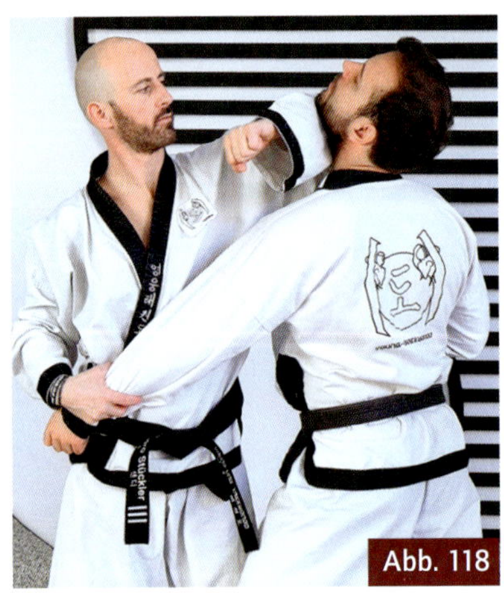
Abb. 118

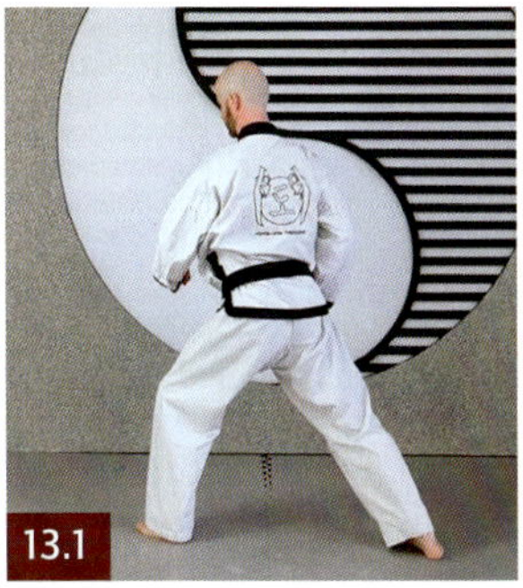

13.1

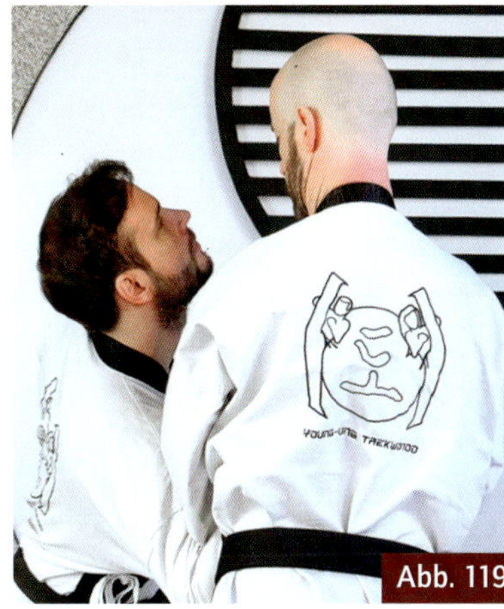

Abb. 119

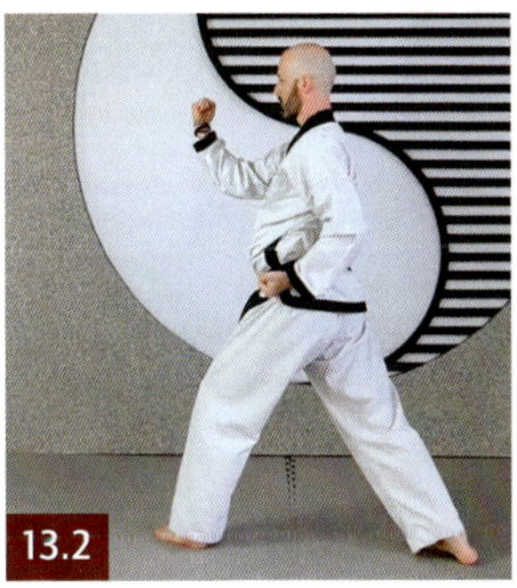

13.2

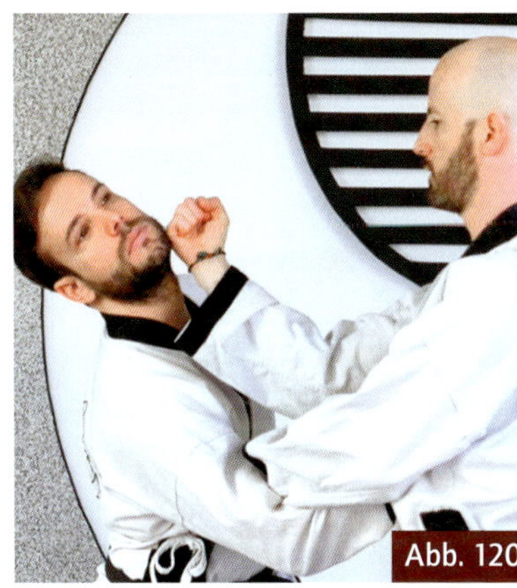

Abb. 120

Achtung: Ellbogentechniken wie in Abb. 117 und Abb. 118 funktionieren nur im absoluten In-Fight (Nahdistanz). Umso größere Bedeutung kommt hier der Zug- und Kontrollbewegung der zweiten Hand zu. Nicht nur wird hierdurch die Wirkung der Technik verstärkt, sie hindert den Gegner auch daran, auszuweichen. Eine alternative Ausführung der Technik, welche ebenfalls die Wahrscheinlichkeit auf Erfolg erhöht, ist das Festhalten des Gegners am Genick, wie wir es gleich auf der übernächsten Seite in Abb. 126 kennenlernen werden!

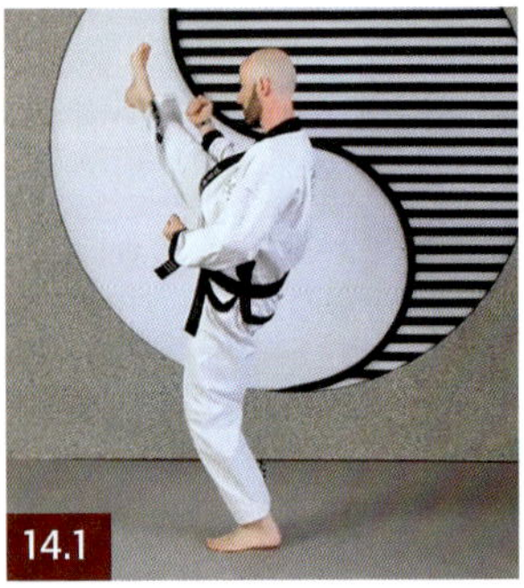
14.1

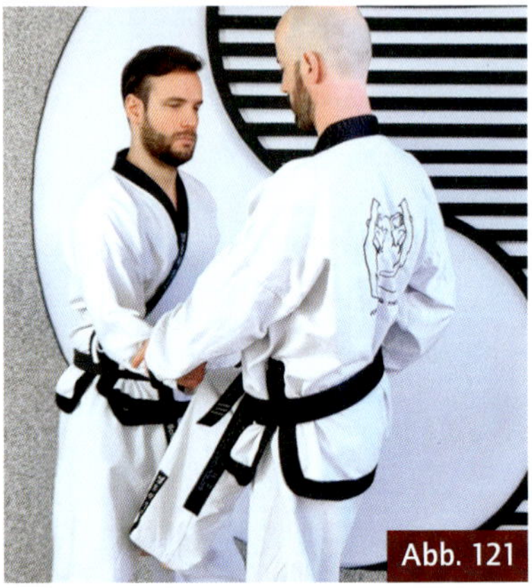
Abb. 121

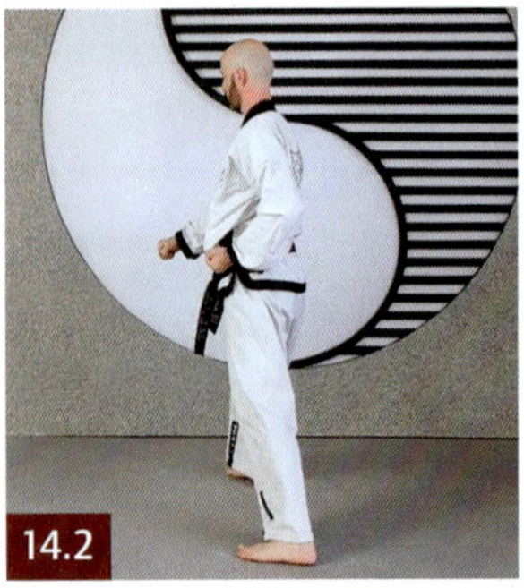
14.2

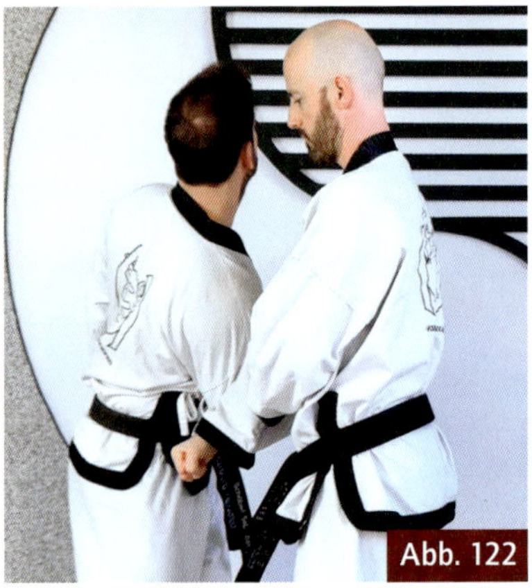
Abb. 122

Tiefblock als Schulterhebel

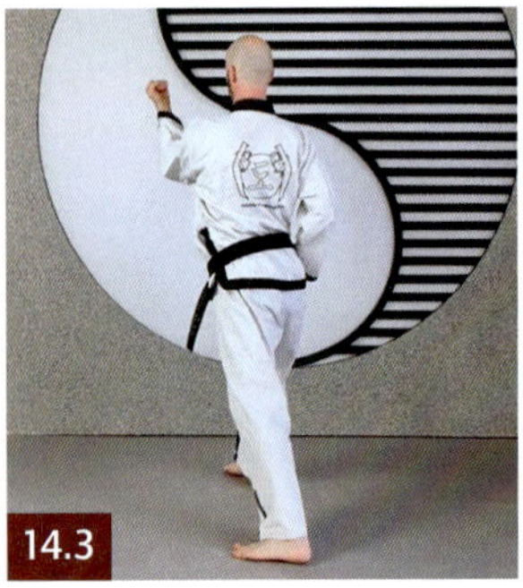
14.3

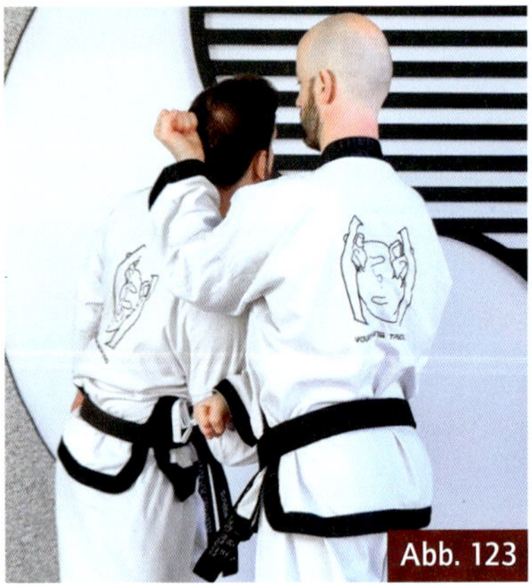
Abb. 123

Mitteblock als Hammerfaust zum Hinterkopf

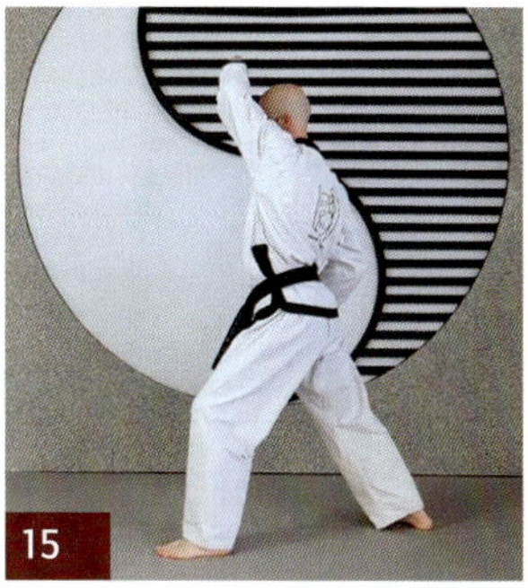

15

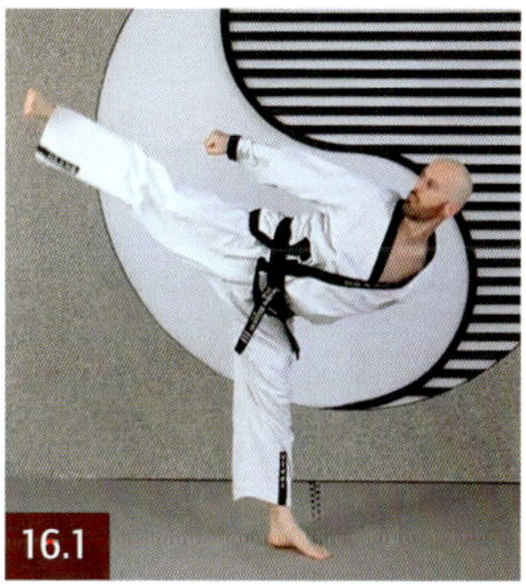

16.1

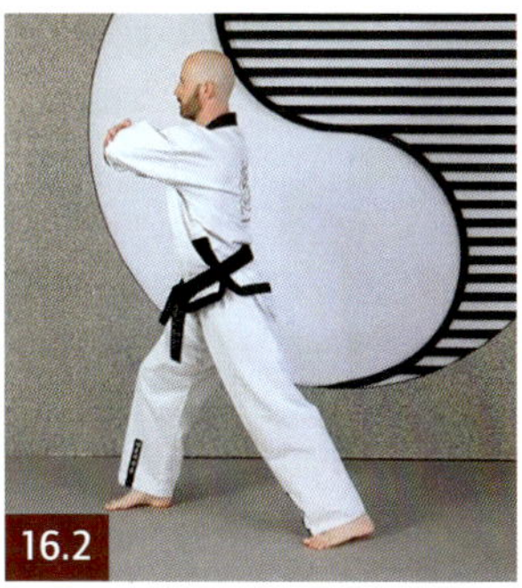

16.2

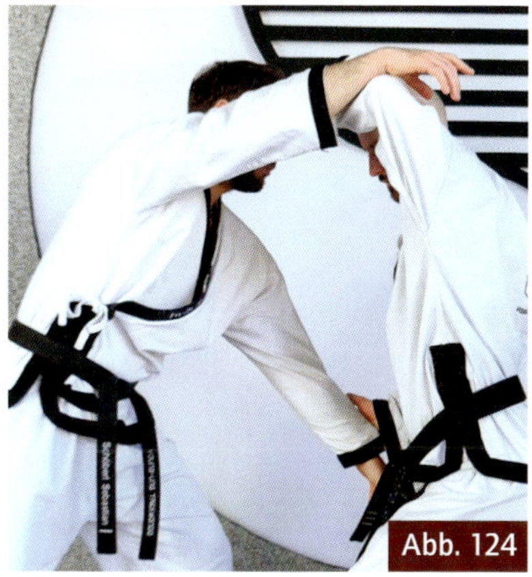

Abb. 124

Der Hochblock löst den Griff zur Schulter . . .

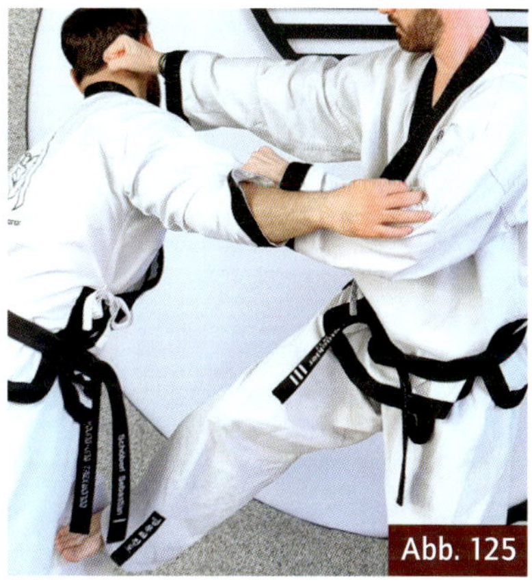

Abb. 125

. . . Seitkick (Yeop-Chagi) und Hammerfaust setzen nach . . .

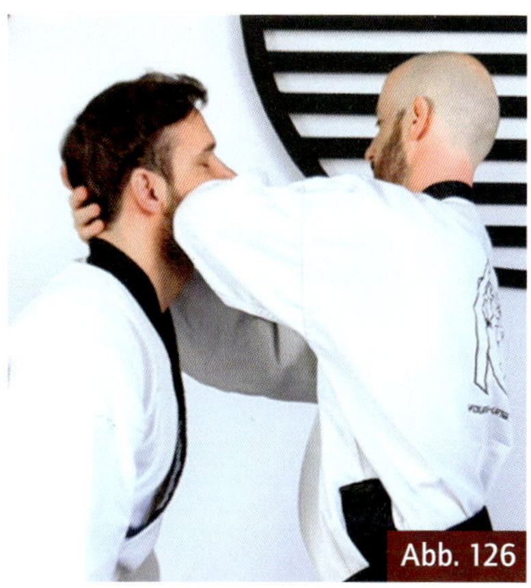

Abb. 126

. . . der Ellbogenstoß schließt ab, die zweite Hand hält am Genick!

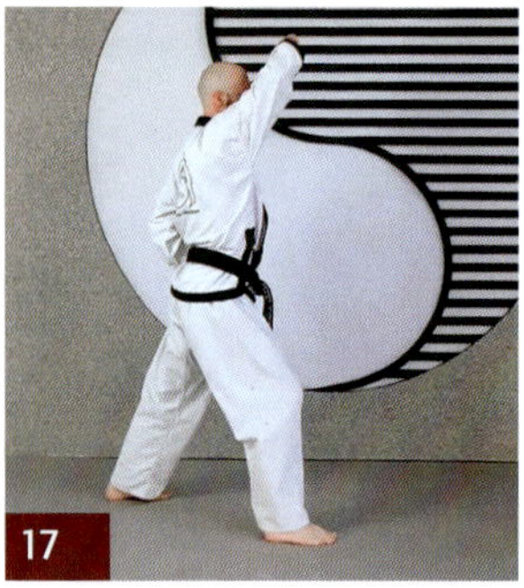

17

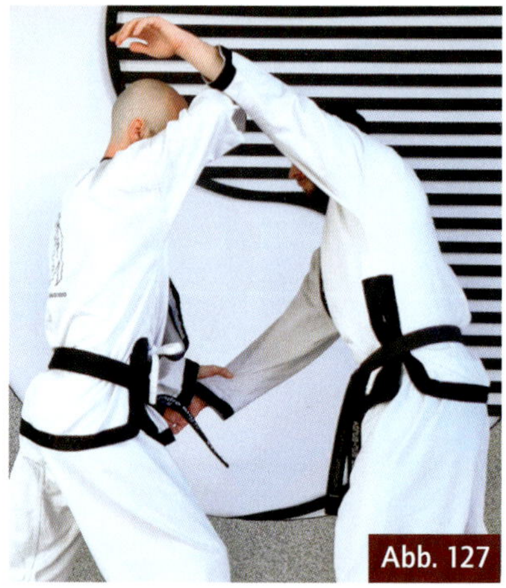

Abb. 127

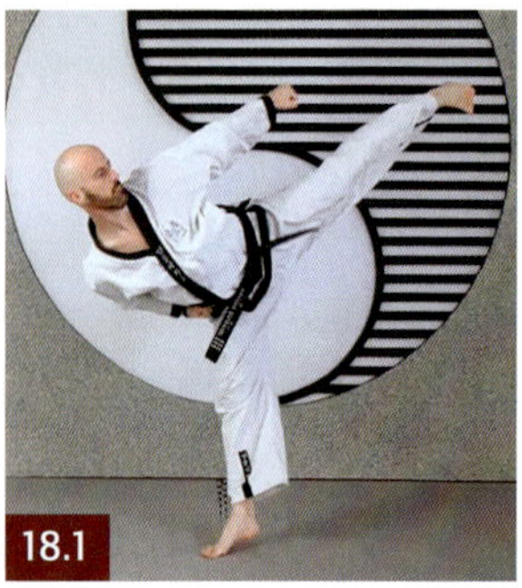

18.1

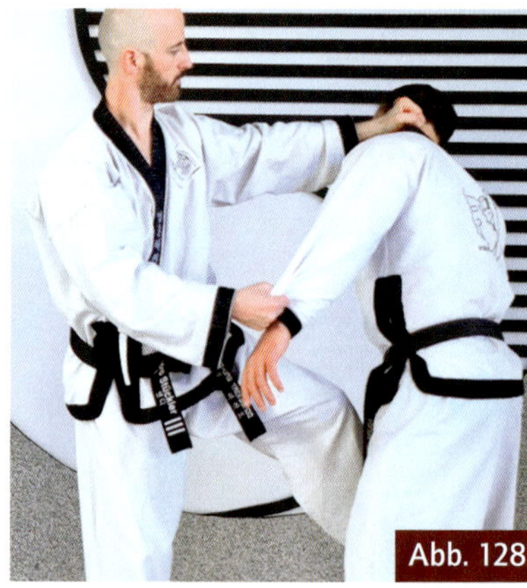

Abb. 128

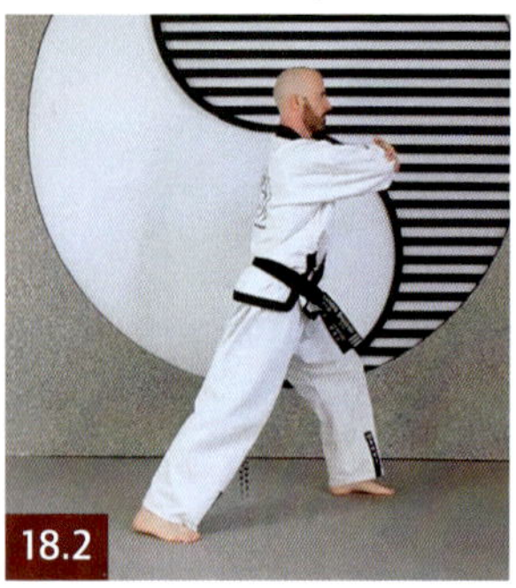

18.2

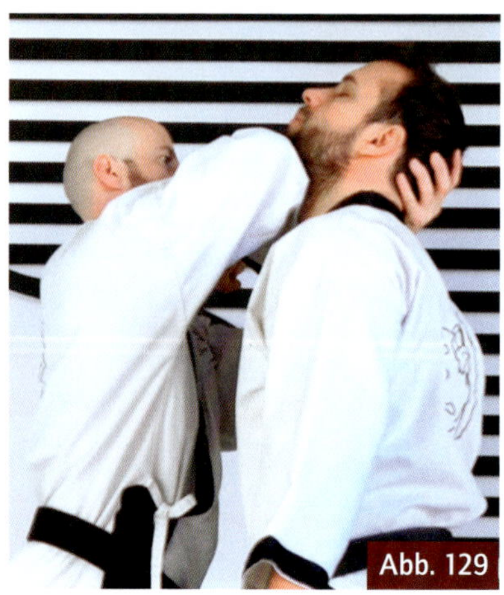

Abb. 129

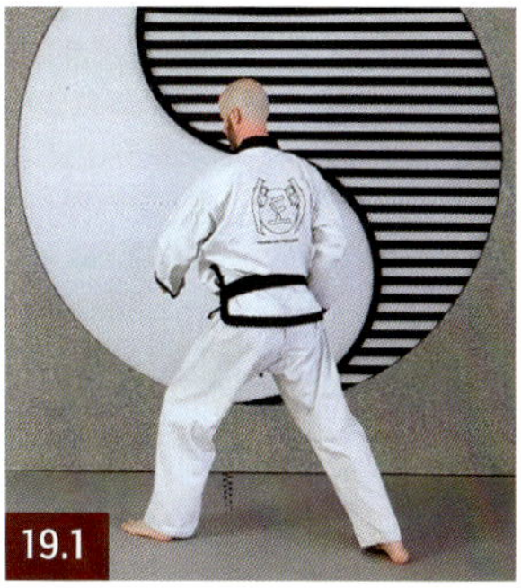

19.1

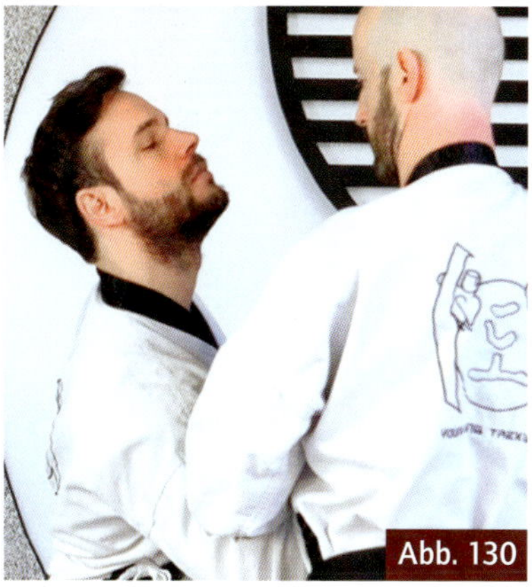

Abb. 130

Der Angreifer wird herangezogen . . .

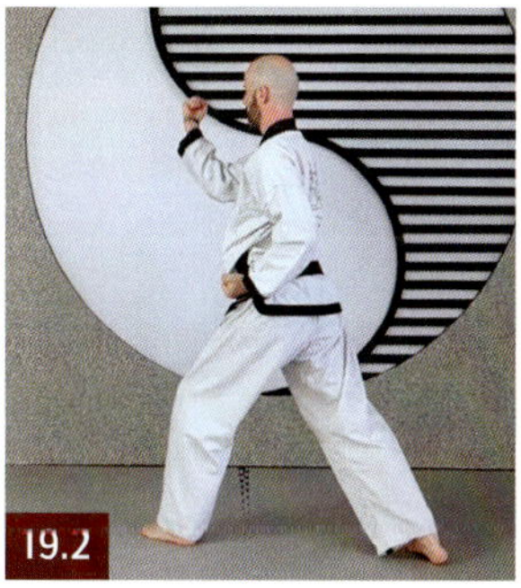

19.2

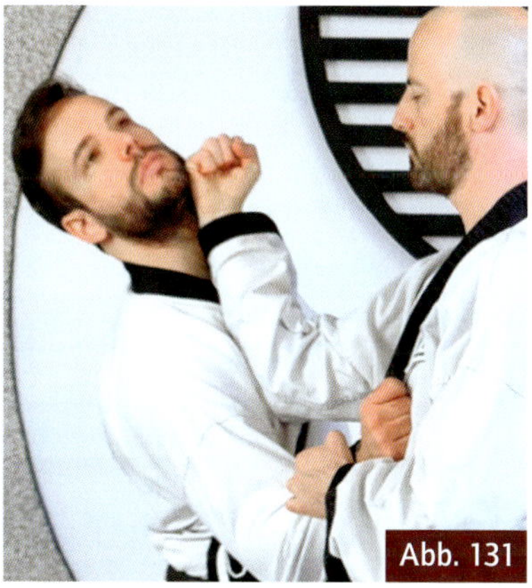

Abb. 131

. . . aus kurzer Distanz folgt ein Hammerfaust-K.-o.-Schlag.

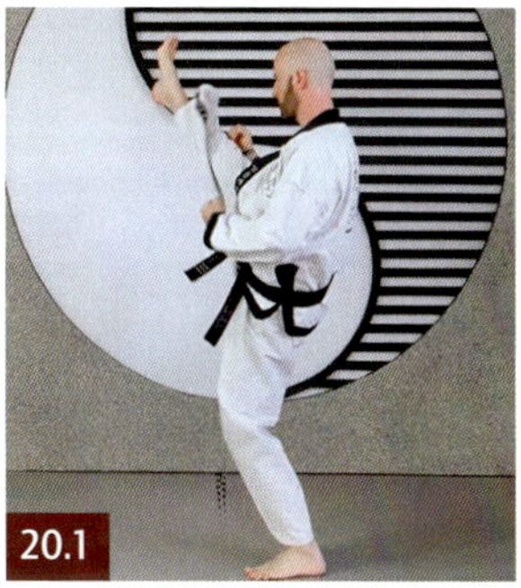

20.1

Der Tiefblock fixiert den Arm des Gegners (Abb. 130). Der Mitteblock ist eine Hammerfaust zum Unterkiefer (Abb. 131). Der Ap-Chagi-Tritt wird hier als möglicher Kniestoß gezeigt (Abb. 132).

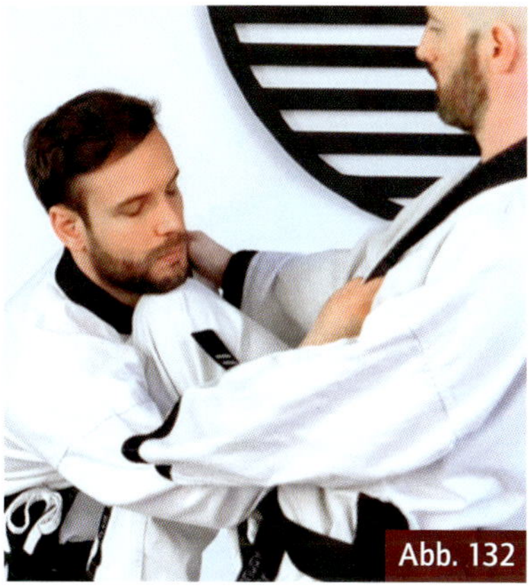

Abb. 132

Im Nahkampf kann aus dem Ap-Chagi ein Kniestoß werden!

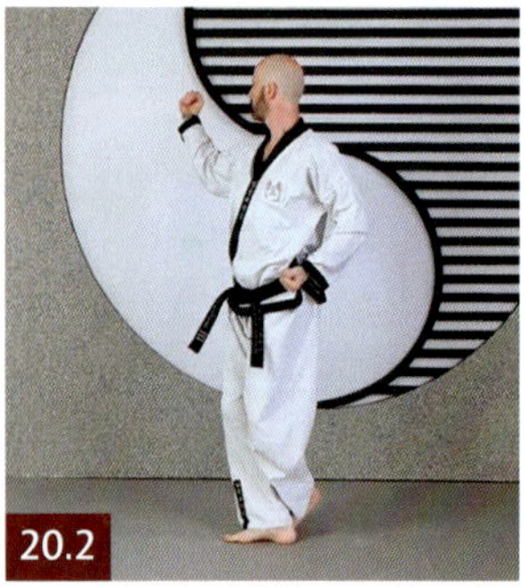
20.2

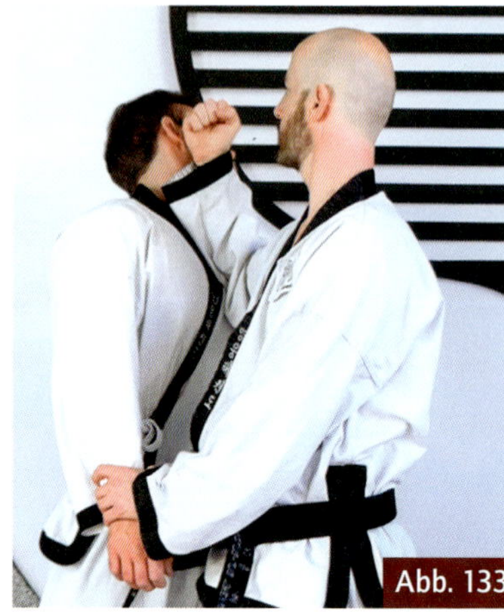
Abb. 133

Das Ende der fünften Poomsae ist vor allem durch die gezeigte Beinarbeit sehr interessant. Wie am Anfang des Kapitels erwähnt, bietet der eingesprungene Kreuzstand die Möglichkeit, den Abstand zum Gegner blitzartig zu überbrücken. Hier wird sofort eine Technik angebracht, namentlich der Faustrückenschlag von oben (Deung-Jumeok-ApChigi) (Abb. 133).

Von hier aus könnte man ideal mit einer Wurftechnik abschließen. Der Wurf wird in der Poomsae nicht gezeigt, es wird aber eindeutig die Möglichkeit eröffnet. In höheren Poomsae (und Hyongs) wird die Technik dann auch komplett ausgeführt. Die genaue Ausführung des möglichen Hüftwurfs sieht man hier in Abb. 134 und 135.

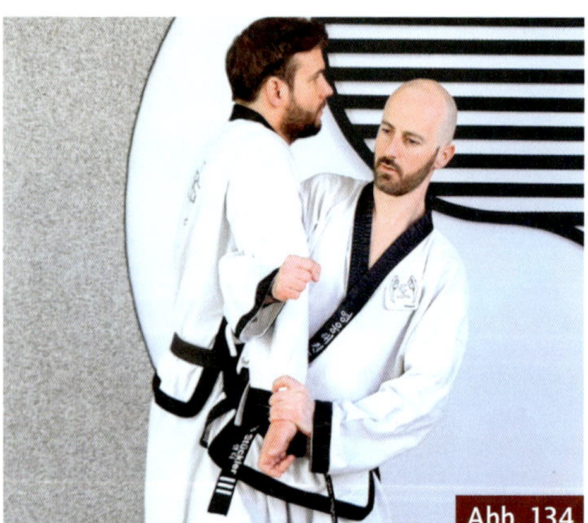
Abb. 134

Der Trizepshebel zwingt den Gegner auf die Zehenspitzen . . .

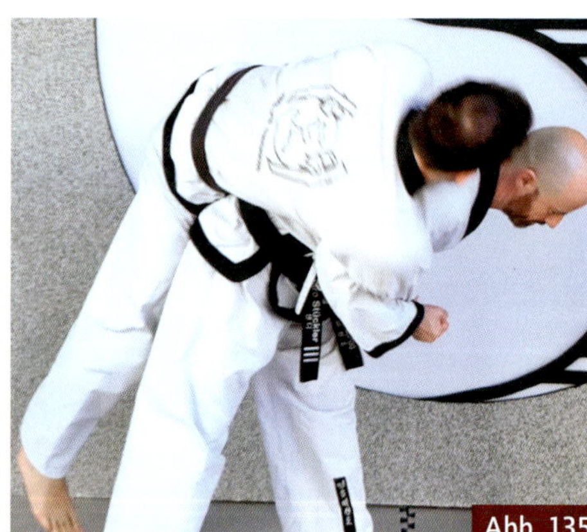
Abb. 135

. . . der Oberkörper wird gleichzeitig nach vorne und zur Seite geneigt.

4.2 Taegeuk Yuk-Jang

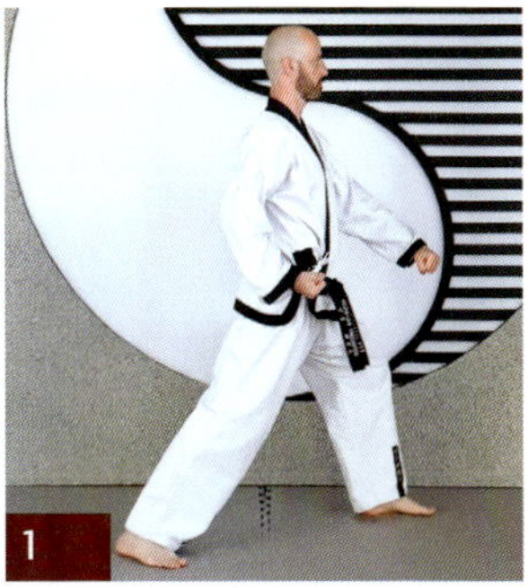

1

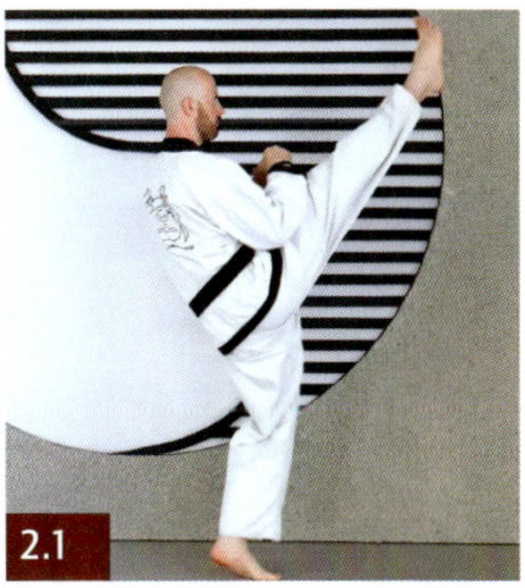

2.1

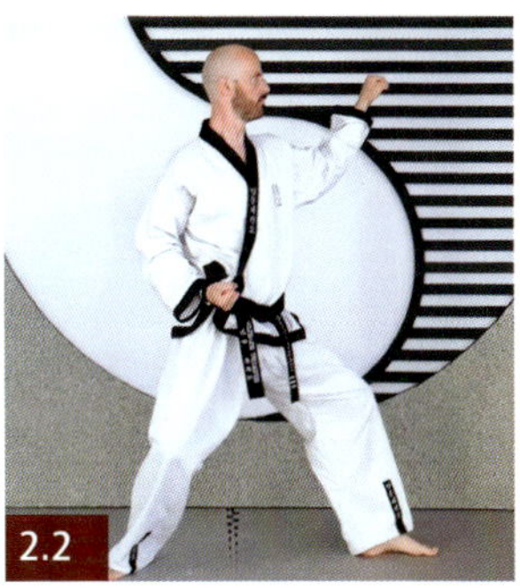

2.2

Der Unterarmblock mit nach vorn gedrehter Faust (Abb. 138).

Palmok-Momtong Bakkat Makgi – als Unterarmschlag. Hier ergibt das Drehen der Faust nach vorne besonders Sinn, da dadurch die Elle zum Schlagen verwendet wird.

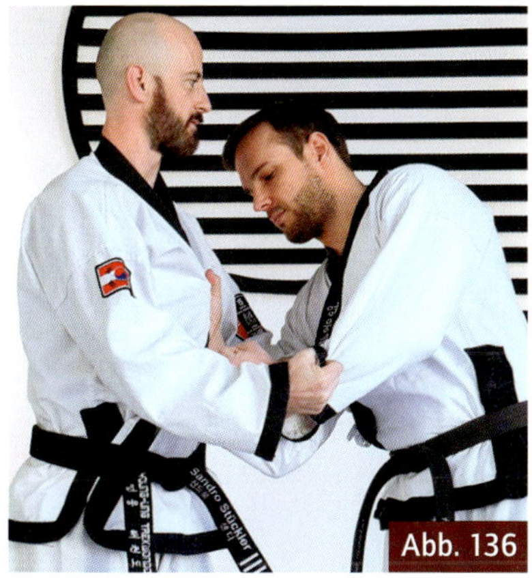

Abb. 136

Der Tiefblock kontrolliert die Position des Gegners . . .

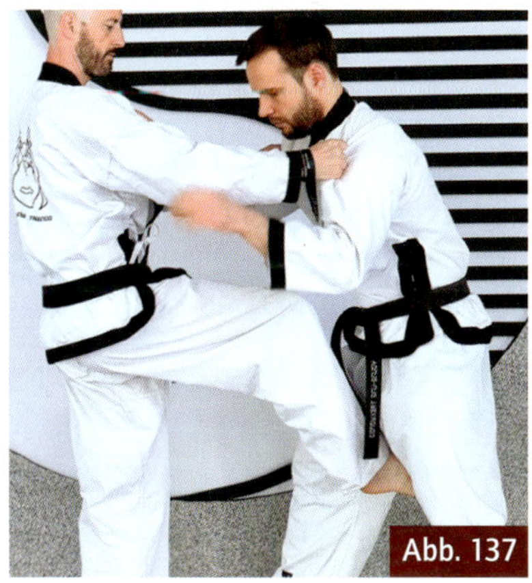

Abb. 137

. . . als Folgetechnik kommt der Ap-Chagi (Frontkick) zum Einsatz.

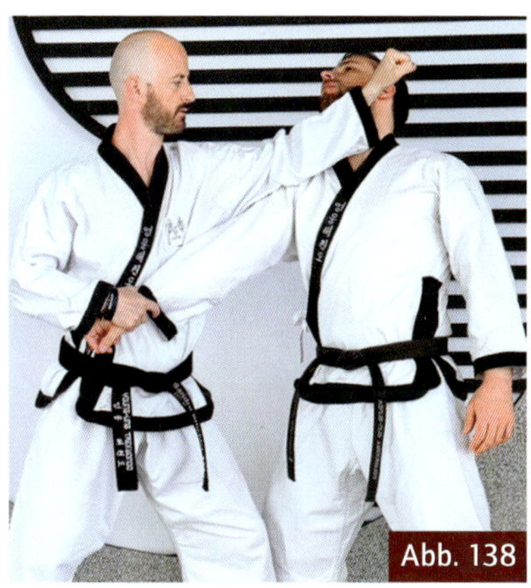

Abb. 138

Das Wichtigste zu „Poomsae 6" auf einen Blick:

» In der sechsten Poomsae finden wir wieder einige Möglichkeiten, um mit „Klammern" (Clinch) umzugehen. Neu und hervorzuheben ist hier die Möglichkeit des Unterarmschlags (mit der Elle) zum Hals oder Unterkiefer. Der Unterarmschlag mit der Außenkante ist ein kraftvolles und effektives Werkzeug. Indiziert wird die Schlagtechnik hier dadurch, dass sie als Abschluss der (Dreier-)Kombination verwendet wird, was die Wahrscheinlichkeit einer Abschlusstechnik gegenüber einer Blocktechnik erhöht. Natürlich ist die Technik auch an dieser Stelle weiterhin als Block verwendbar, aber der inneren Logik von Block-Konter-Abschluss folgend, zeigen wir hier die Anwendung als Schlagtechnik.

» Der Tiefblock als Ablenkungstechnik zum Oberschenkel oder Unterleib des Gegners wurde bereits in der fünften Poomsae gezeigt. Alternativ könnte hier der Tiefblock von oben in die Ellbogenbeuge des Aggressors drücken und kontrollieren.

» Durch die Drehung nach dem Handkantenschlag zum Hals (Bewegung 12.2) ergibt sich wieder eine gute Gelegenheit für einen Hüftwurf. Die Poomsae bietet hier allerdings auch die Möglichkeit durch den Abschluss mit dem Kick.

» Ebenfalls neu ist der Block auf mittlerer Höhe mit dem Handballen „Batangson-Momtong Makgi". Diese Bewegung ist für die Abwehr einer Vielzahl von möglichen Angriffen einsetzbar. Wir zeigen hier einmal die Abwehr eines Kicks und einmal die Abwehr einer Technik des Niederringens oder eines Wurfs („Take Down Defense"). Im letzteren Fall wird die Technik als Schlag an die Seite des Kopfs des Angreifers ausgeführt.

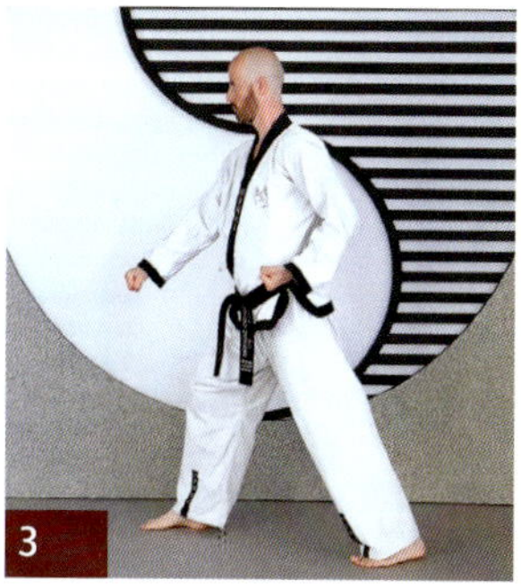

3

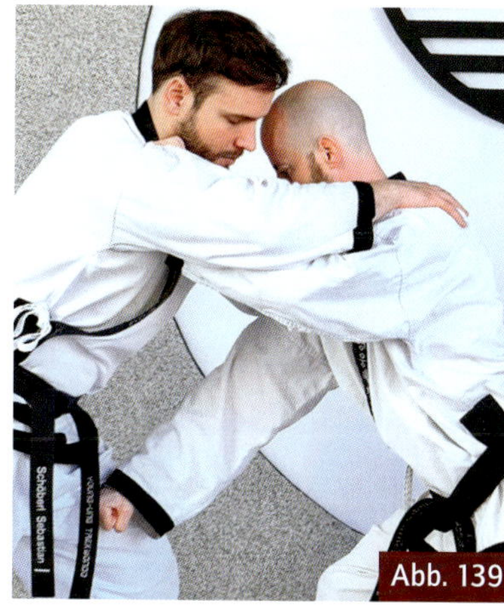

Abb. 139

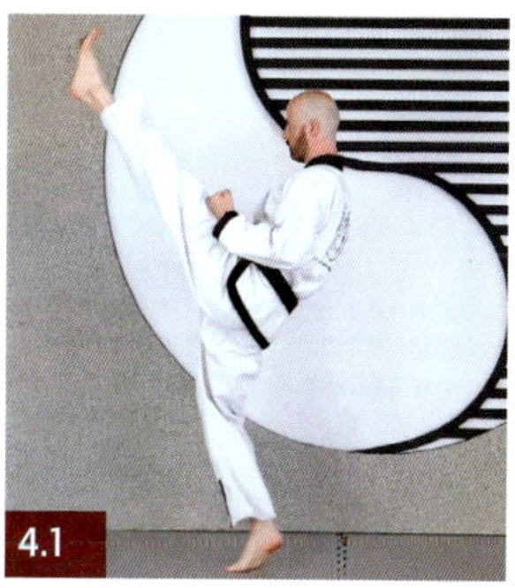

4.1

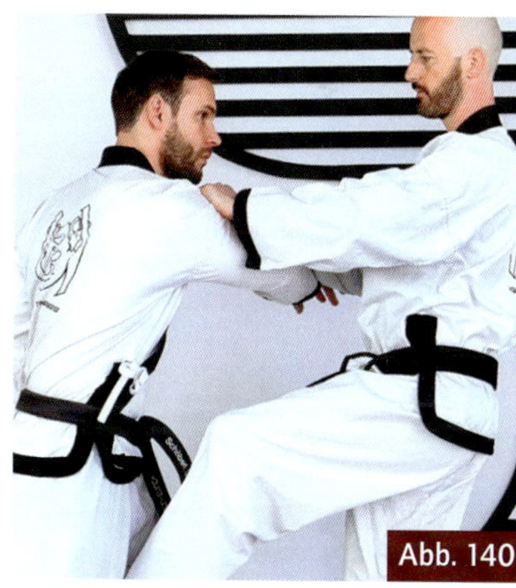

Abb. 140

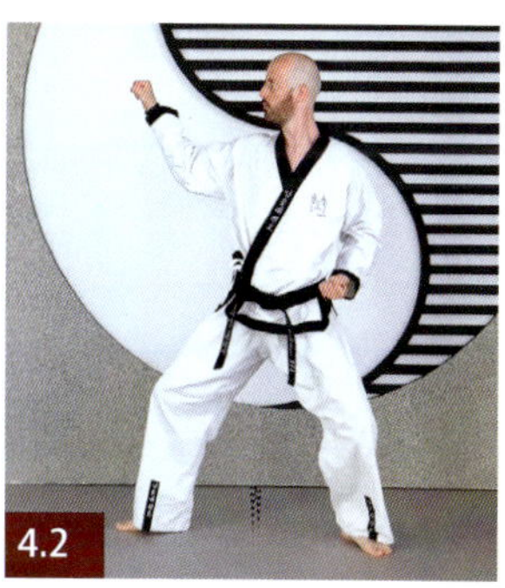

4.2

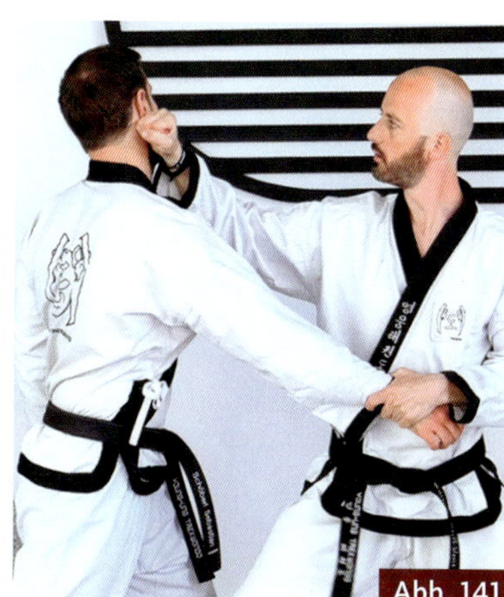

Abb. 141

Je nach Distanz zum Gegner kann auch ein Hammerfauststoß zu Unterkiefer oder Ohr, hier zum großen Ohrnerv (Auriculotemporalis), ausgeführt werden (Abb. 141).

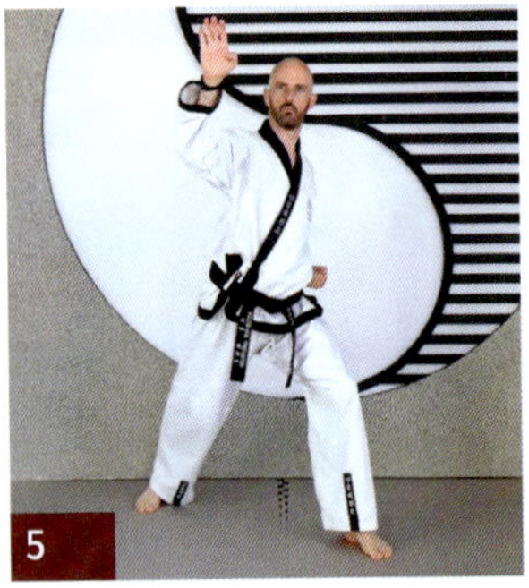

5

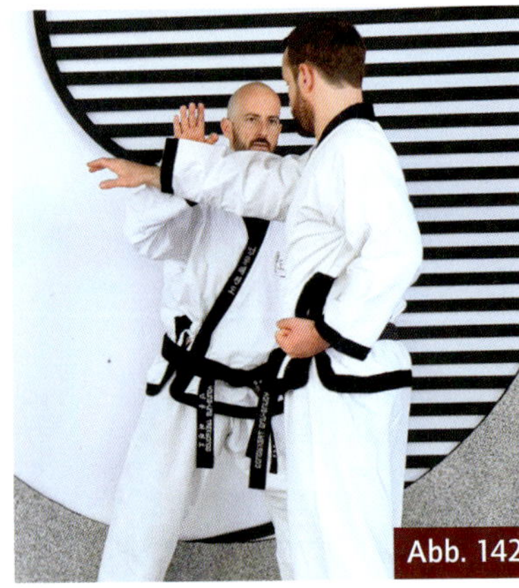

Abb. 142

Ausweichen auf die „Blind Side" des Gegners

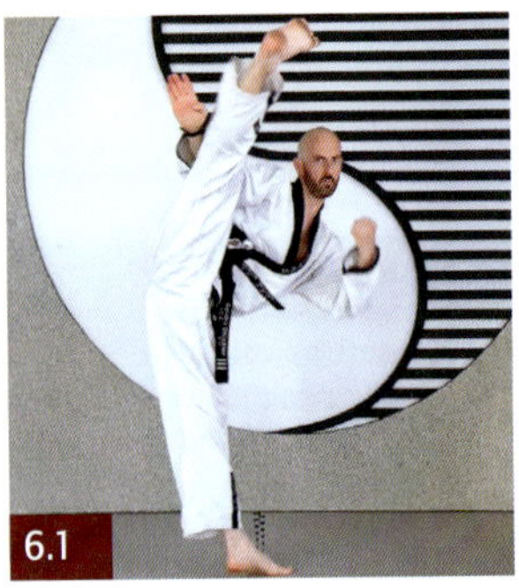

6.1

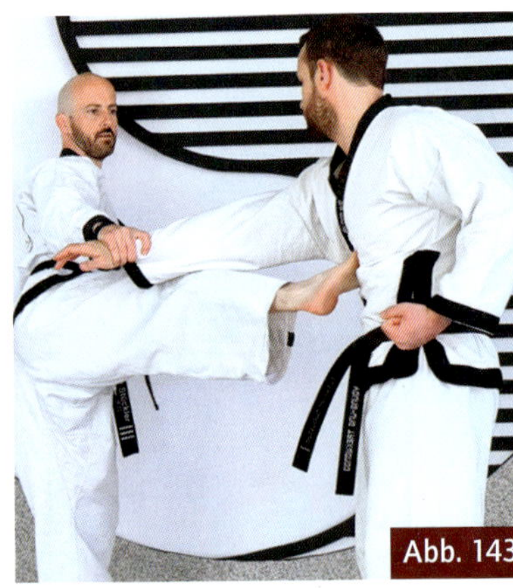

Abb. 143

Drehkick (Dollyeo Chagi) zum Solarplexus des Angreifers

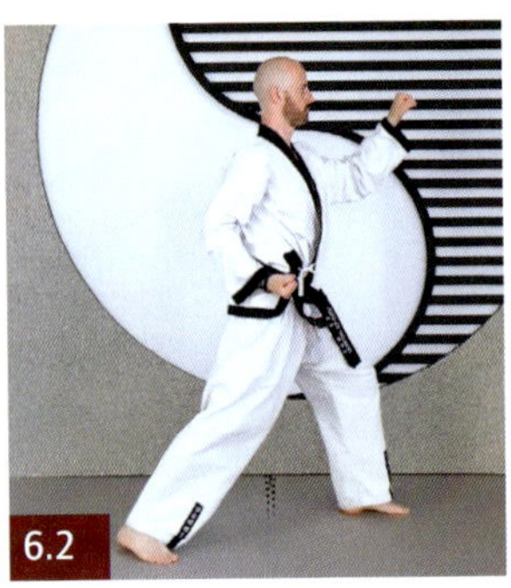

6.2

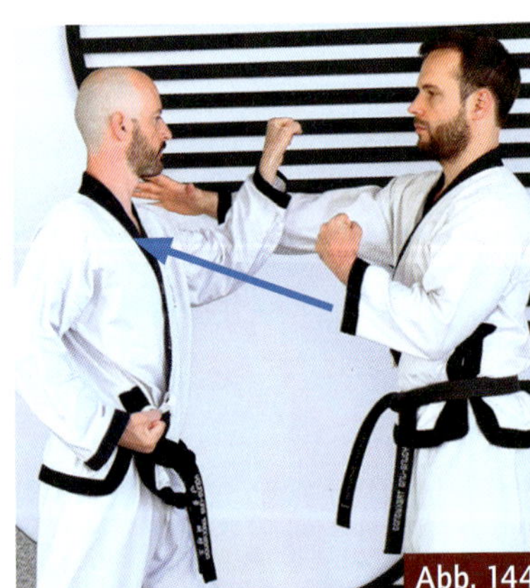

Abb. 144

Die Standardausführung der Technik ist hervorragend zum kräftigen Abblocken von Fauststößen geeignet, wobei der Gegner am Radialisnerv getroffen wird. Achtung vor Folgetechniken, die zweite Hand ist hier nicht unter Kontrolle.

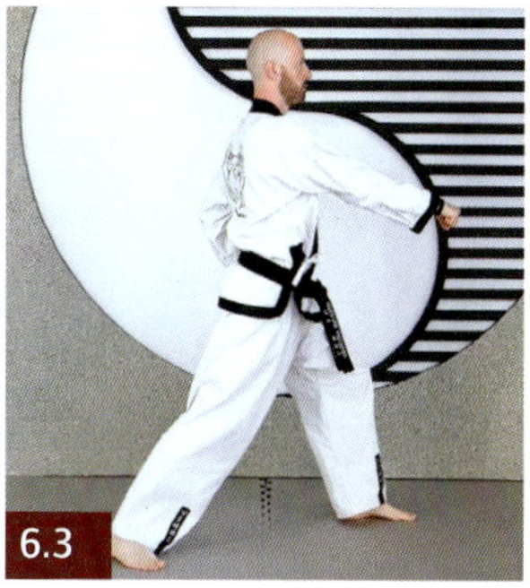
6.3

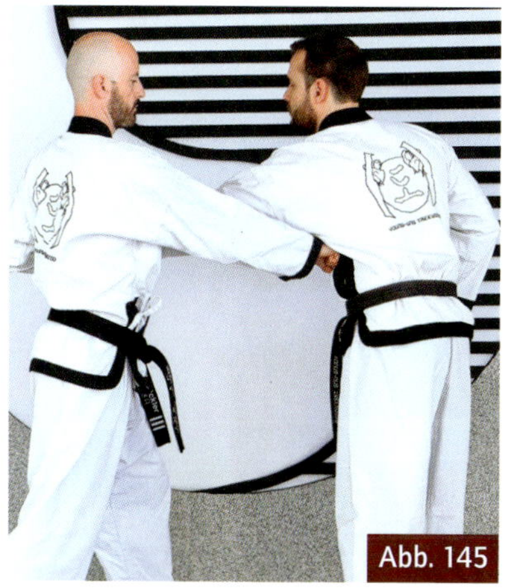
Abb. 145

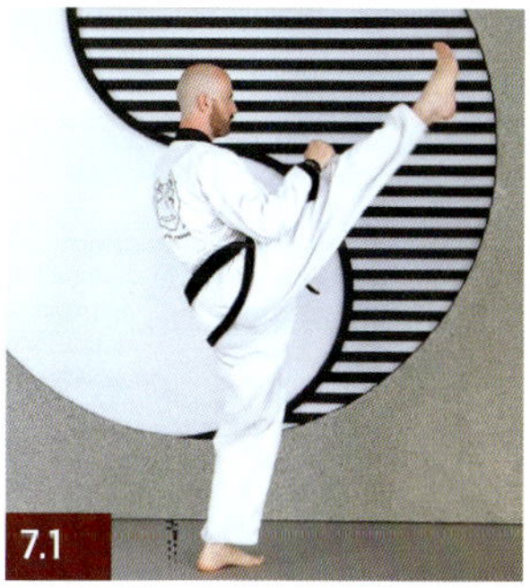
7.1

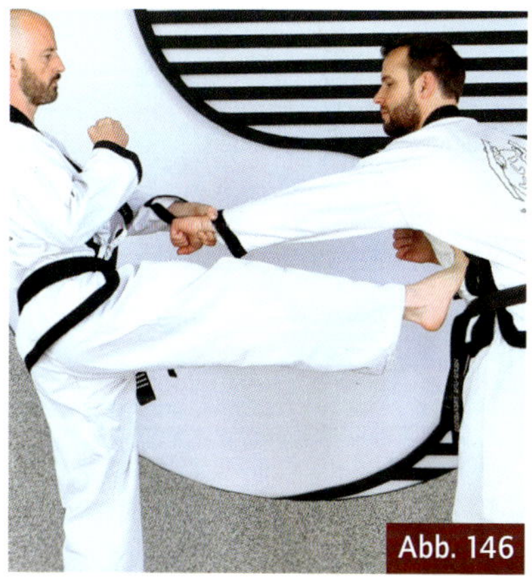
Abb. 146

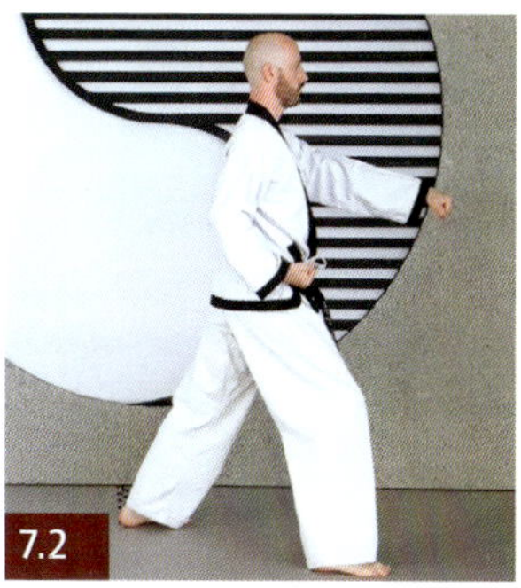
7.2

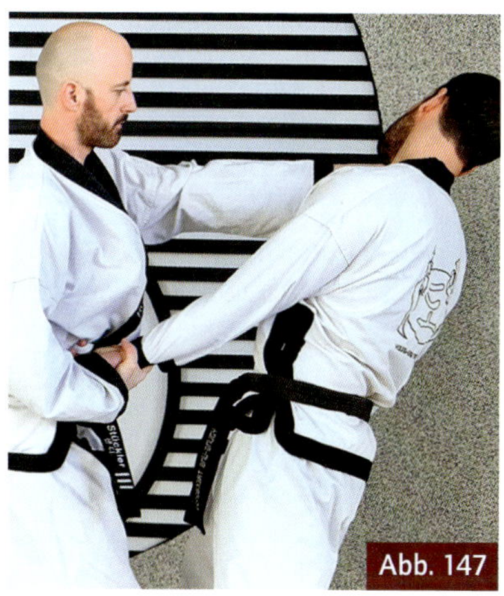
Abb. 147

Zug und Schlag, die Kontrolle des Gegners wird nach Möglichkeit nicht aufgegeben.

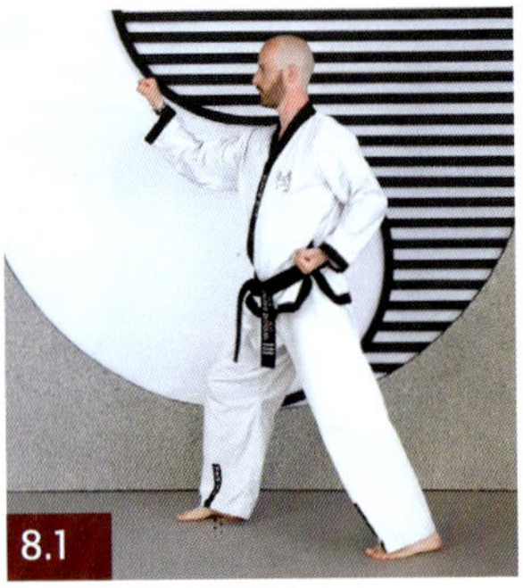

8.1

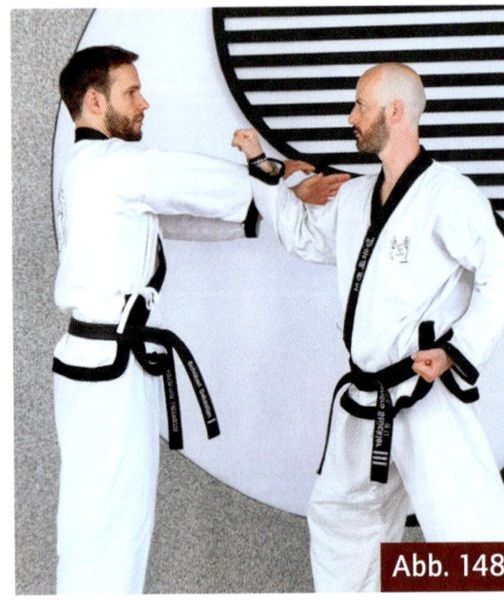

Abb. 148

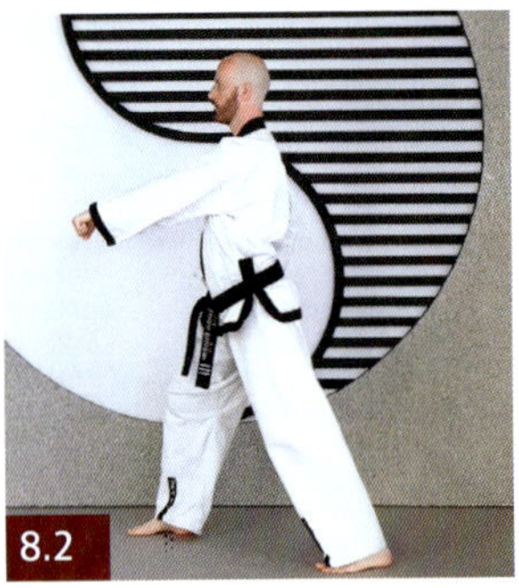

8.2

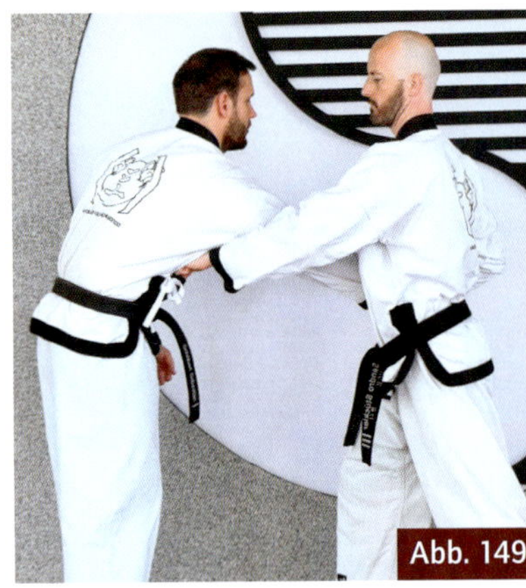

Abb. 149

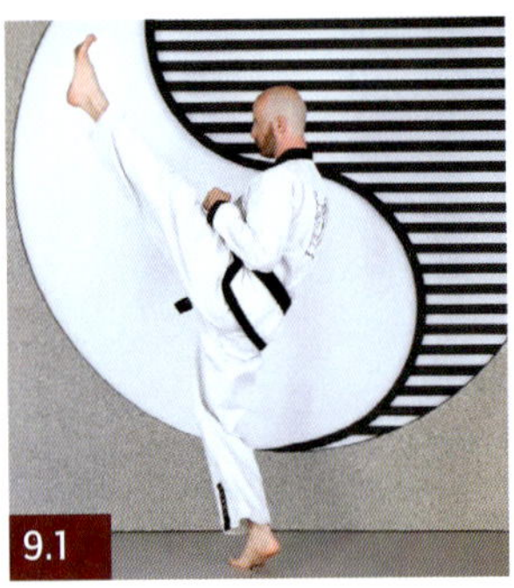

9.1

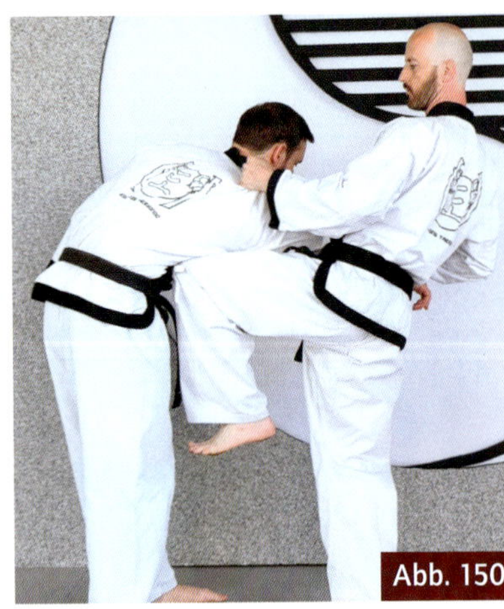

Abb. 150

Der versuchte Würgegriff des Gegners wird hier zur Seite geschoben. Die Hand, welche den Block ausgeführt hat, greift danach sofort zu und zieht den Gegner heran. Schlag und Kniestoß zielen auf die Leber (Abb. 148-150).

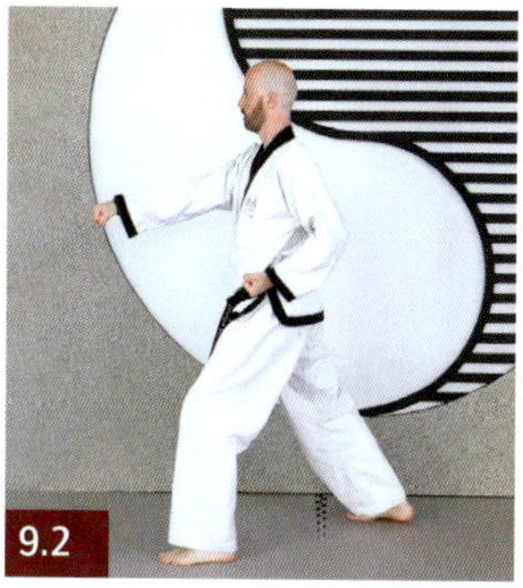
9.2

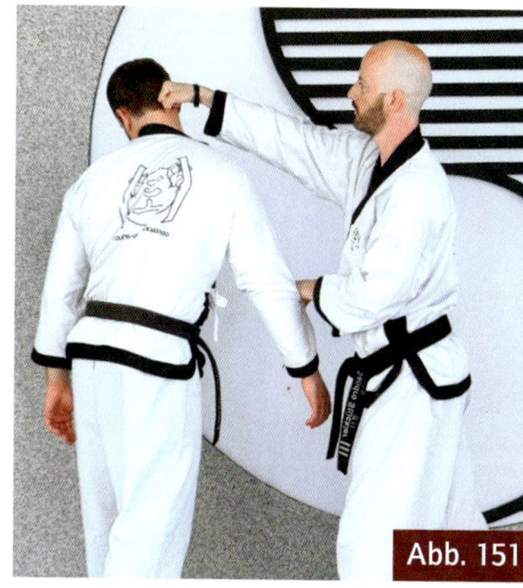
Abb. 151

Der Fauststoß geht hier an das Asterion (Schädelplattenfuge).

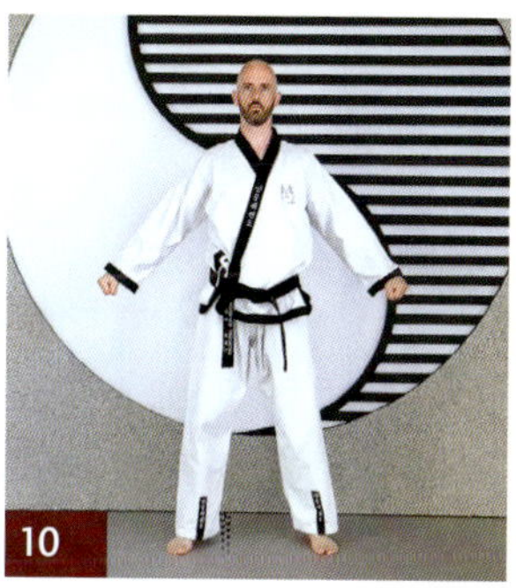
10

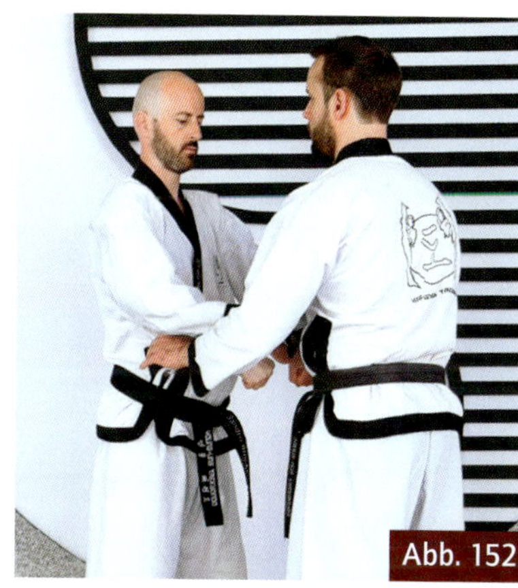
Abb. 152

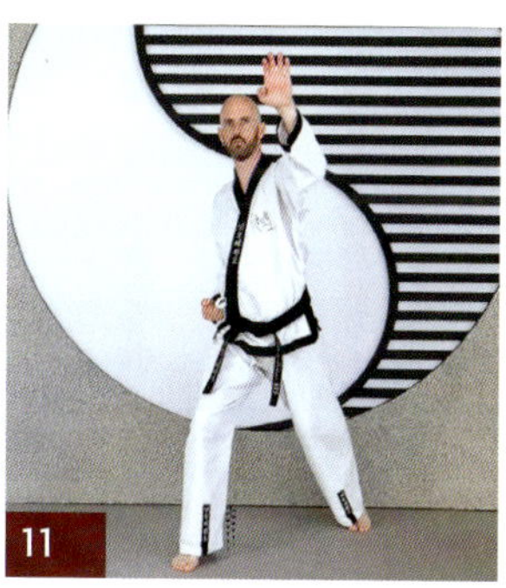
11

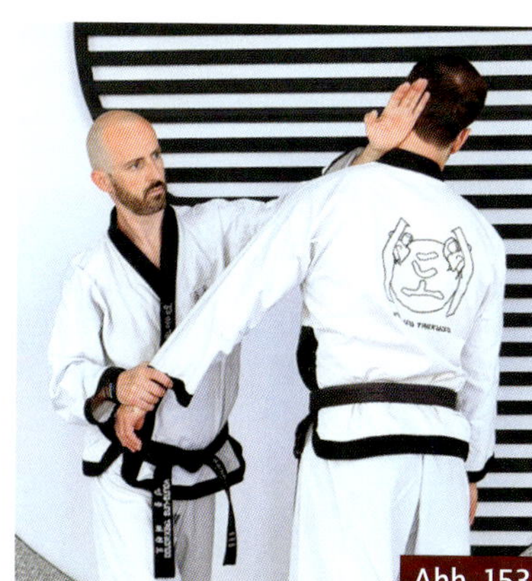
Abb. 153

Nachdem der Versuch, gepackt zu werden, abgewehrt wurde, greift der Verteidiger das Handgelenk des Angreifers und führt sofort einen Handkantenschlag zur Halsschlagader aus (Abb. 152 und Abb. 153).

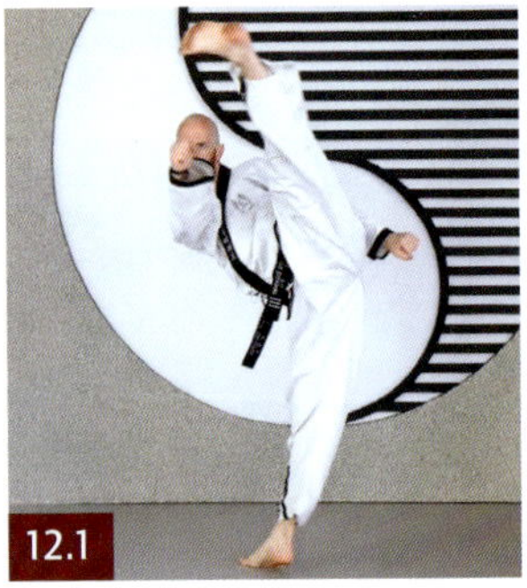

12.1

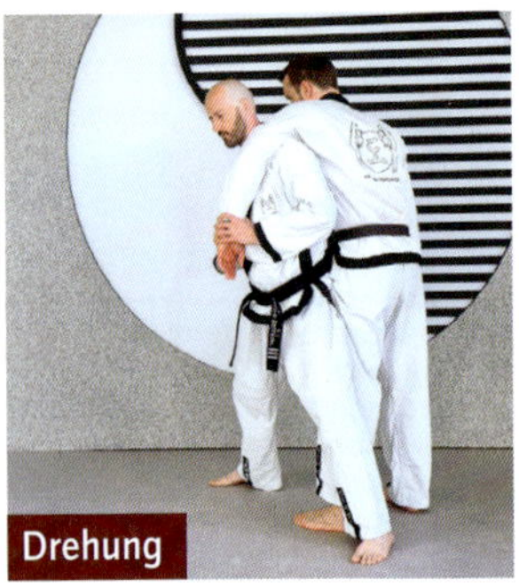

Drehung

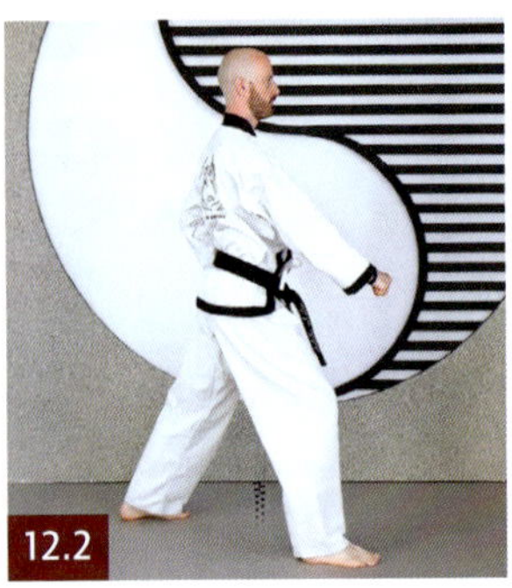

12.2

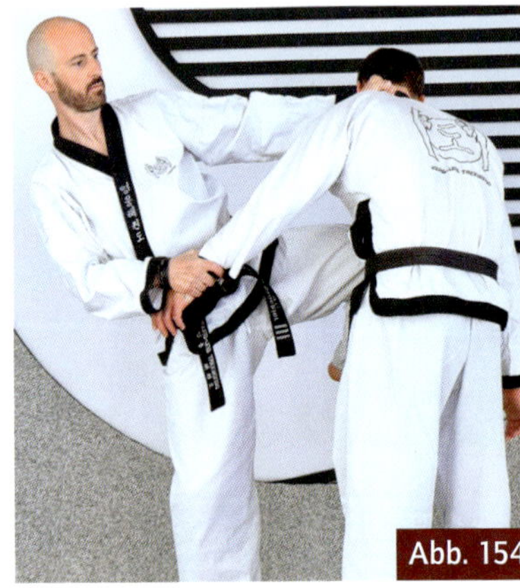

Abb. 154

Ein Kniestoß statt des Drehkicks bei sehr nahem Gegner

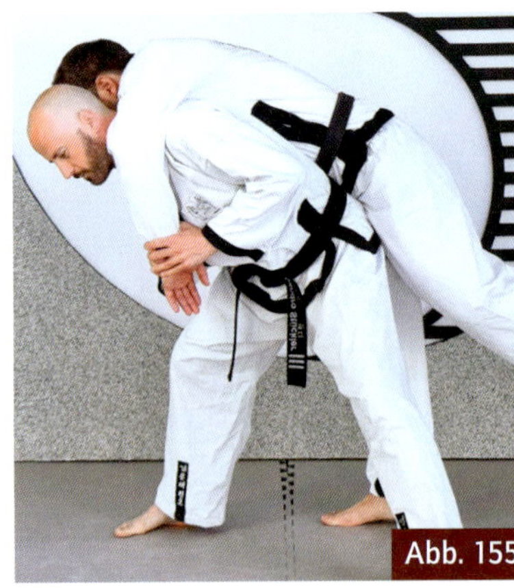

Abb. 155

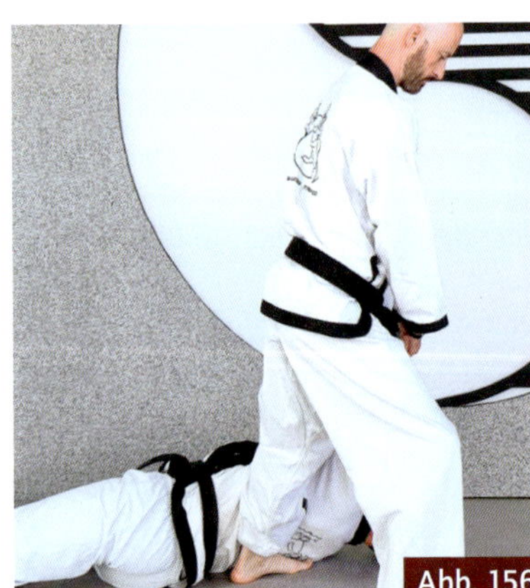

Abb. 156

Nach dem Kniestoß packt der Verteidiger den Arm des Angreifers und führt die Drehung wie in der Poomsae aus. Der Gegner wird über Schulter oder Hüfte geworfen und anschließend am Boden fixiert (Abb. 155 und 156).

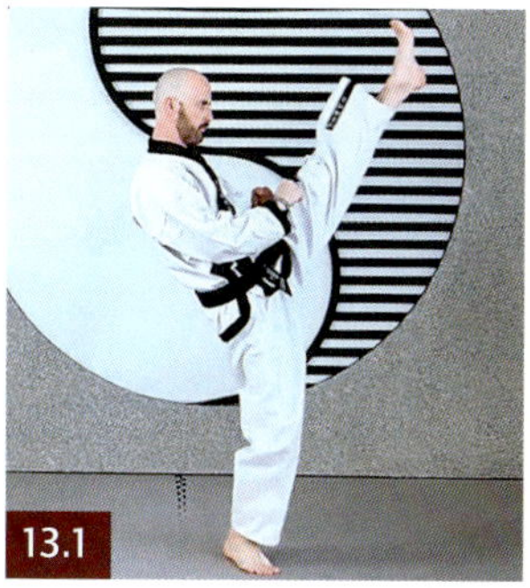
13.1

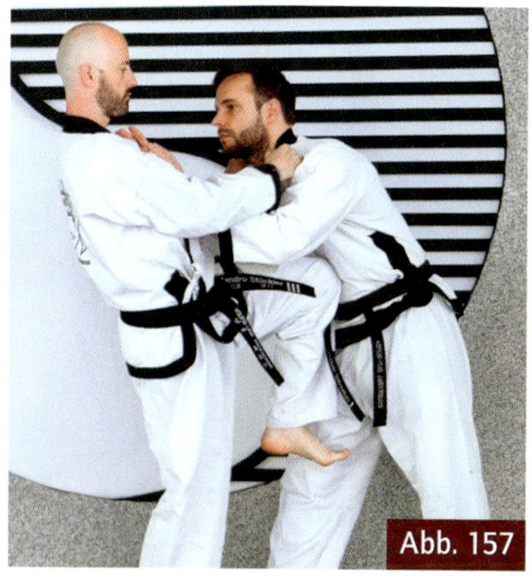
Abb. 157

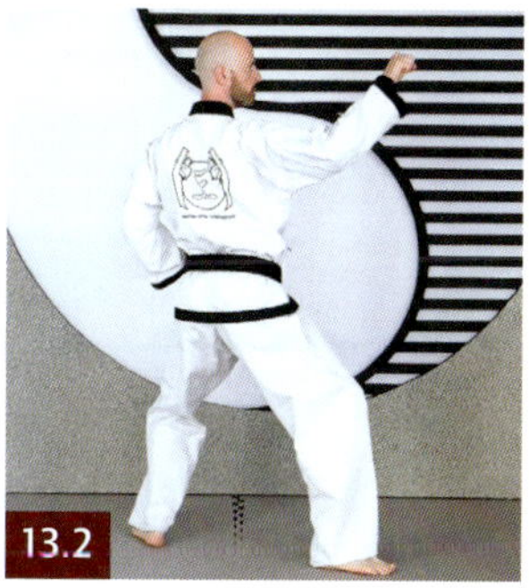
13.2

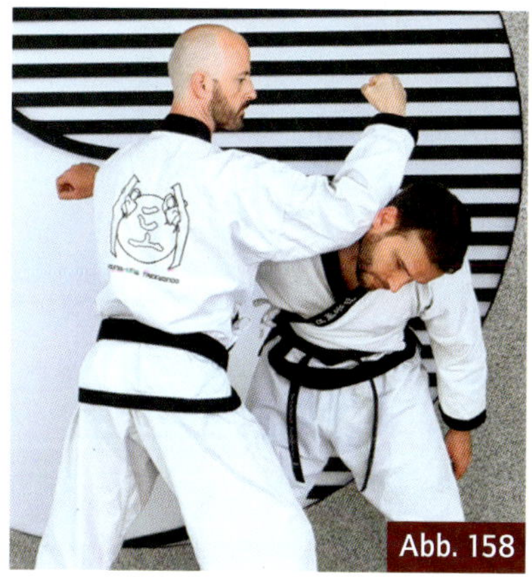
Abb. 158

Kniestoß und Unterarmschlag werden in diesem Beispiel gegen einen neuen Angreifer ausgeführt, welcher versucht, den Verteidiger am Revers zu packen (Abb. 157 und 158).

Der Mitteblock schlägt hier mit dem Unterarm zum Unterkiefer.

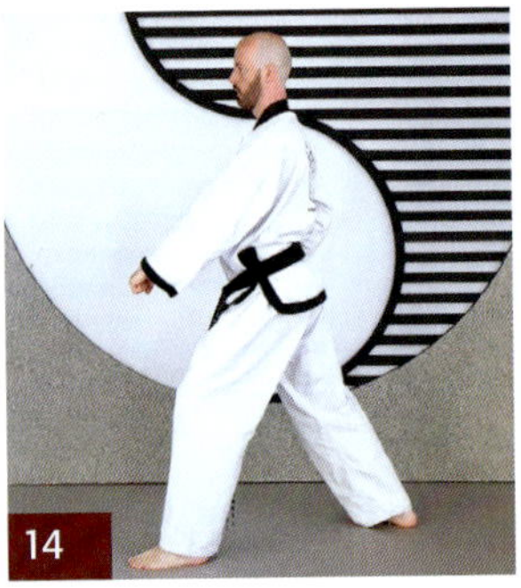
14

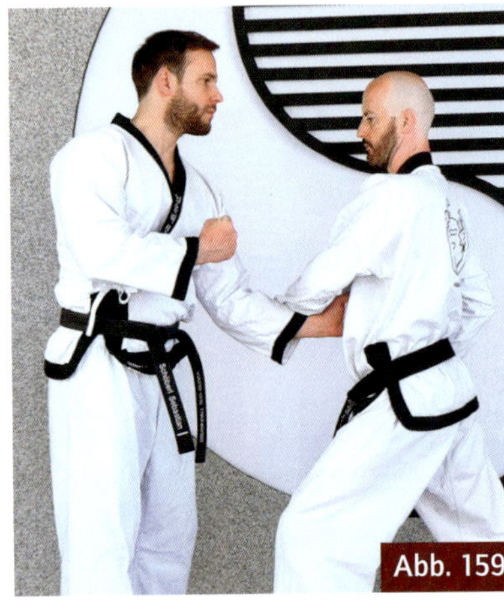
Abb. 159

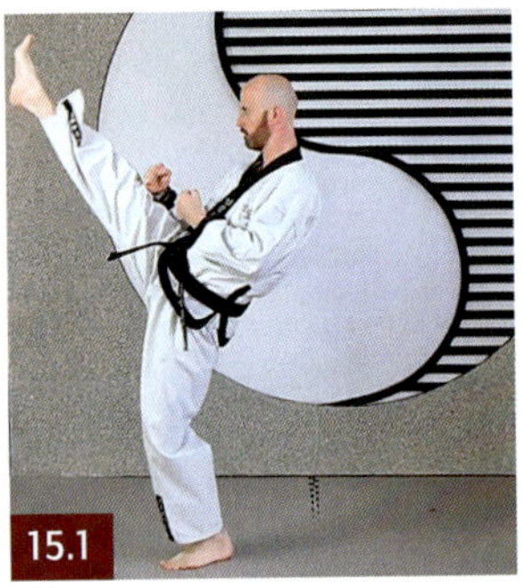
15.1

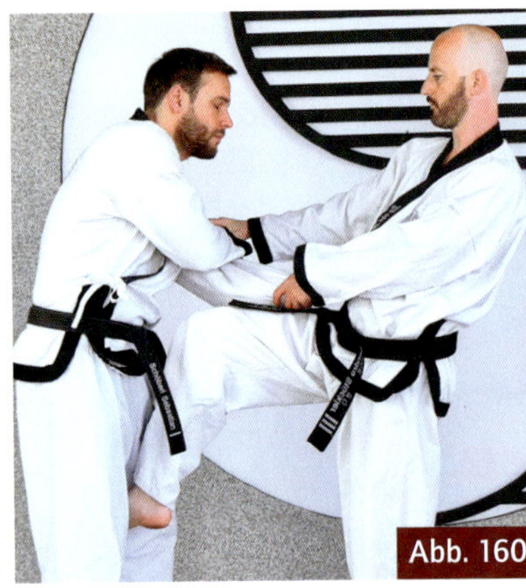
Abb. 160

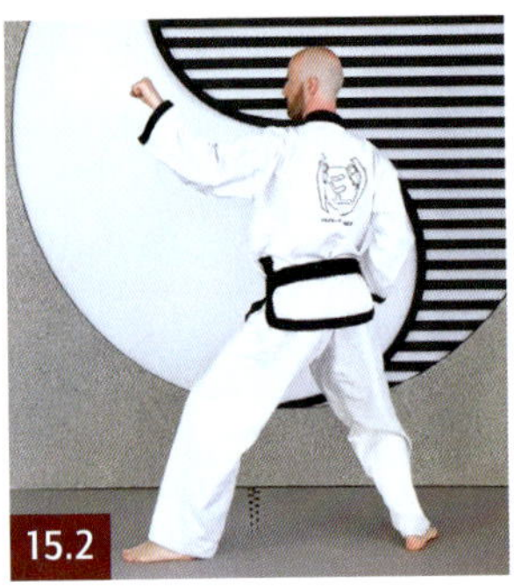
15.2

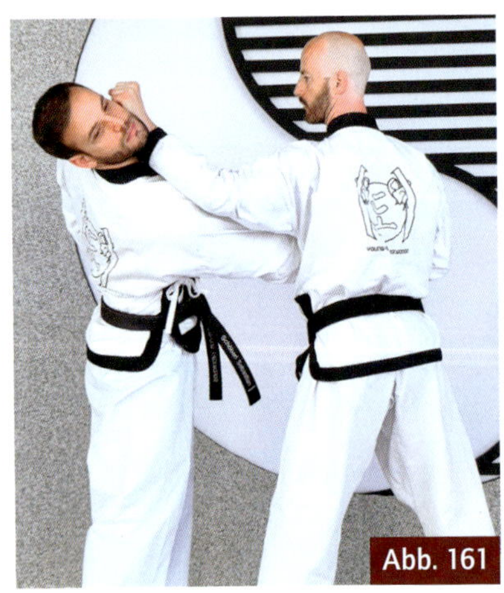
Abb. 161

Hier wird mit dem Tiefblock der Versuch unternommen, den Griff des Gegners abzustreifen. Achtung auf die Schlaghand des Gegners! Nachdem beide Hände kontrolliert werden, schließen Tritt und Unterarmschlag ab.

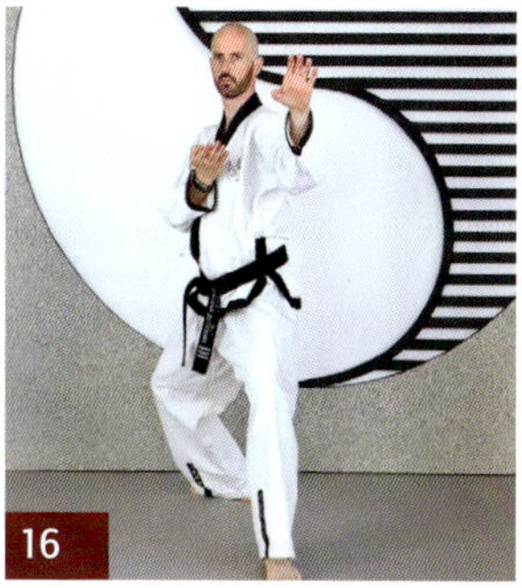

16

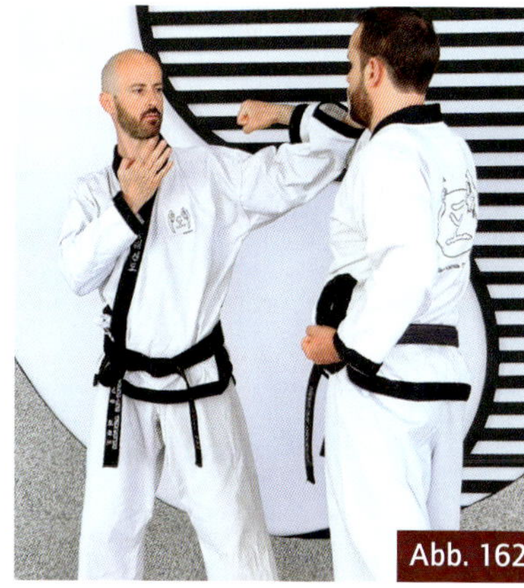

Abb. 162

Frühzeitiger Block mit der offenen linken Hand (die Rechte schützt).

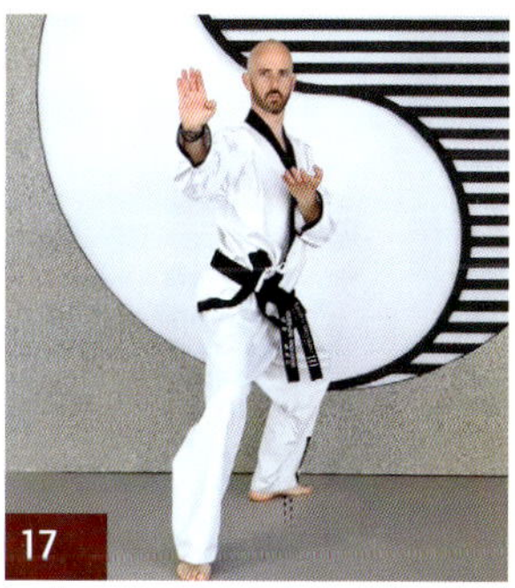

17

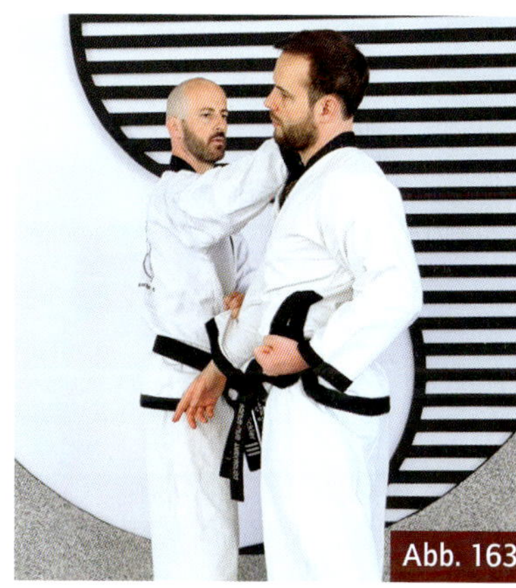

Abb. 163

Gleiche Bewegung, aber hier als Handkantenschlag zum Hals

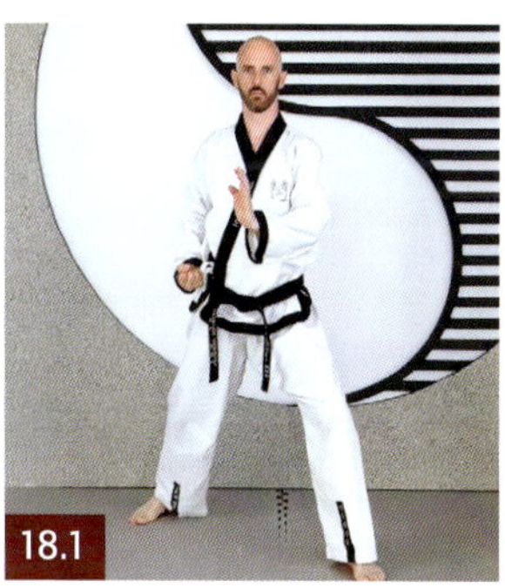

18.1

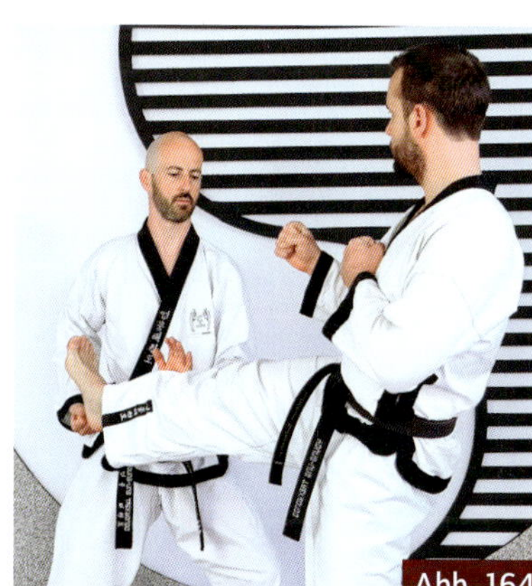

Abb. 164

Der Handballenblock schlägt den Trittversuch zur Seite weg.

Handkantenblock einmal als Abwehrtechnik und anschließend als Schlag zum Hals ausgeführt. Die Hand des Angreifers wird weiter kontrolliert. Danach folgt ein Angriff mit einem geraden Stampftritt.

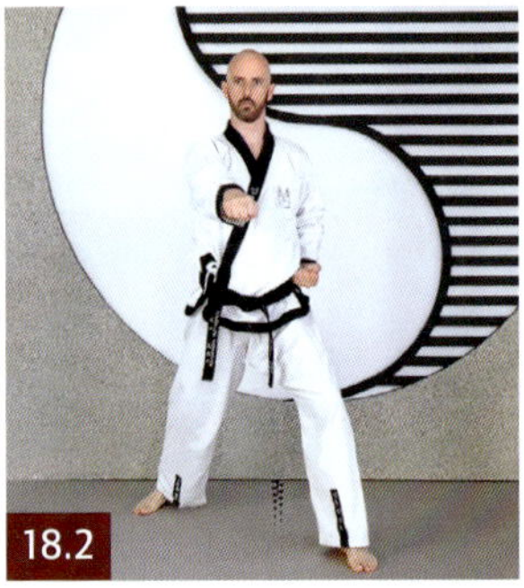

18.2

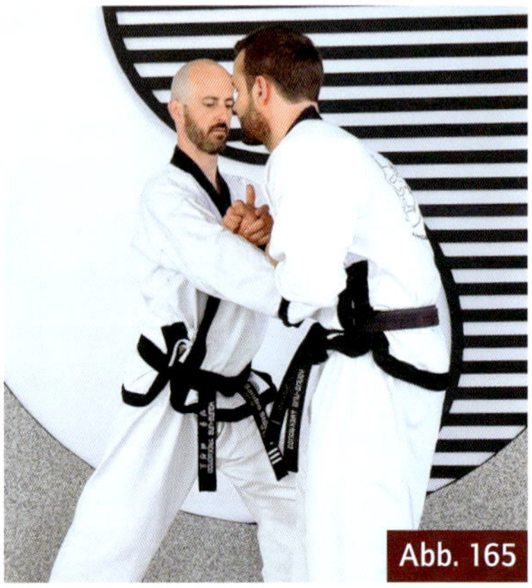

Abb. 165

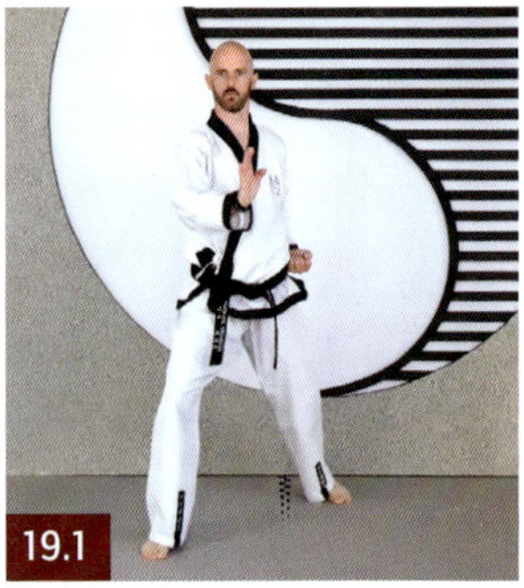

19.1

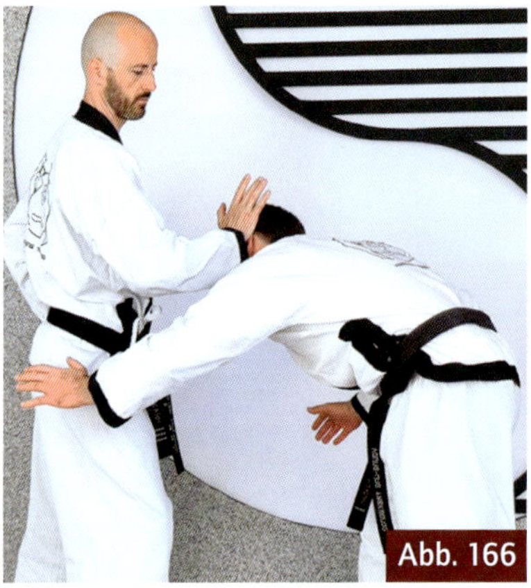

Abb. 166

Der Handballenblock als Verteidigung gegen einen Wurf

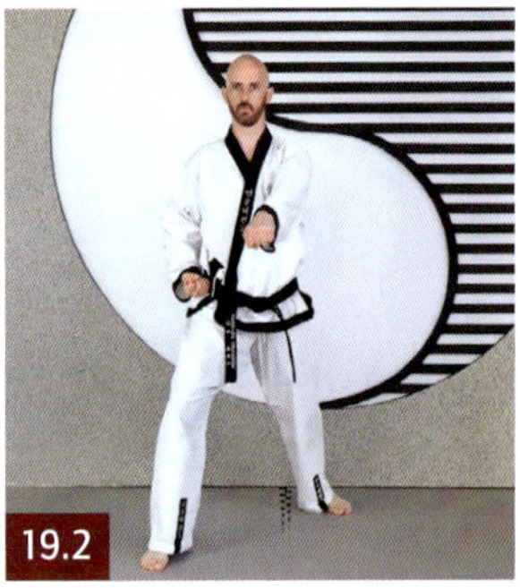

19.2

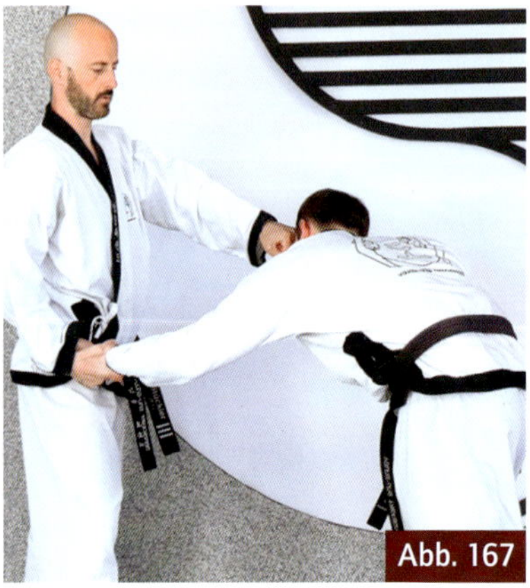

Abb. 167

In Abb. 166 und 167 sehen wir, wie der Verteidiger einen versuchten Niederwurf vereitelt. Der Angreifer nähert sich dabei mit dem Kopf in Bauchhöhe. Auf die gut getimte Abwehr folgt ein Fauststoß zum Kopf.

4.3 Taegeuk Chil-Jang

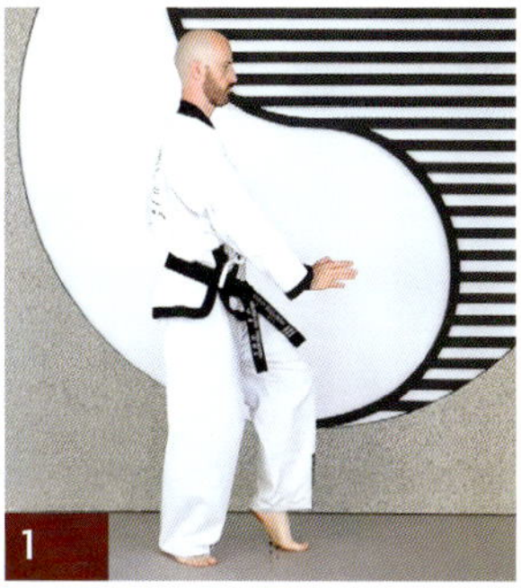
1

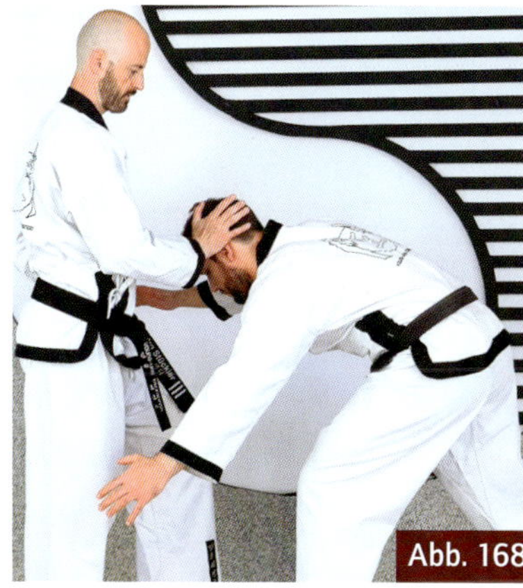
Abb. 168

Abwehr gegen einen Griffversuch zu den Oberschenkeln . . .

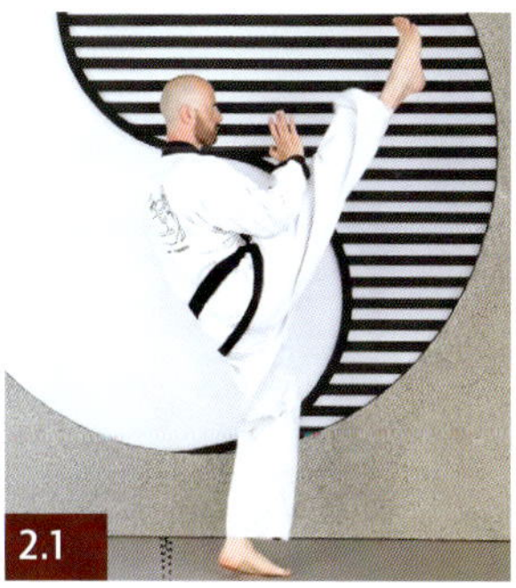
2.1

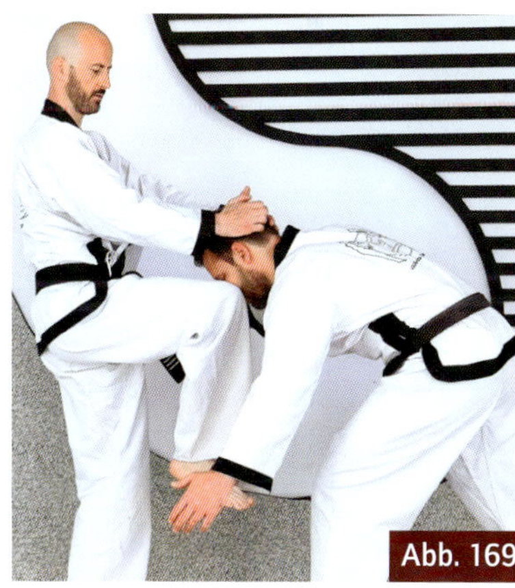
Abb. 169

. . . ist der Gegner mit dem Kopf noch in tiefer Position, folgt ein Kniestoß.

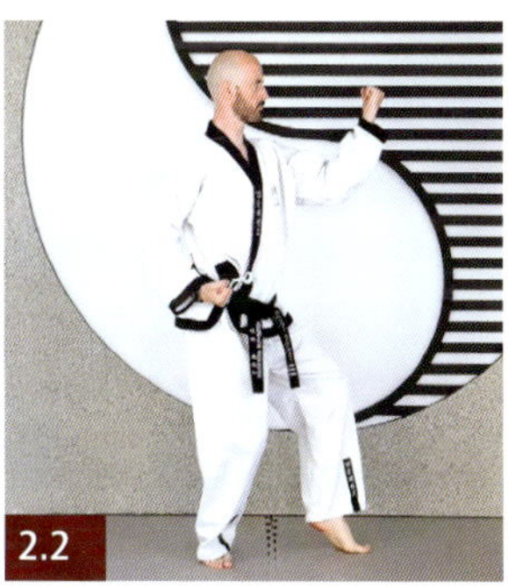
2.2

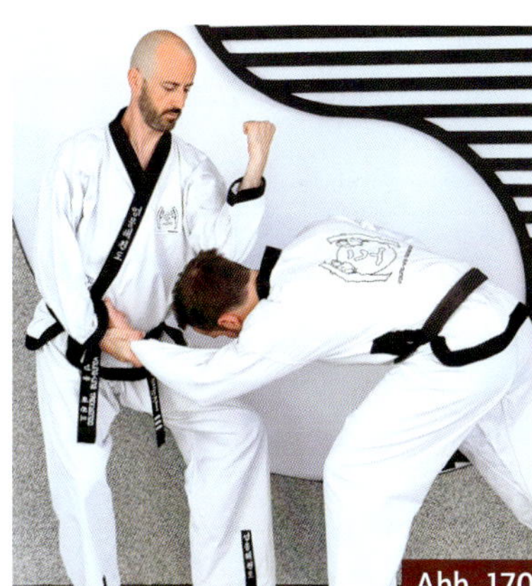
Abb. 170

Der Unterarmblock nach innen, „Palmok-Momtong An Makgi“ – hier als Ellbogenschlag. Beachten Sie die zweite Hand, welche die „Gegenbewegung“ ausführt und den Gegner für mehr Kontrolle weiter heranzieht.

Das Wichtigste zu „Poomsae 7" auf einen Blick:

- In der siebten Poomsae ist klar ersichtlich, dass die technische Vielfalt zunimmt. Wo in den niedrigeren Poomsae eher ganz einfache Basistechniken verwendet werden, wird in Poomsae 7 zumindest an einigen Stellen eine Alternative zum geraden Fauststoß angeboten. Namentlich finden wir vermehrt Faustrückenschläge und Handballentechniken. Des Weiteren zu erwähnen ist, dass in der siebten Poomsae erstmals ein Schlag mit beiden Fäusten gleichzeitig geführt wird (Doppelfaust). Ebenso neu: Die Ausführung zweier Handtechniken hintereinander mit derselben Hand. Beides sind natürliche Erweiterungen des Repertoires, welches uns durch die Formen 1-6 an die Hand gegeben wurde. Davon ausgehend, dass der fortgeschrittene Schüler schon ein besseres Gefühl für die Techniken entwickelt hat, werden ihm hier Alternativen angeboten.

- Die „Tigerfußstellung" oder Beom-Seogi ist neu. Das „Reinsinkenlassen" auf das (hintere) Standbein bietet ein paar neue Möglichkeiten. Darunter wären:

  - Durch die Verlagerung des Gewichts auf das Standbein wird das Spielbein „leichter" und es lassen sich damit blitzartig Tritttechniken ausführen.

  - Die Gewichtsverlagerung kann genutzt werden, um den Gegner gewissermaßen an sich heranzuziehen, und ihn damit aus dem Gleichgewicht zu bringen.

  - Die Energie des Sich-fallen-Lassens kann man mit entsprechender Übung in die Technik „umsetzen" und ihr dadurch eine stärkere Wirkung verleihen.

- Der beidhändige Tiefblock in Dwit-Gubi Seogi kann auch als Wurftechnik über den Oberschenkel verstanden und eingesetzt werden.

- Zwei Handtechniken hintereinander mit derselben Hand!

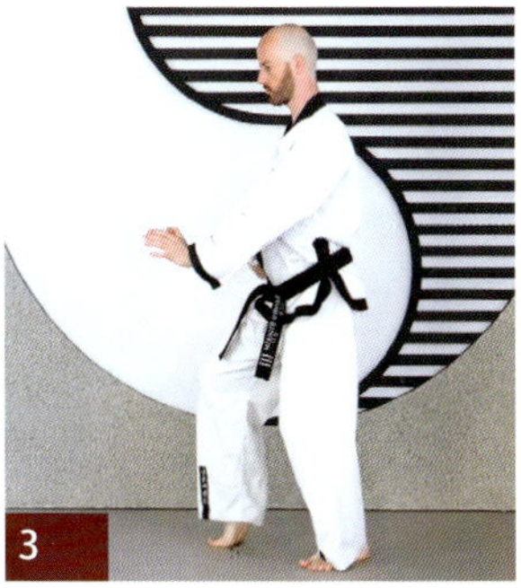

3

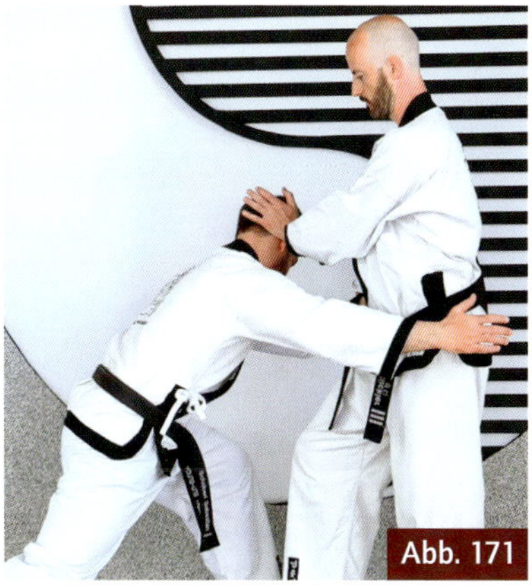

Abb. 171

Der Gegner (vielleicht ein Wrestler) versucht, uns auf den . . .

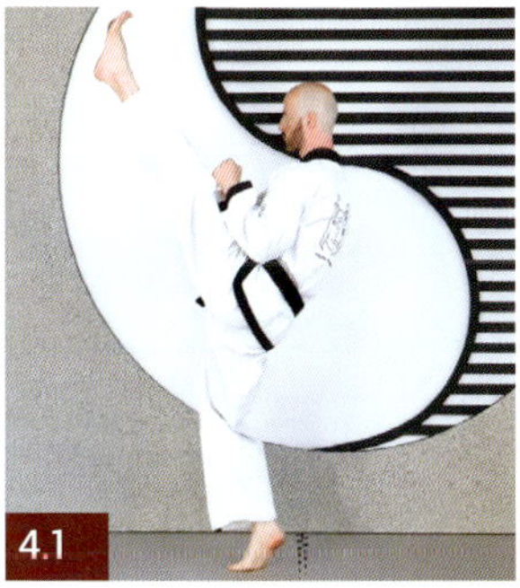

4.1

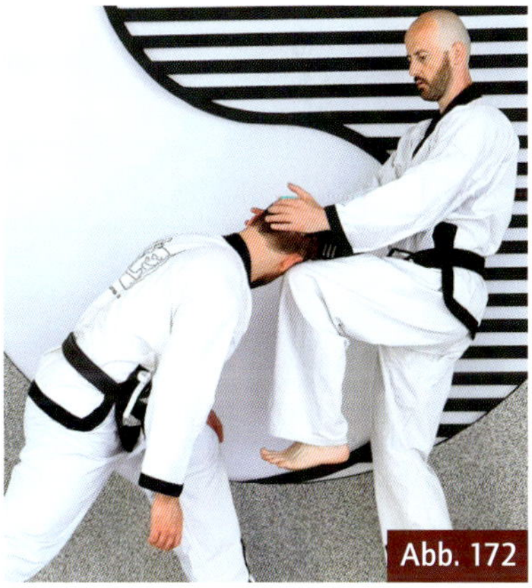

Abb. 172

. . . Rücken zu werfen.
Auf die Abwehr folgt ein Kniestoß.

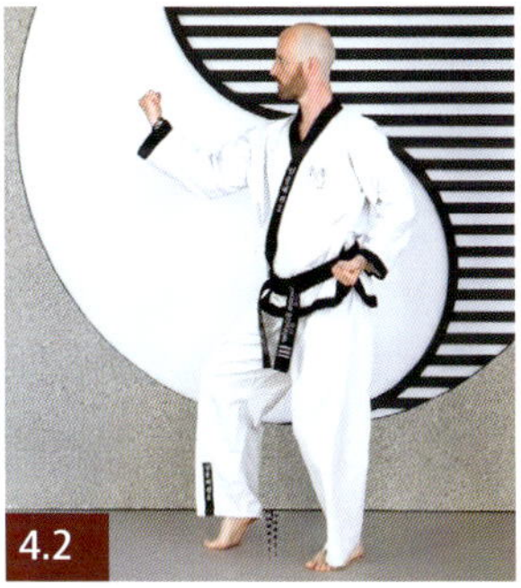

4.2

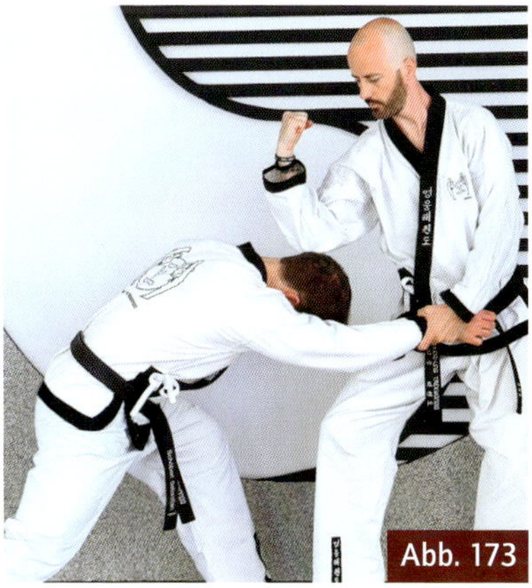

Abb. 173

Als „Asterion" bezeichnet man die Schädelfuge seitlich am Hinterkopf, wo sich Schläfenbein, Scheitelbein und Hinterhauptbein treffen. Schläge können an dieser Stelle je nach Krafteinwirkung großen Schaden anrichten.

Es folgt ein Ellbogen von oben nach unten auf das Asterion.

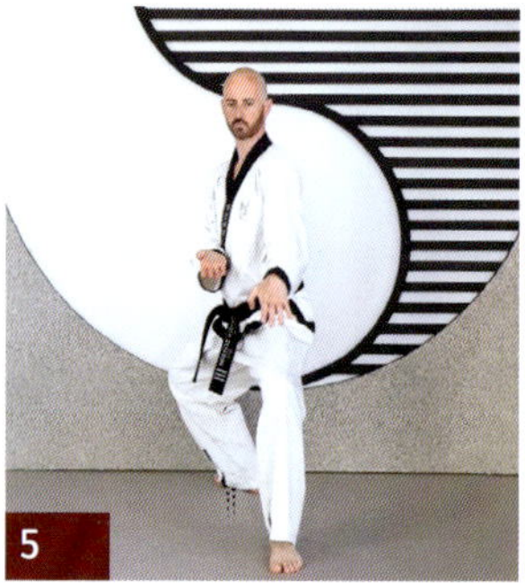
5

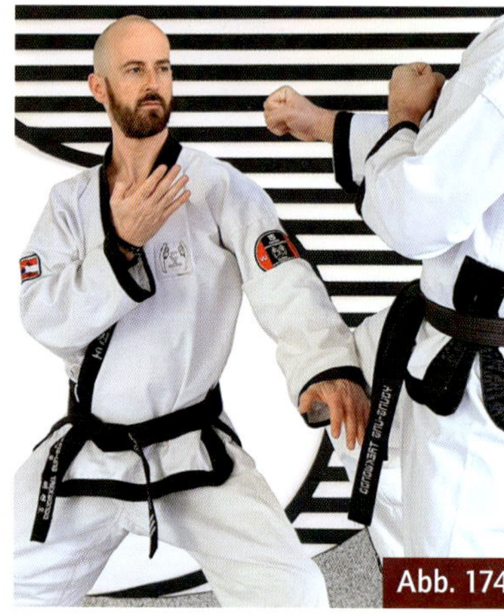
Abb. 174

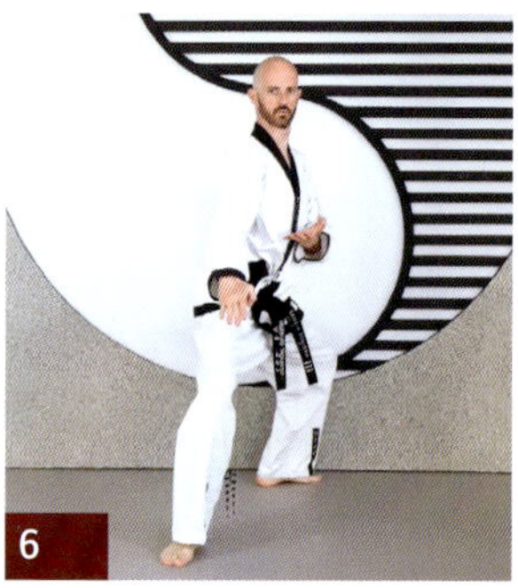
6

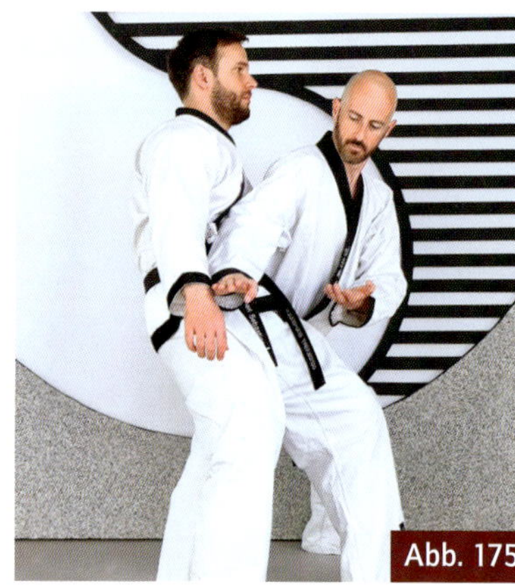
Abb. 175

Die Bewegung 5 und 6 wird zweimal hintereinander ausgeführt. Dies kann so gelesen werden, dass verschiedene Arten von Angriffen mit ein und demselben Bewegungsmuster gekontert werden können, und zwar so, dass je nach Angriff ein anderer Effekt erzielt werden kann. In Abb. 174 sehen wir den bekannten „Tiefblock". Abb. 175 und 176 zeigen die Bewegung im Nahkampfeinsatz als Wurf.

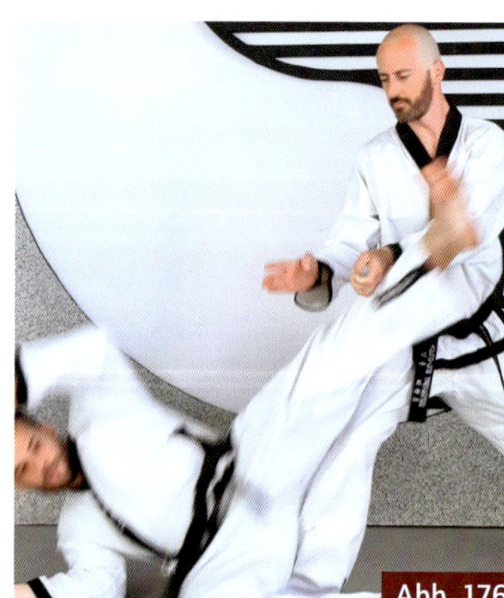
Abb. 176

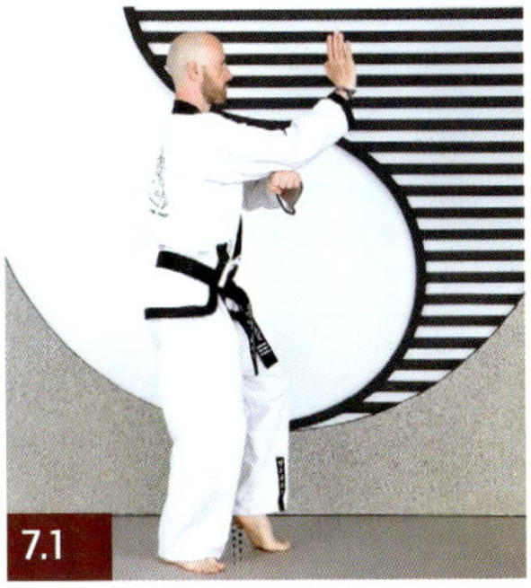
7.1

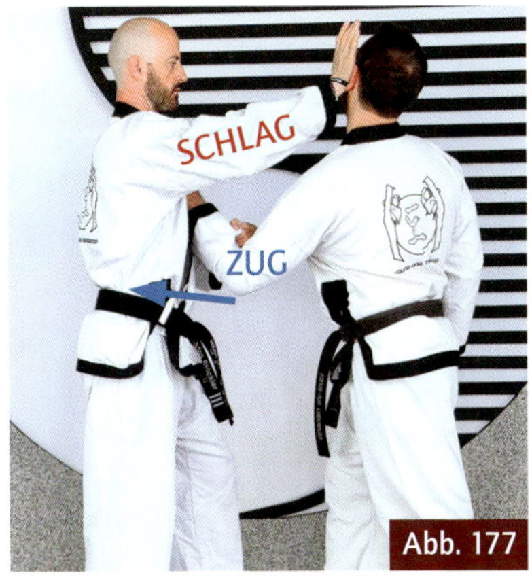

Abb. 177

Griff zum Revers, eine Hand kontrolliert, die andere schlägt zu.

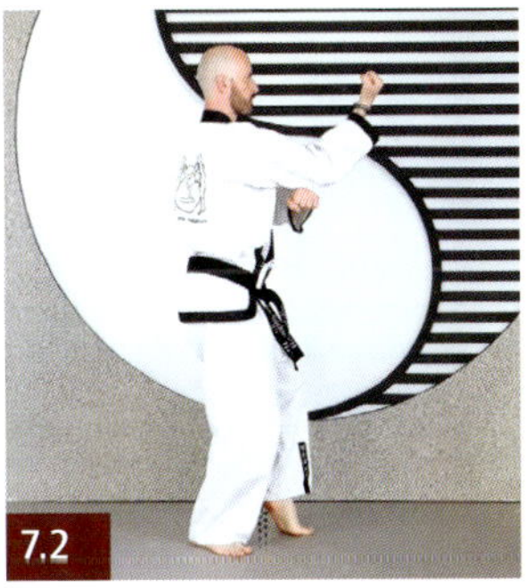
7.2

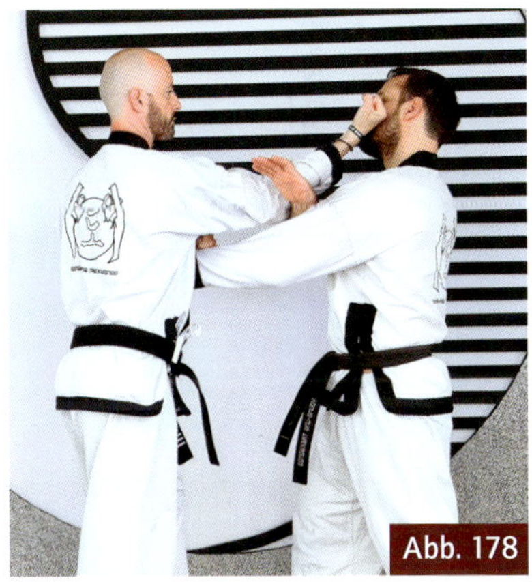
Abb. 178

Die rechte Hand führt hier zwei Schlagtechniken hintereinander aus.

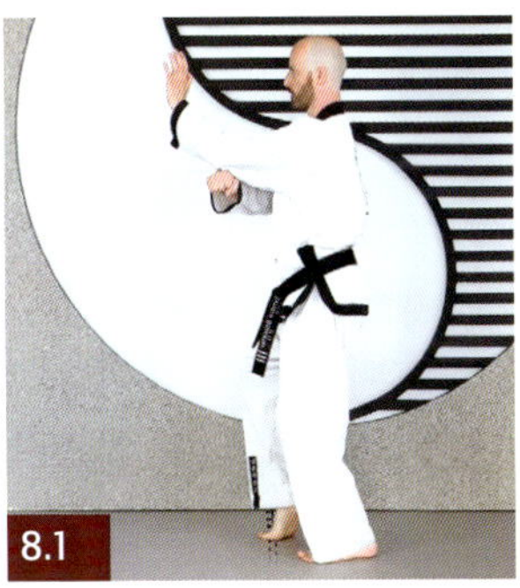
8.1

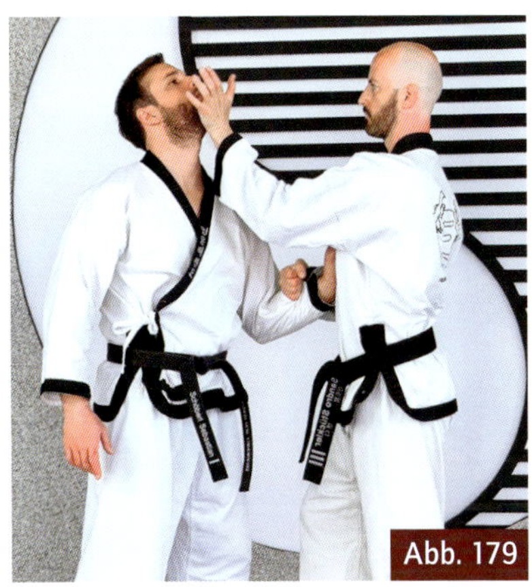
Abb. 179

Auf einen Griff zum Revers reagiert der Verteidiger mit dem Kontrollieren der angreifenden Hand des Gegners. Es wird sofort mit einem Handballenschlag zum Kinn gekontert. K.-o.-Punkt, siehe „Schmerzpunkte".

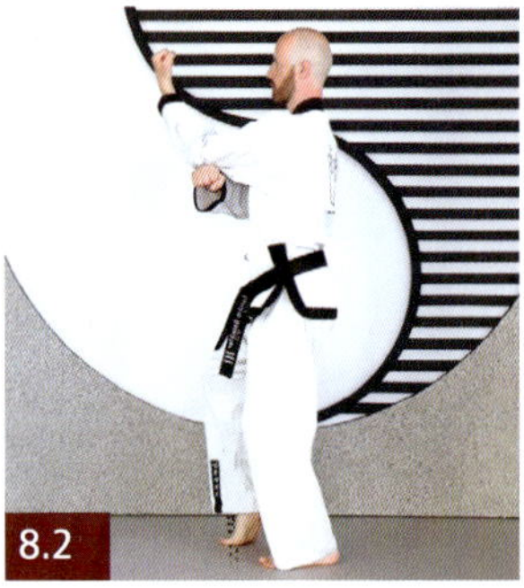

8.2

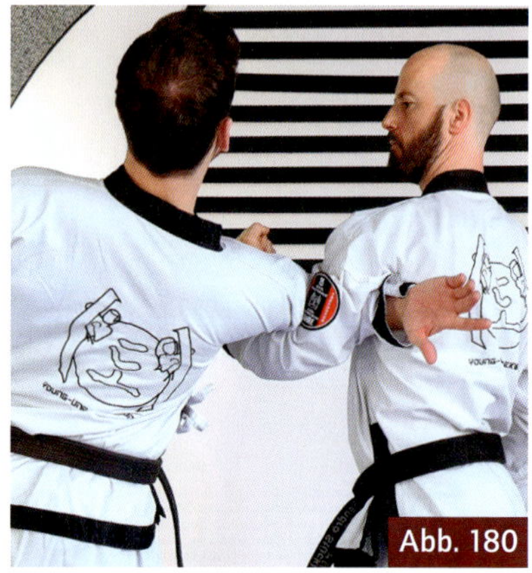

Abb. 180

Die Bewegung des Faustrückenschlags wird hier als Hebel- . . .

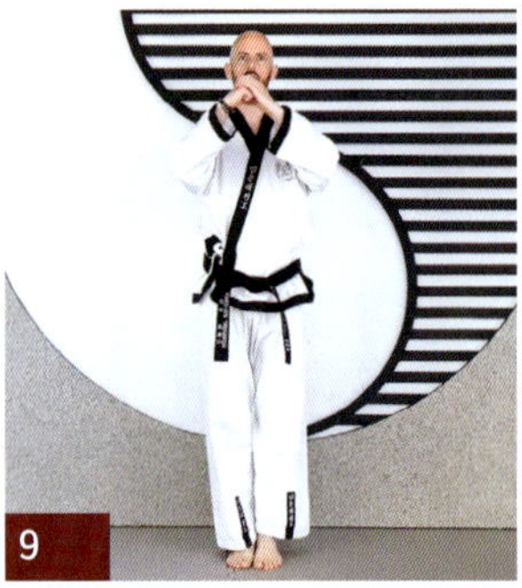

9

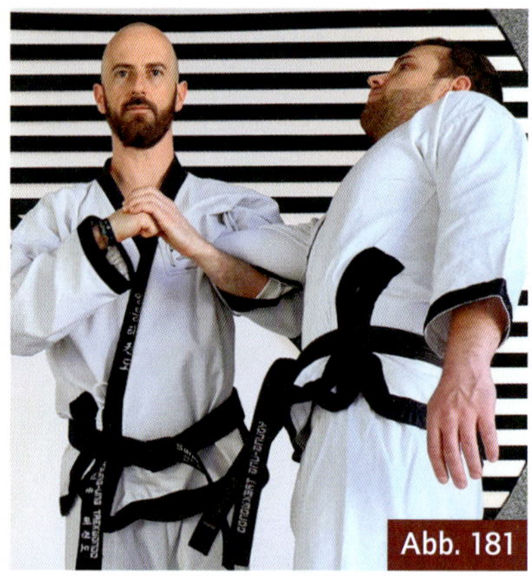

Abb. 181

. . . -technik gegen die Schulter gezeigt. Eine „Transporttechnik"

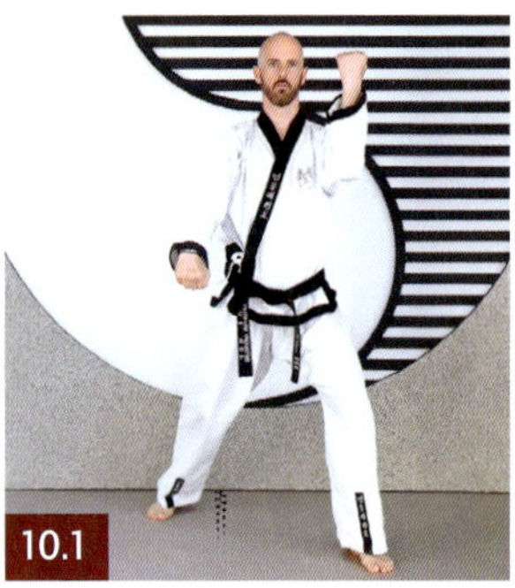

10.1

Abb. 180 zeigt eine zweite Variante des Bewegungsmusters, und zwar den „Faustrückenschlag" als Schulterhebel gegen den Angreifer. Hier wäre es möglich, den Gegner in der Fixierung zu kontrollieren (Abb. 181).

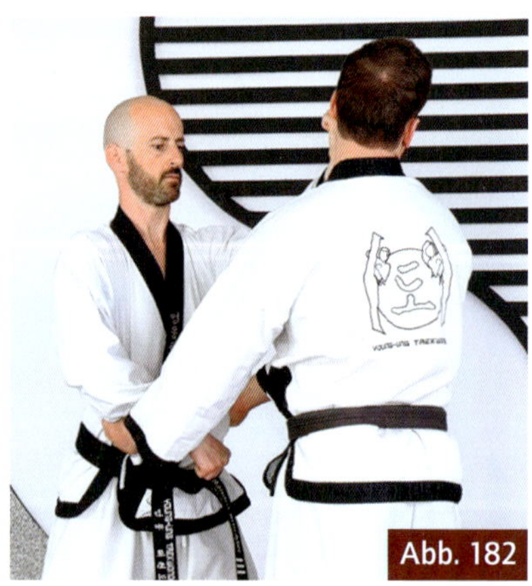

Abb. 182

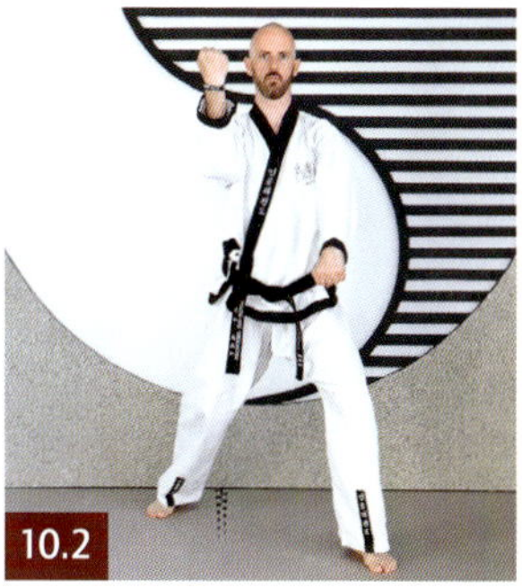
10.2

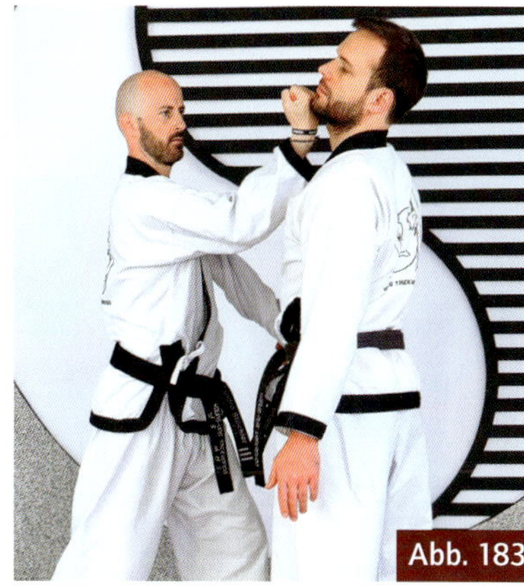
Abb. 183

Die linke Hand blockt, und die rechte Hand schlägt zurück . . .

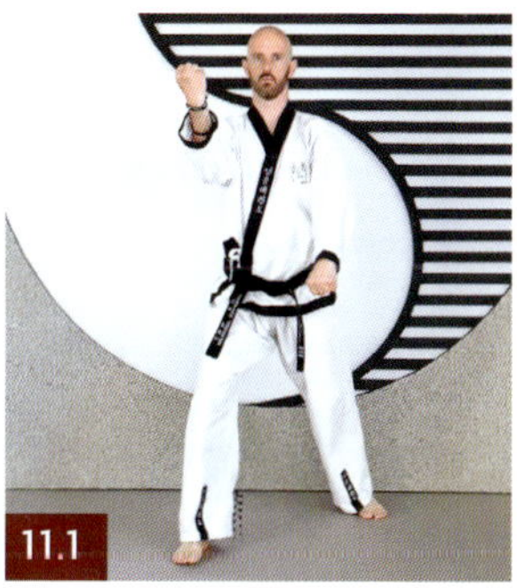
11.1

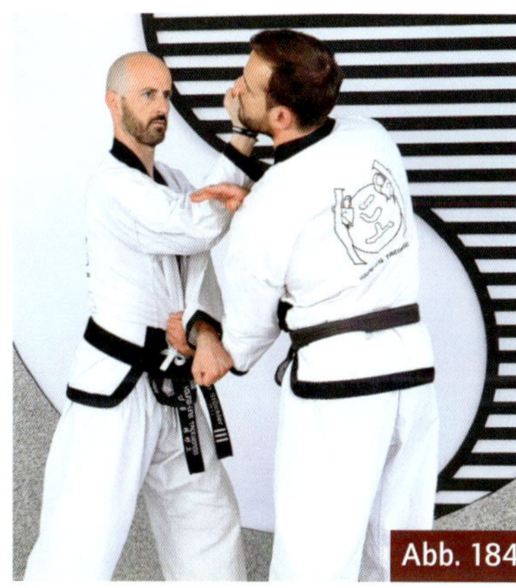
Abb. 184

. . . oder beide Hände kontrollieren die Arme des Gegners.

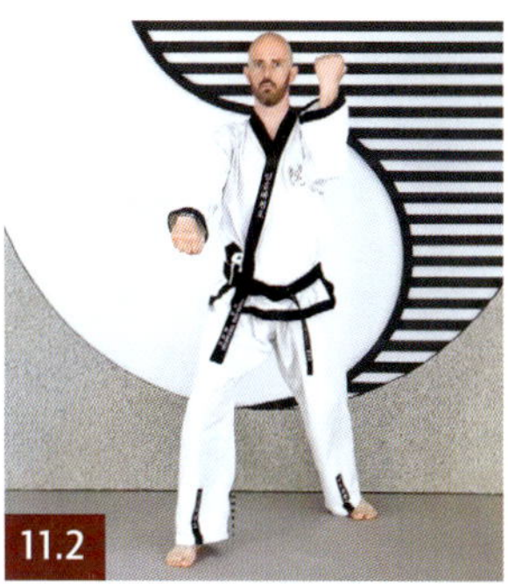
11.2

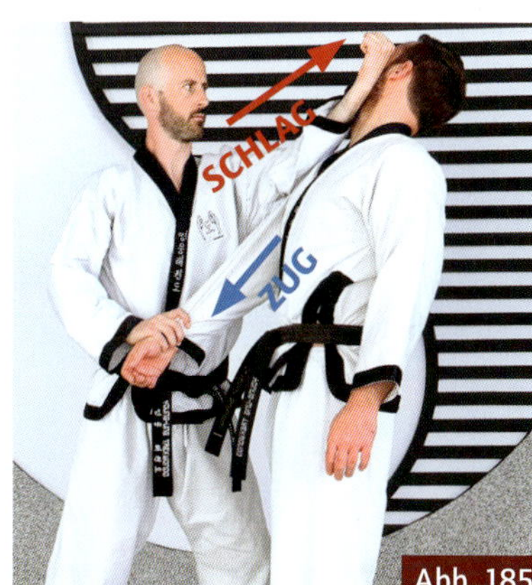

Abb. 185

Variante 3: Der Angreifer wird direkt „in den Schlag gezogen".

Der Scherenblock oder Gawi Makgi vereint Block und Gegenangriff in einer Technik. Das Grundprinzip der Technik ist das Nach-unten-Drücken eines Arms des Gegners, während gleichzeitig versucht wird, einen Konter zu führen.

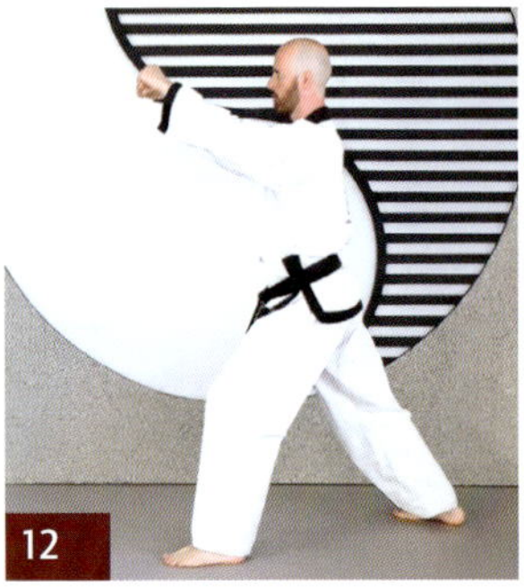

12

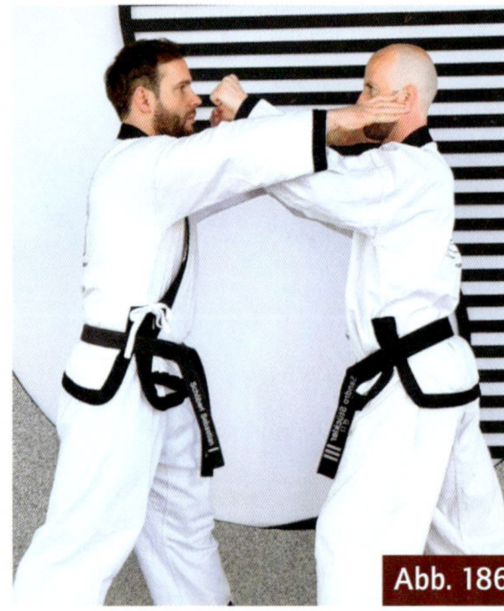

Abb. 186

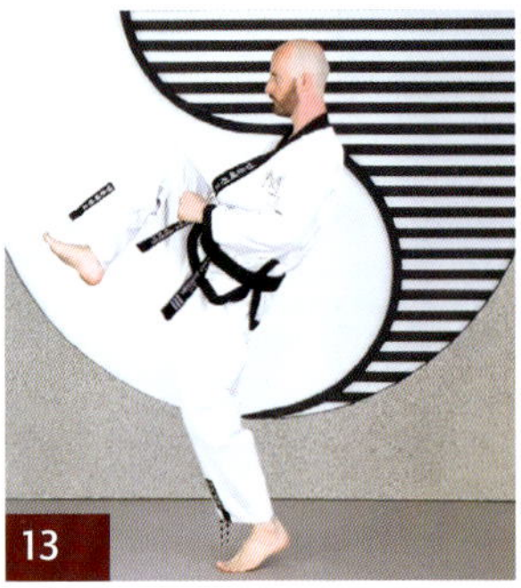

13

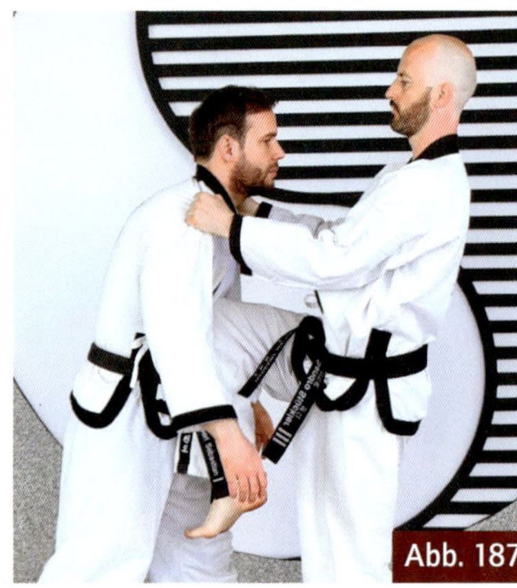

Abb. 187

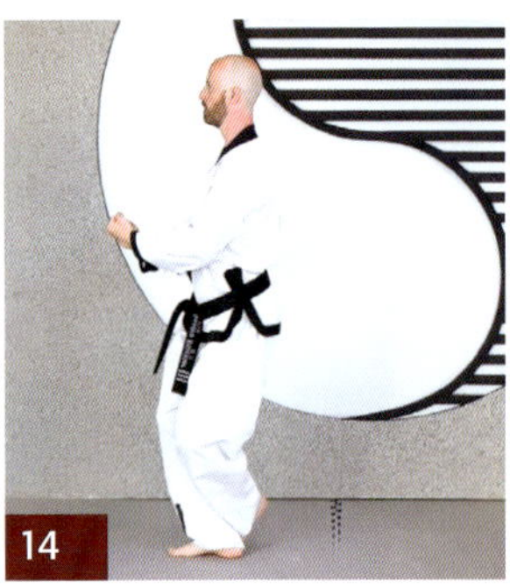

14

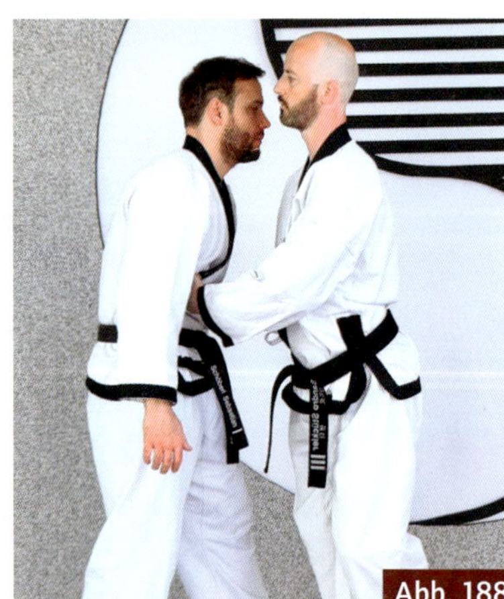

Abb. 188

Auf den sogenannten *Keilblock* (Hecheo Makgi) folgt hier ein Kniestoß sowie ein Doppelfauststoß unter den Rippenbogen. Hierbei werden wichtige Organe, namentlich Leber und Milz, gleichzeitig mit einem Schlag getroffen.

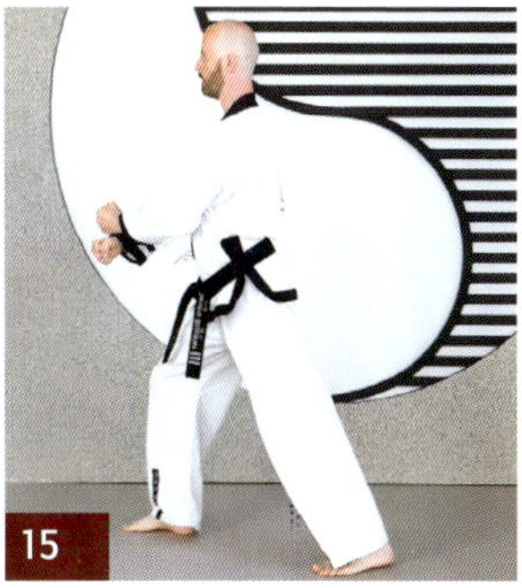

15

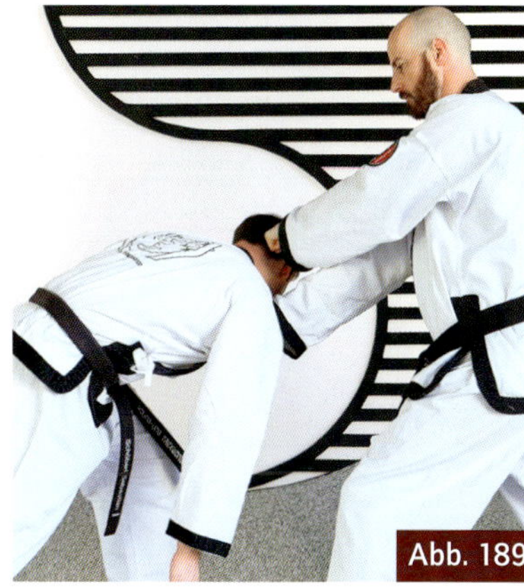

Abb. 189

Der Kontrahent wird hier ruckartig nach vorne gezogen und geschlagen.

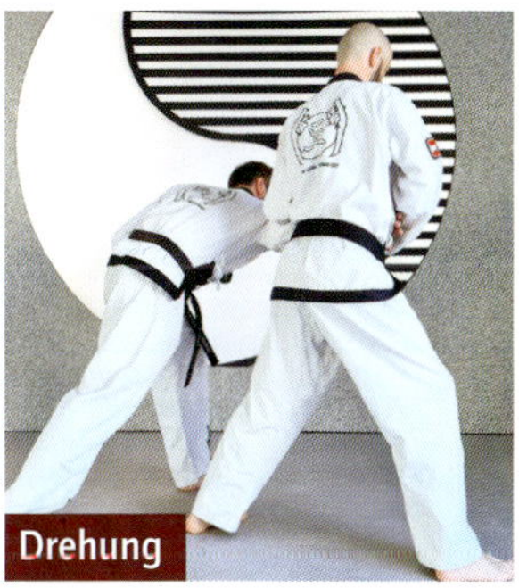

Drehung

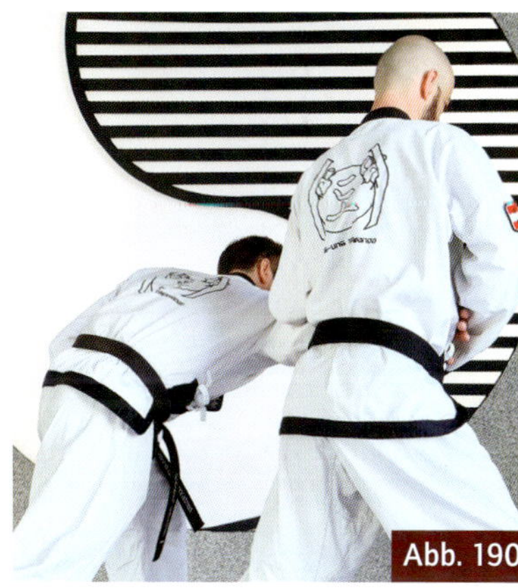

Abb. 190

Die Drehung kann als Hebel oder zum Ausweichen genutzt werden.

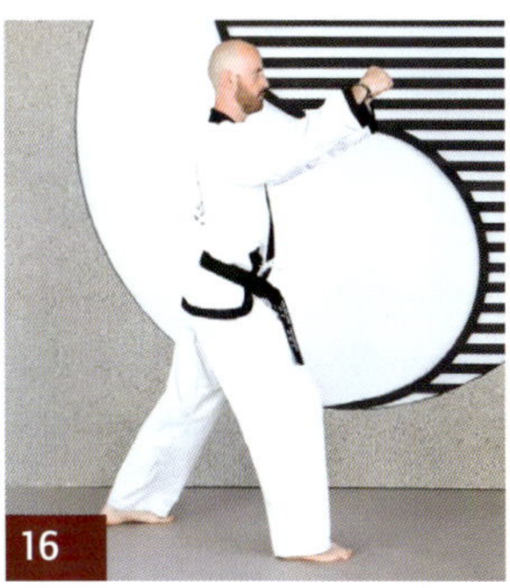

16

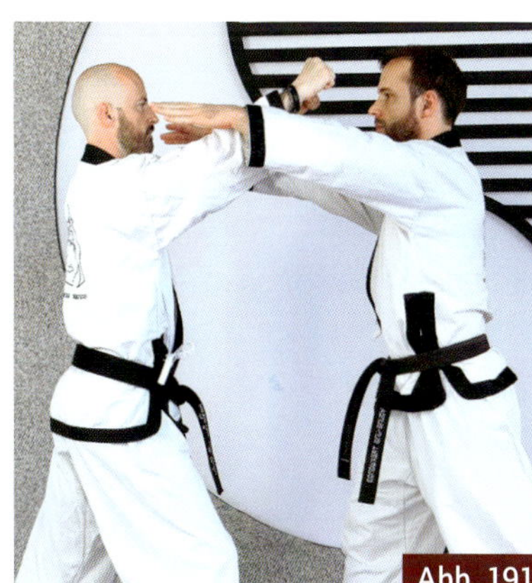

Abb. 191

Bewegung 15 (Kreuzblock) wird hier als Schlagtechnik seitlich zum Kopf gezeigt, wobei der Gegner gleichzeitig nach vorne gerissen wird. Die folgende Drehung lässt sich zum Beispiel mit einem Armhebel kombinieren.

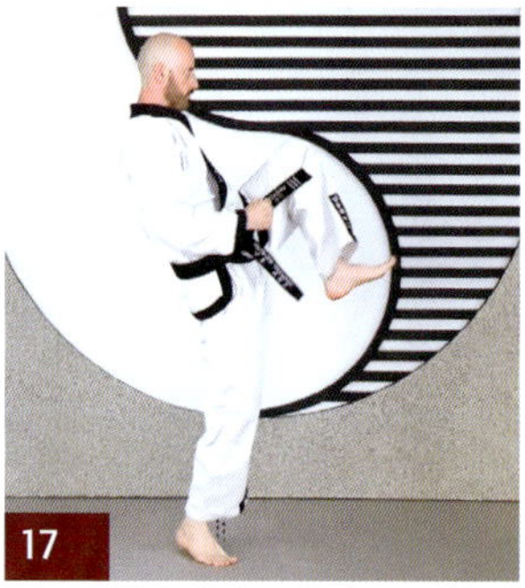
17

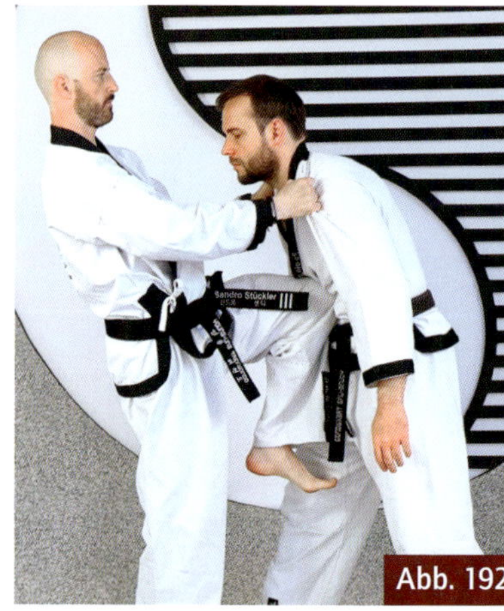
Abb. 192

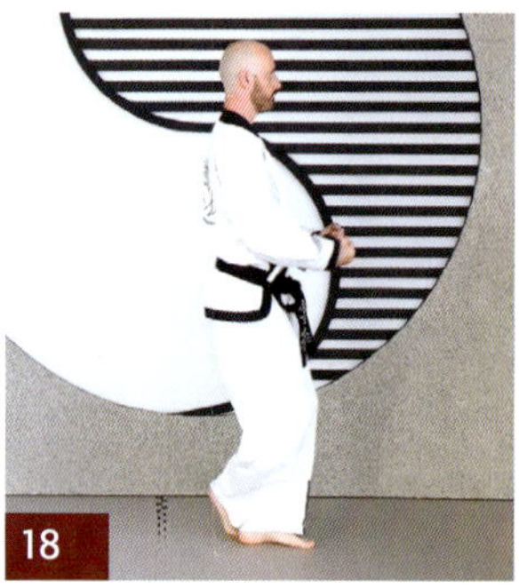
18

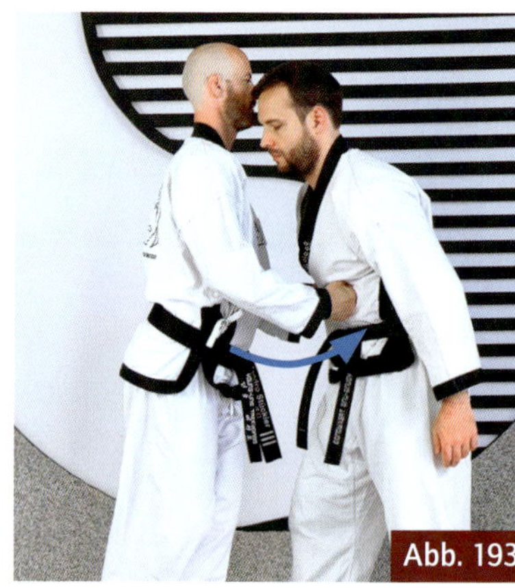
Abb. 193

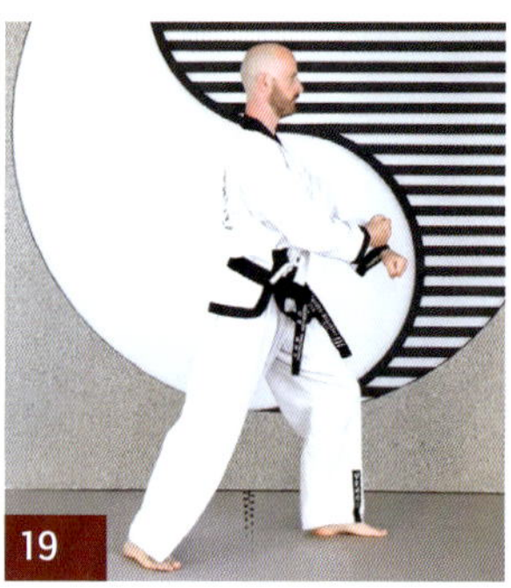
19

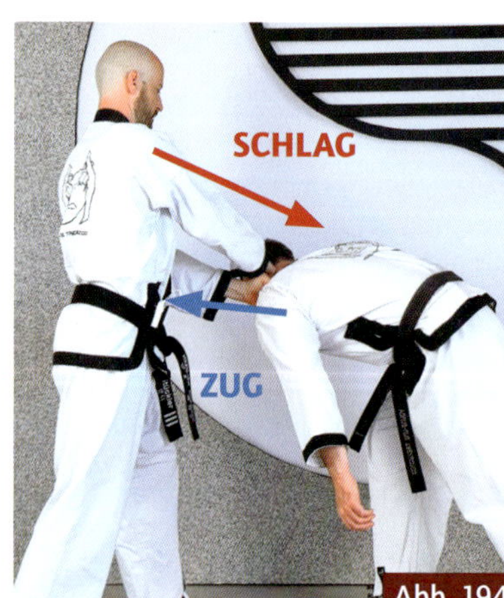

Abb. 194

Im zweiten Durchgang wollen wir die letzte Bewegung vor der Richtungsänderung wieder als Abschluss verstehen und gehen von einem Schlag zum Hinterkopf des Gegners aus, wobei dieser dabei gehalten wird.

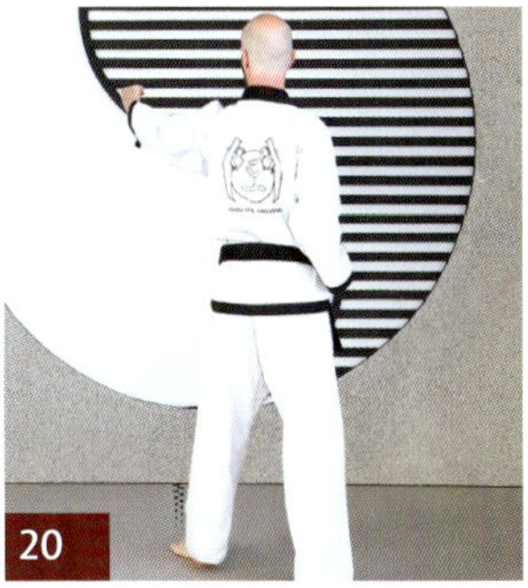
20

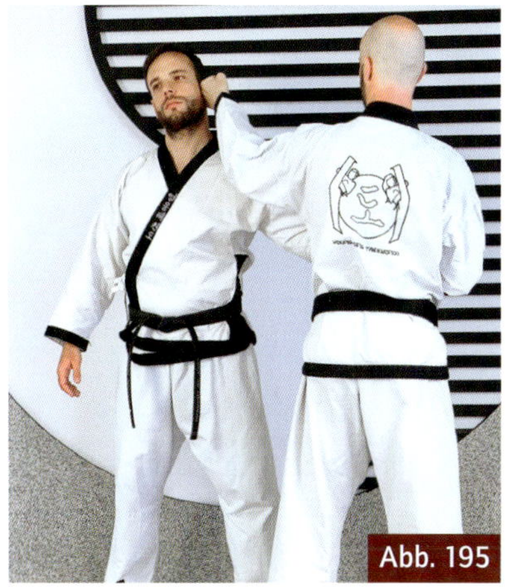
Abb. 195

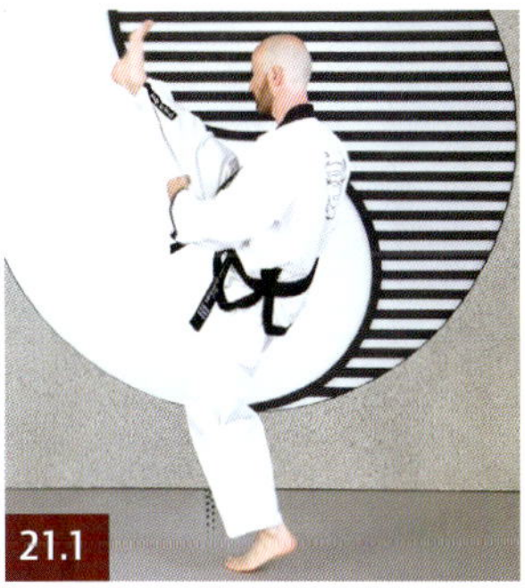
21.1

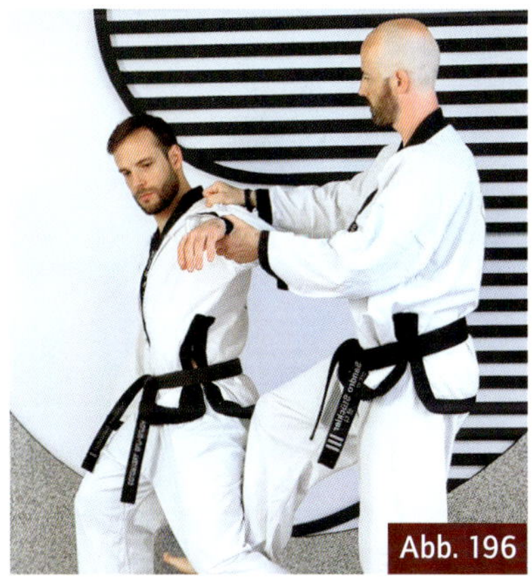
Abb. 196

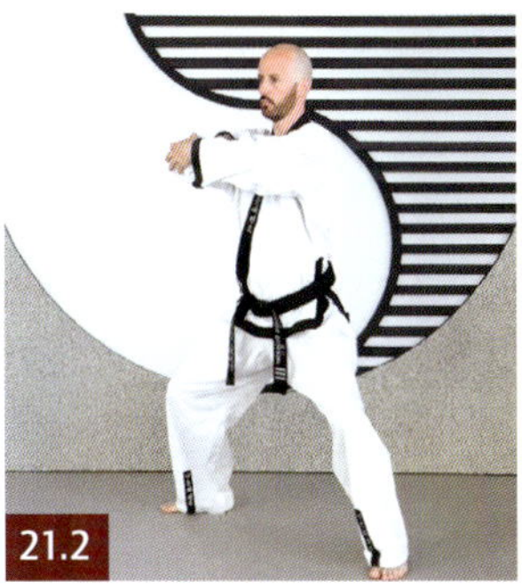
21.2

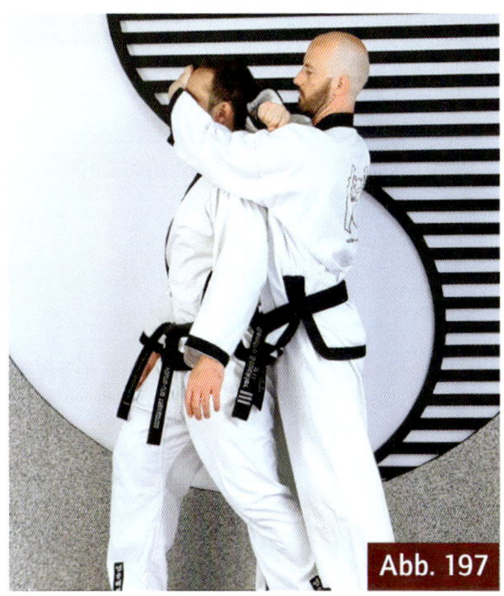
Abb. 197

Auf den Fausträckenschlag zur Schläfe folgt nach der Destabilisierung des Angreifers ein Schlag mit dem Ellbogen zum Hinterkopf. Alternativ könnte auch eine Würgetechnik verwendet werden.

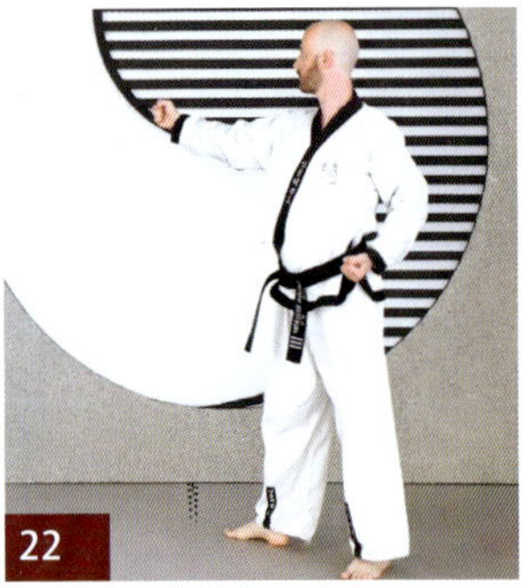

22

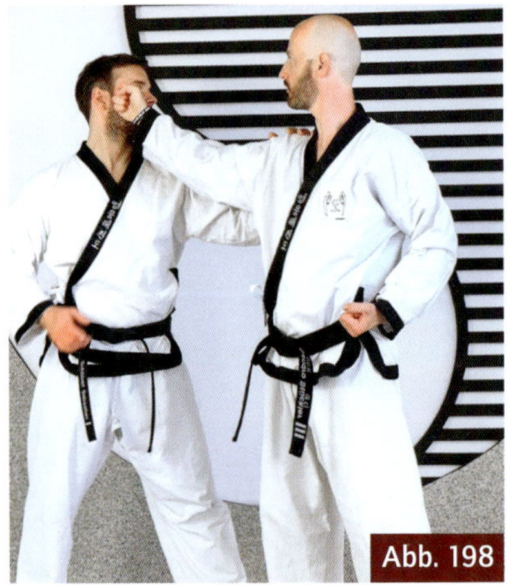

Abb. 198

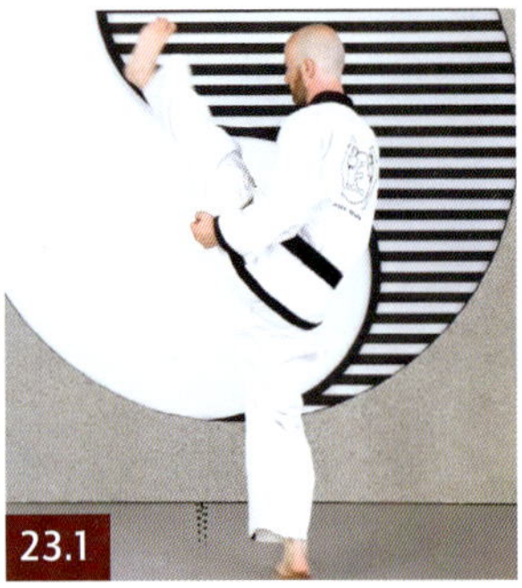

23.1

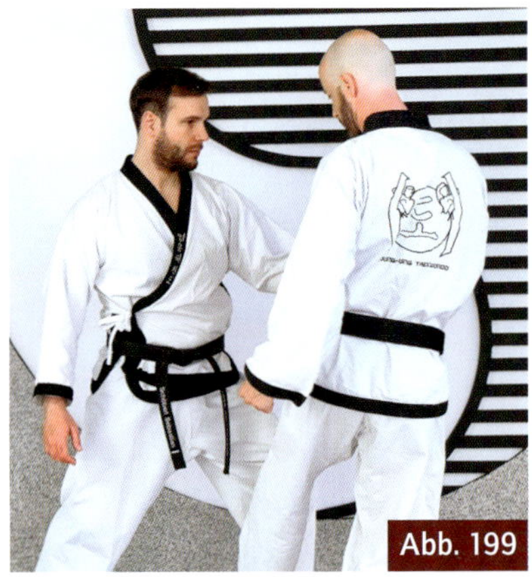

Abb. 199

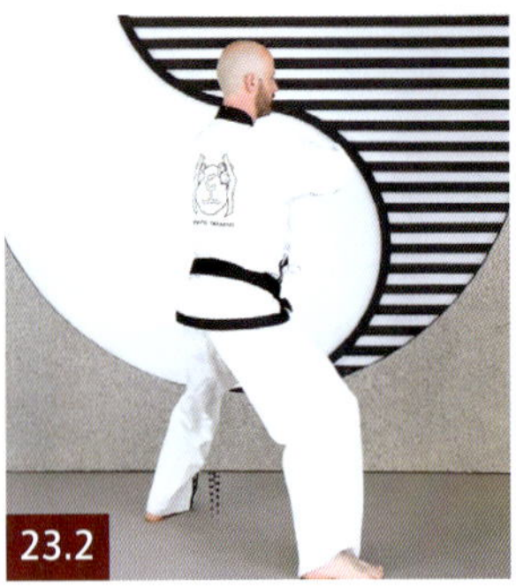

23.2

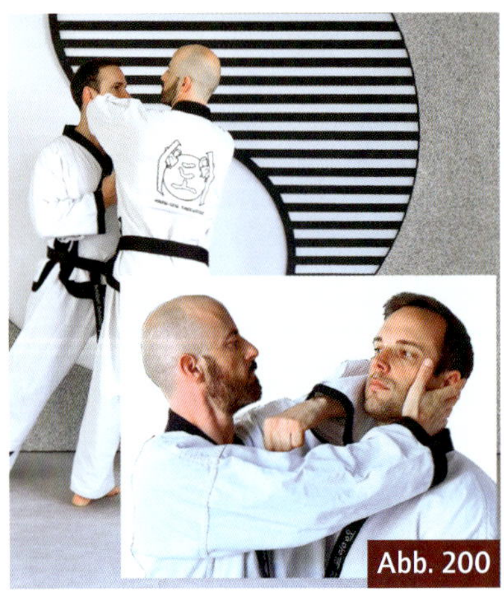

Abb. 200

Der Kick mit dem Schienbein an die Knieinnenseite kann eine wirkungsvolle Waffe sein, um die Balance des Kontrahenten zu brechen. Der schnell ausgeführte Ellbogenschlag schließt die Aktion ab.

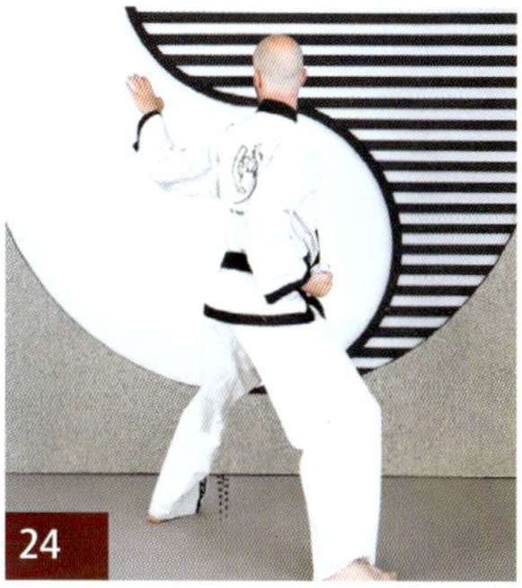
24

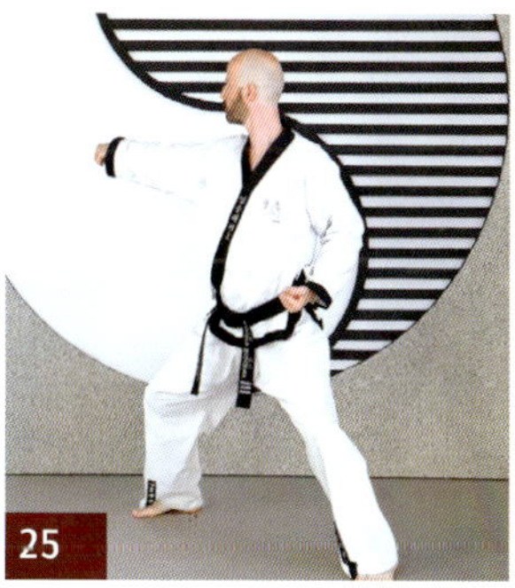
25

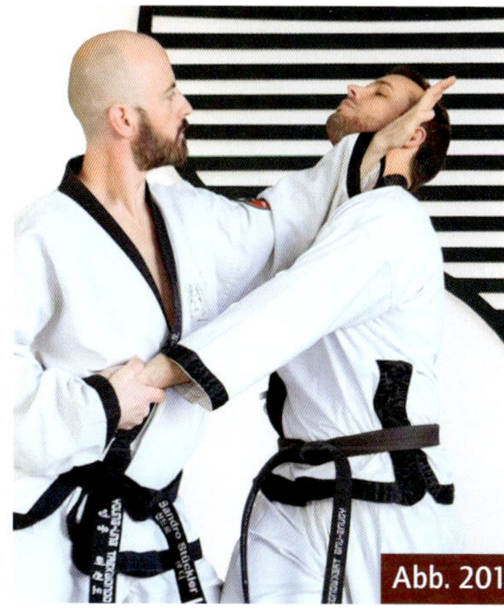
Abb. 201

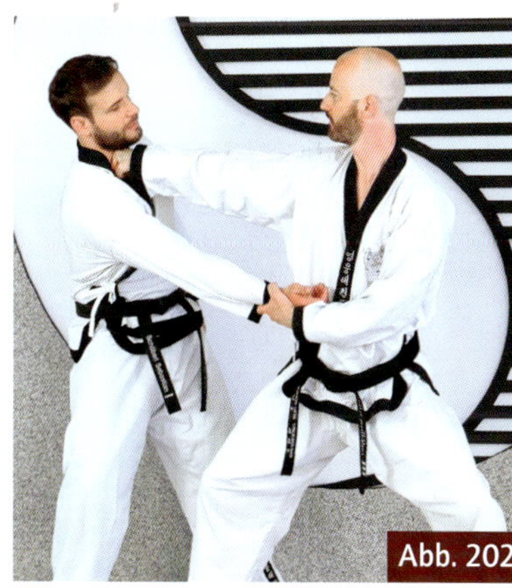
Abb. 202

Der Verteidiger bleibt so lange in der Vorwärtsbewegung, bis vom Angreifer nichts mehr zu erwarten ist. Auch hier sehen wir, wie so oft in den Poomsae, ein entschlossenes Vorgehen gegen den Aggressor am Ende der Form.

4.4 Taegeuk Pal-Jang

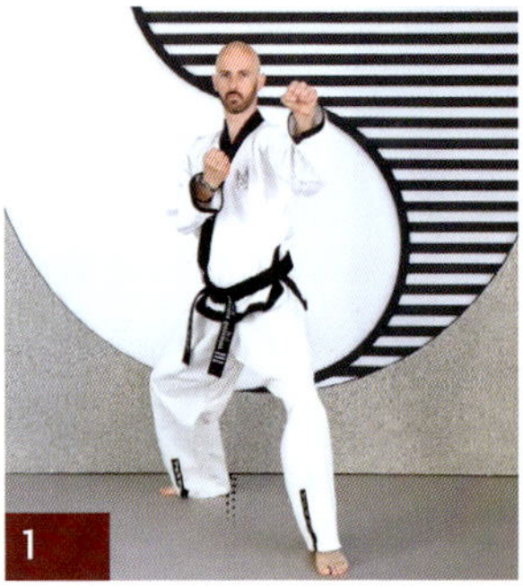

1

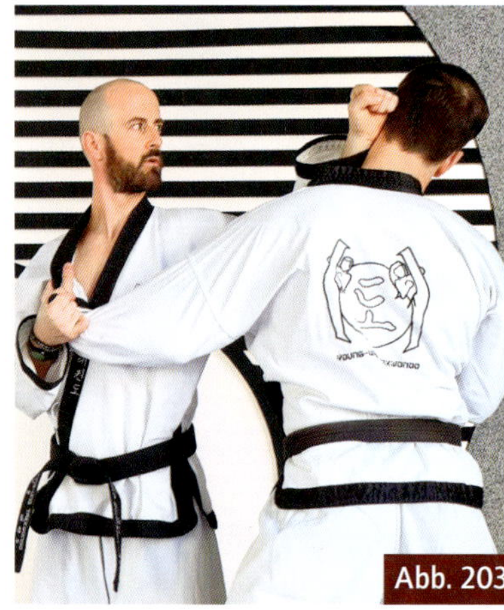

Abb. 203

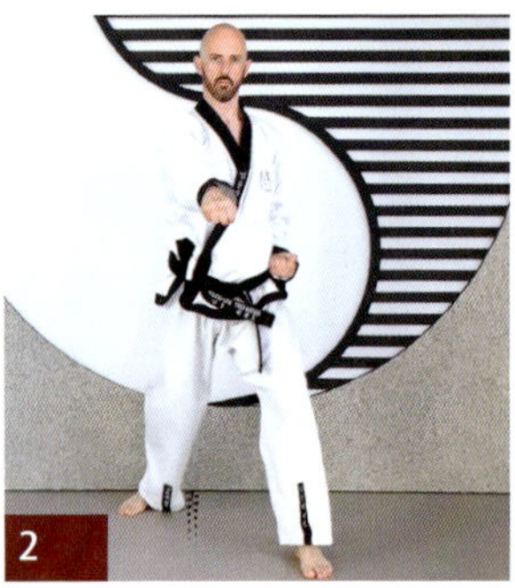

2

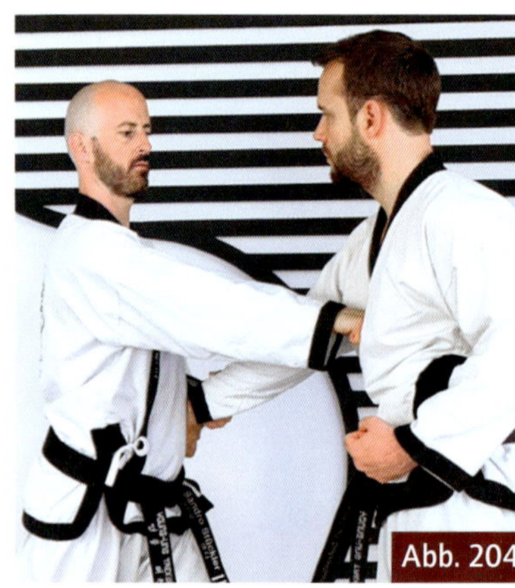

Abb. 204

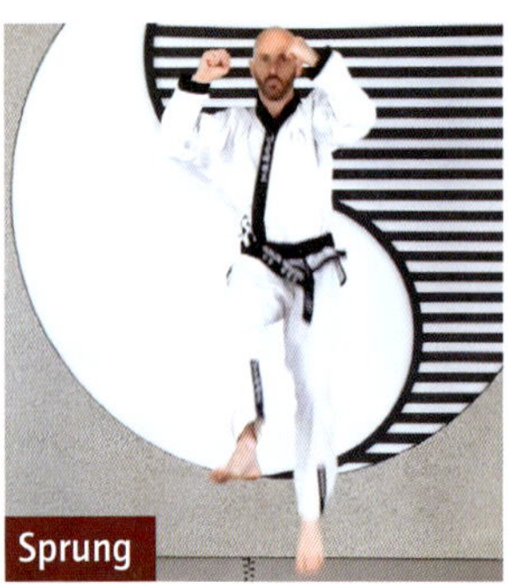

Sprung

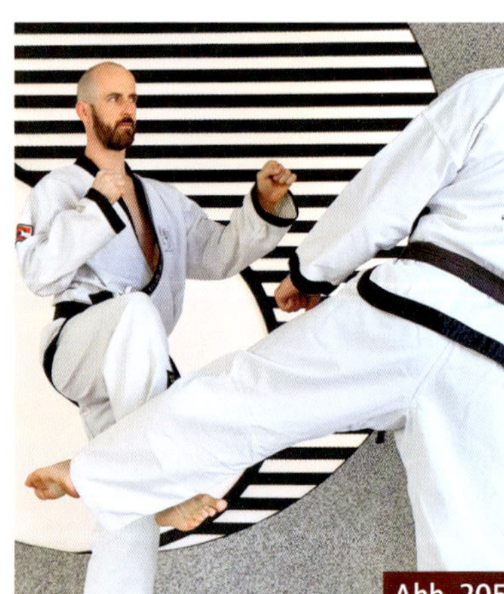

Abb. 205

Der Unterarmblock mit nach vorne gedrehter Faust im Nahkampf bei Griff zum Revers: Eine Hand des Gegners wird gesichert, während die andere einen Faustbodenschlag zum Unterkiefer ausführt!

Das Wichtigste zu „Poomsae 8" auf einen Blick:

» Die achte Poomsae bietet Kombinationen sowohl in statischer Ausführung als auch in dynamischer Vorwärtsbewegung an.

» Bemerkenswert ist, gleich am Anfang der Form, der, im Vergleich zu den anderen Formen, wesentlich entschlossenere und dynamischere Beginn. Nach der Kampfstellung, die als erste Abwehrtechnik verwendet werden kann, gibt es sofort einen entschlossenen Konter in Form eines Fauststoßes und eines darauf folgenden doppelten Sprungkicks nach vorne (Dubaldangseong Chagi). Dieses Nachsetzen durch zwei (bzw. drei) aufeinanderfolgende Angriffsbewegungen gleich am Beginn der Form ist neu.

» Der Front-Doppel-Kick im Sprung, der Dubaldangseong Chagi, kommt in der achten Poomsae das erste Mal vor und wird gegen Ende der Form in leicht veränderter Form, namentlich als zwei gesondert ausgeführte Kicks, Ap Chagi und Ttwieo-Ap-Chagi-Sprungtritt, eingesetzt!

» Bewegung 5 und 7, der „Doppelblock", kann als Befreiung gegen einen Griff von hinten zu beiden Armen interpretiert werden.

» Bewegung 18, der Tiefblock, kann als Wurftechnik verstanden werden, ähnlich jenen in der siebten Poomsae, wobei hier jedoch die Hose im Bereich der Oberschenkel mit beiden Händen gepackt wird und der Gegner wird dann über den Oberschenkel im Bereich der Hüfte ausgehebelt.

» Die letzten acht Techniken sind zwei Vierersequenzen, wobei die Ellbogentechnik, entweder direkt als Gegenschlag (nach dem Handkantenblock) oder aber als zweite Befreiung gegen einen Griff zum Handgelenk gelesen werden kann. Der Faustrückenschlag kann noch Teil dieser Befreiung sein, oder, je nach Situation, eine Schlagtechnik. Diese Sequenz besteht also aus bis zu drei aufeinanderfolgenden Abwehrtechniken und einem Gegenangriff, oder aus einer Abwehrbewegung und drei aufeinanderfolgenden Kontertechniken.

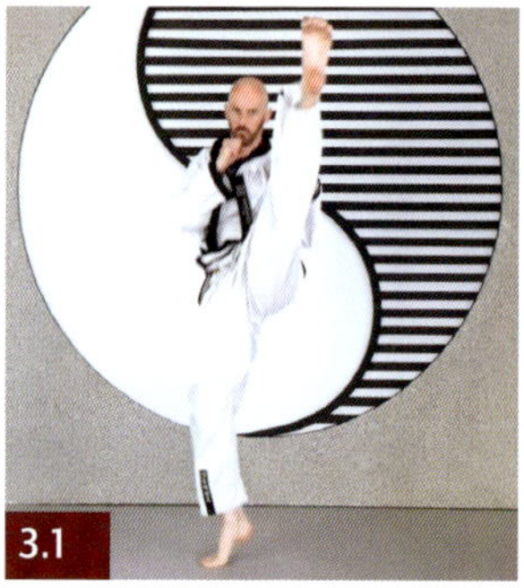
3.1

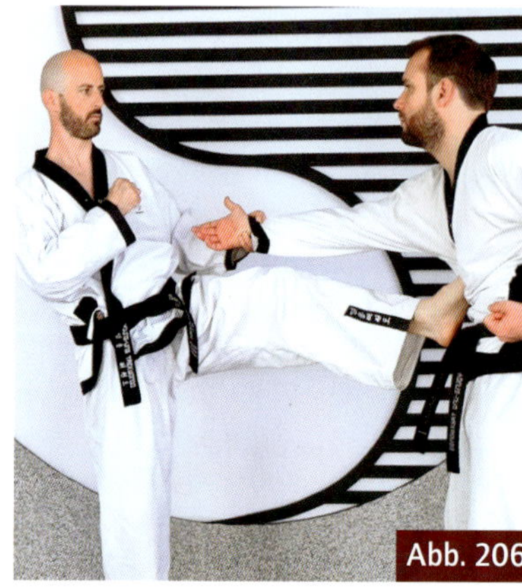
Abb. 206

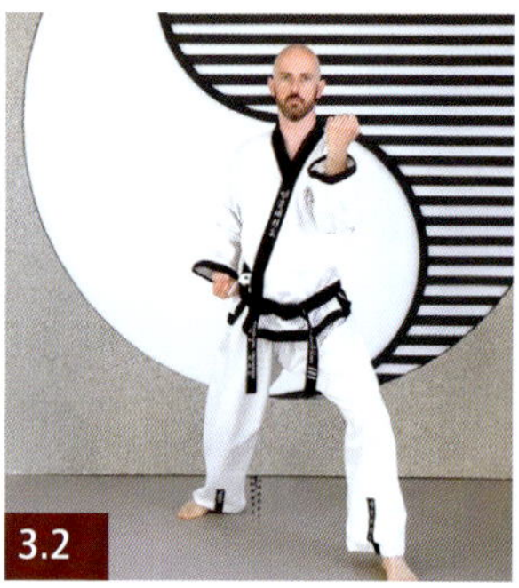
3.2

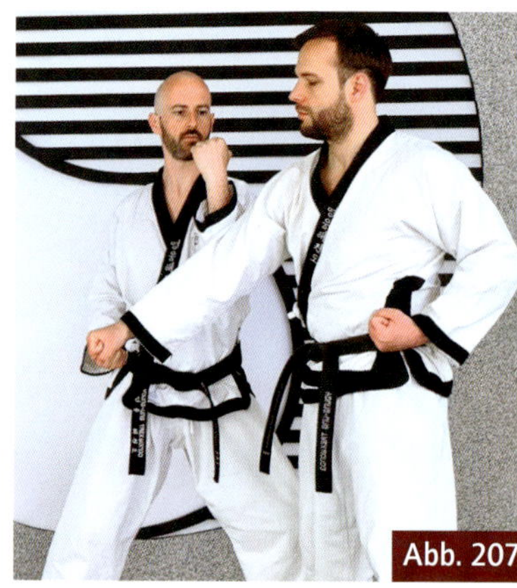
Abb. 207

Bei dieser Position zum Gegner spricht man von Blind Side.

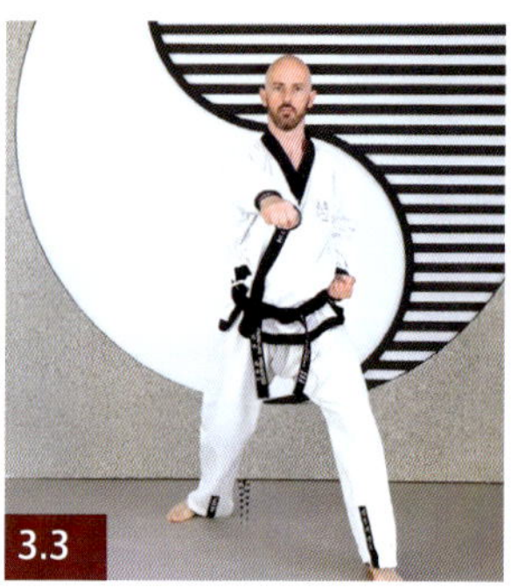
3.3

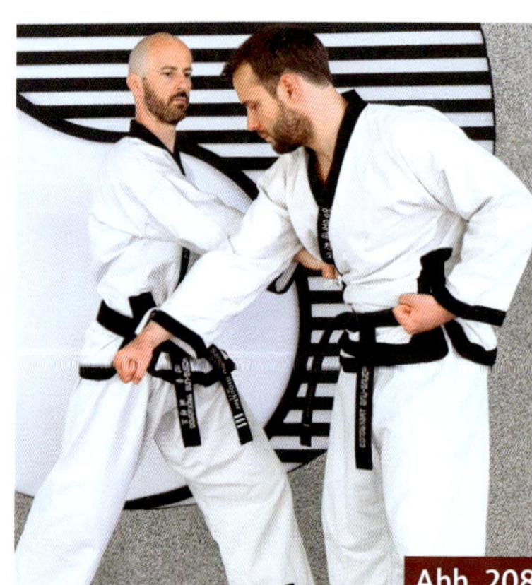
Abb. 208

Nach dem Palmok An Makgi (Abb. 206), der mit Gegenzug auf das Ellbogengelenk schlägt, bleibt der Verteidiger auf der Außenseite (Blind Side) des Gegners und führt einen Konterfauststoß zur Leber.

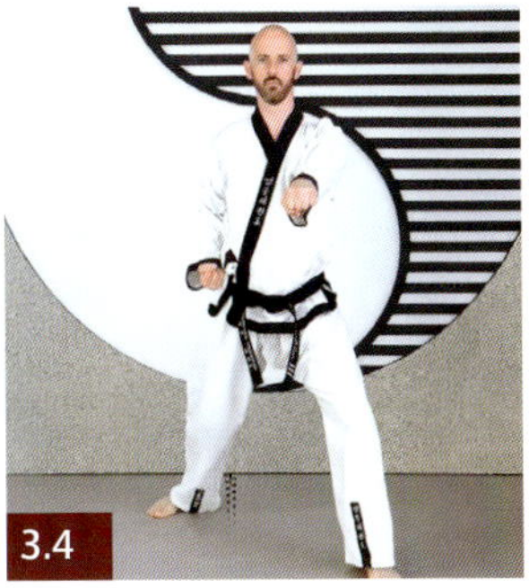

3.4

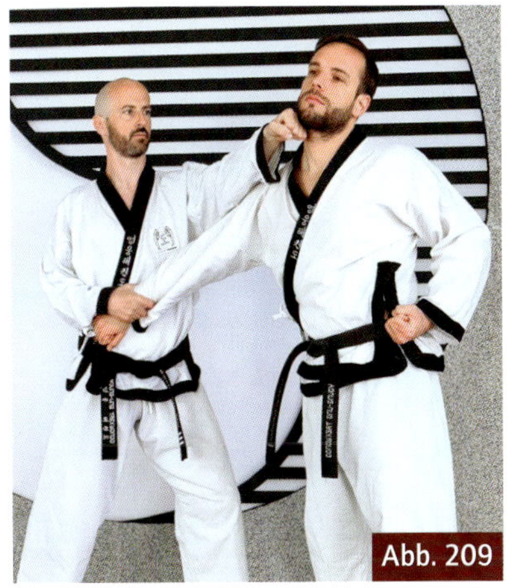

Abb. 209

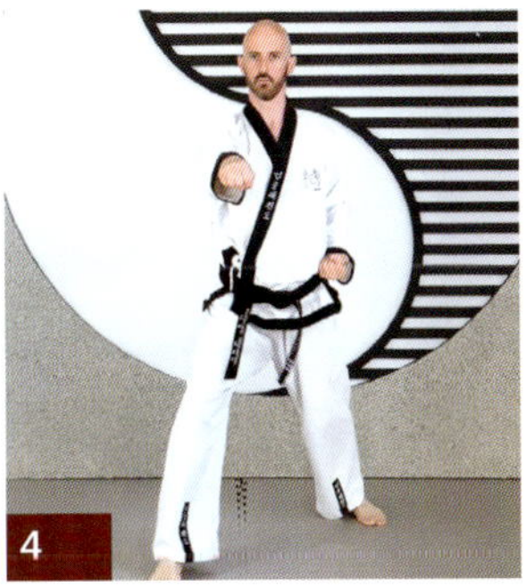

4

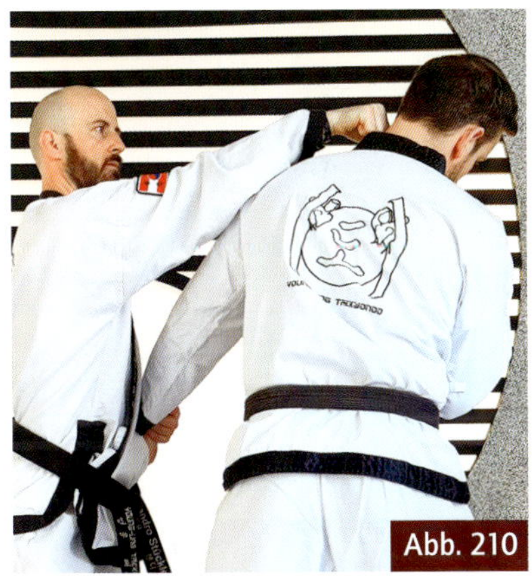

Abb. 210

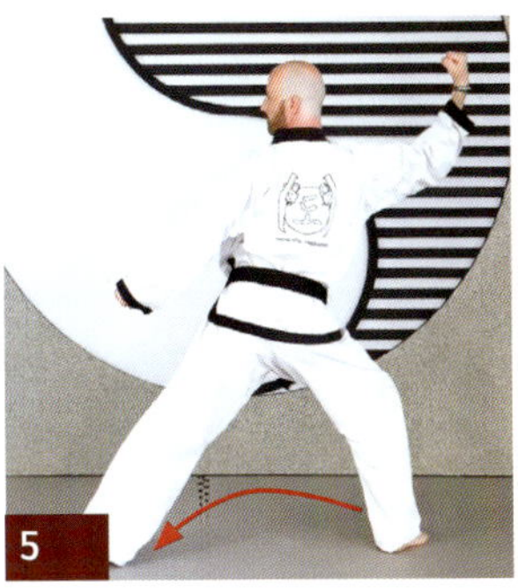

5

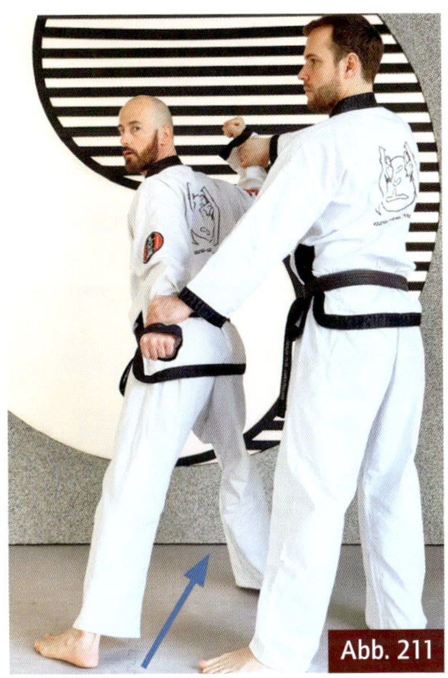

Abb. 211

Bewegung Nr. 5 lässt sich als Befreiung gegen einen Angriff von hinten mit beiden Händen zu den Handgelenken verwenden. Hierbei muss eine Drehbewegung, genau wie in der Poomsae gezeigt, ausgeführt werden (Pfeil).

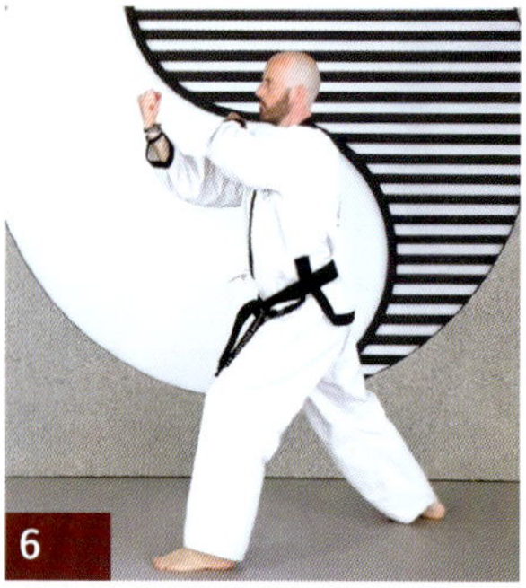

6

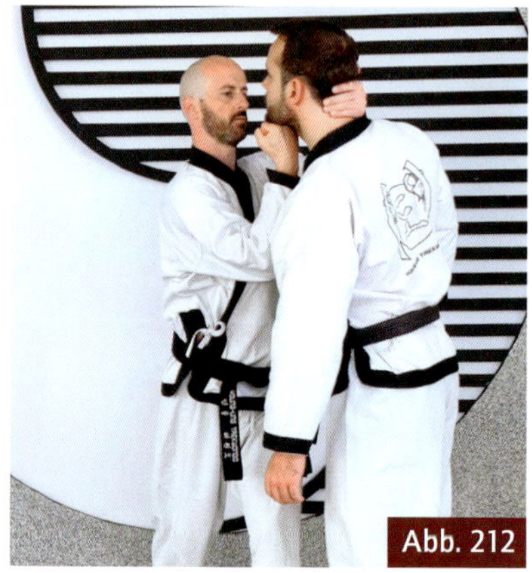

Abb. 212

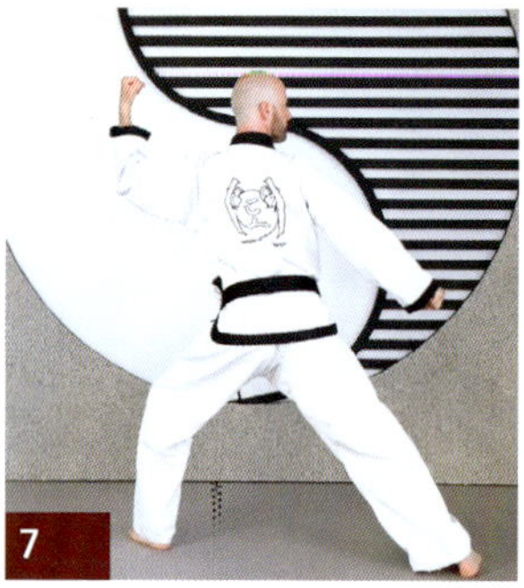

7

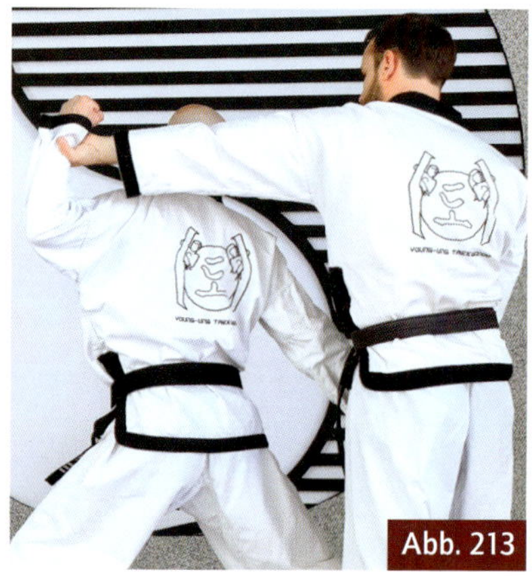

Abb. 213

Eine Hand geht „nach oben" und die Drehung befreit uns aus dem Griff.

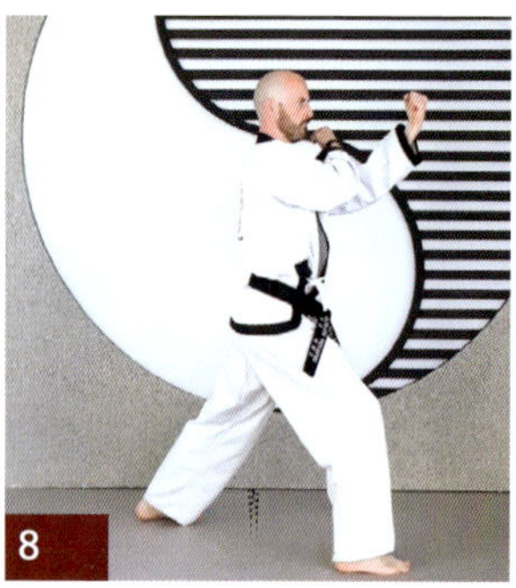

8

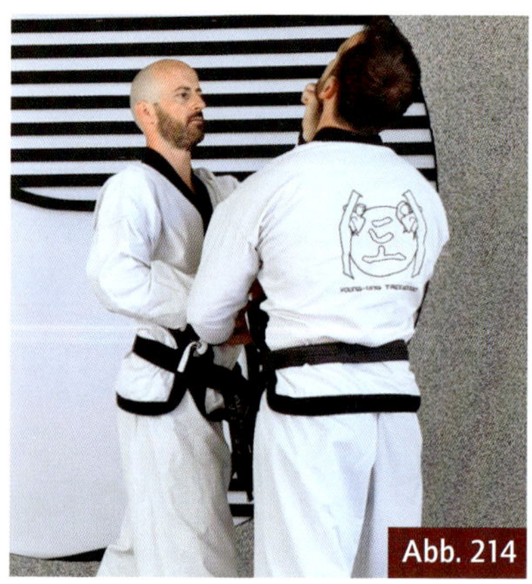

Abb. 214

Alternativ zu Abb. 212 kontrolliert hier die Hand den Arm des Gegners.

Das Zurückhalten des Gegners an der Schulter (Poomsae Schritt 8) kann alternativ auch am Genick ausgeführt werden. Diese Variante wird in Abb. 212 gezeigt.

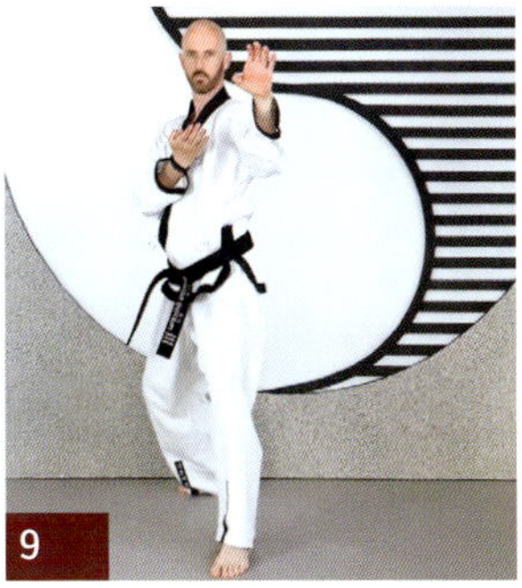

9

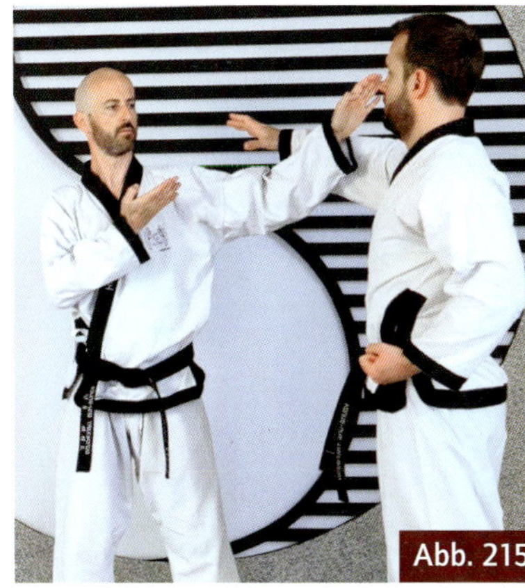

Abb. 215

Offener Block mit Aufmerksamkeit auf der zweiten Hand des Angreifers

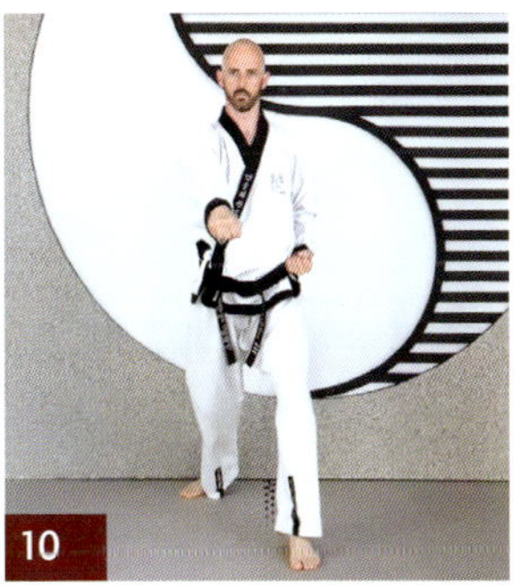

10

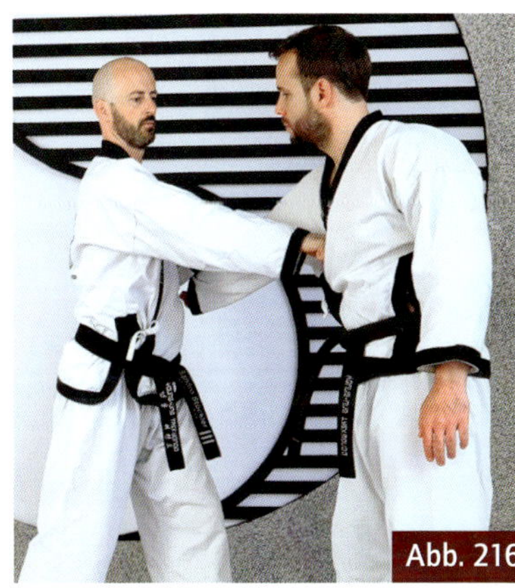

Abb. 216

Bei diesem Schlag besteht noch immer die Gefahr eines Konters.

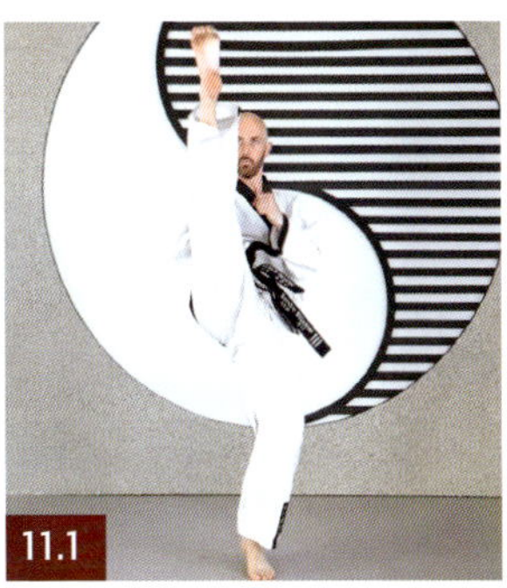

11.1

Der offene Block von Bewegung 9 ist bis auf die geöffneten Hände identisch mit Bewegung 1. Die offenen Hände sind noch besser geeignet, um direkt nach dem Block zuzupacken und den Gegner heranzuziehen.

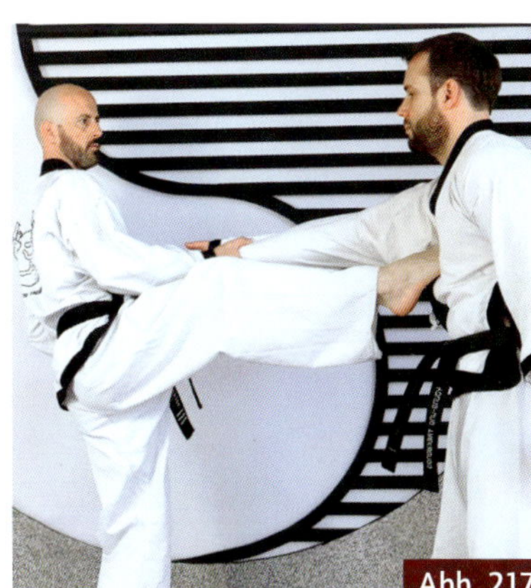

Abb. 217

Beim Ap-Chagi hat das Bein den Reichweitenvorteil (gegen die Hand).

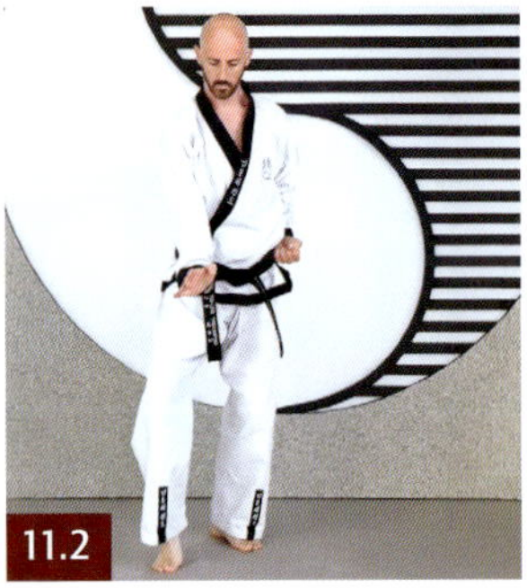
11.2

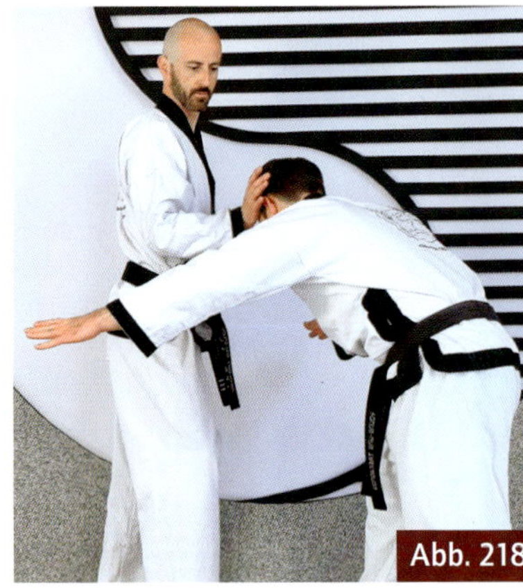
Abb. 218

Der Handballenblock zum Kopf vereitelt den Angriff.

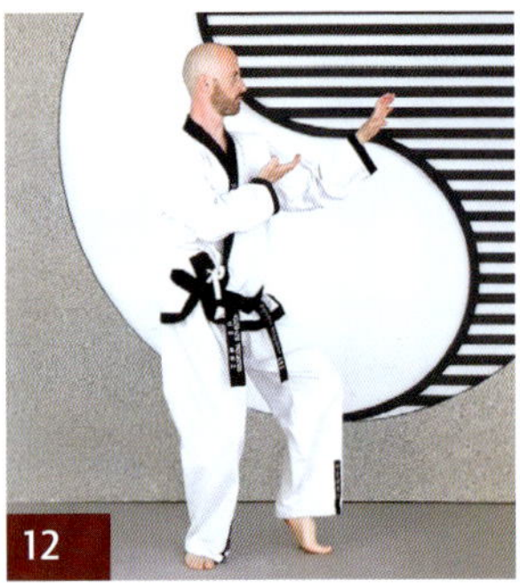
12

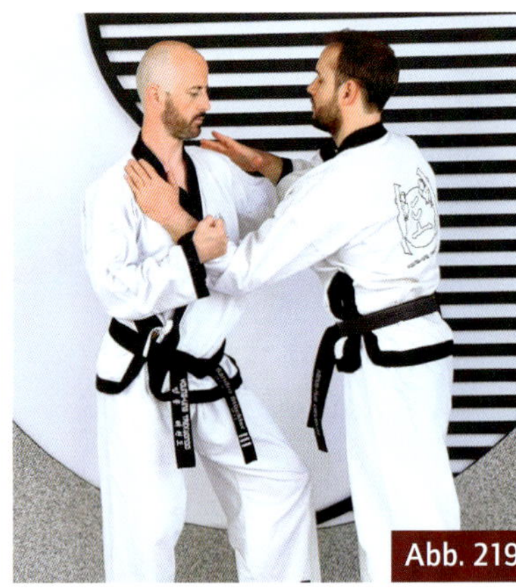
Abb. 219

Hier können beide Arme zur Kontrolle verwendet werden . . .

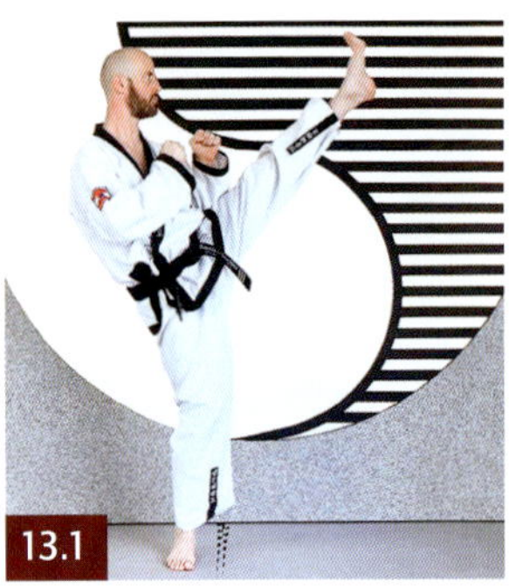
13.1

Der Angreifer versucht, uns an der Hüfte oder den Oberschenkeln zu packen, um uns zu werfen. Der Handballenblock wird verwendet, um diesen Wurf abzuwehren und einen Schlag an den Kopf zu setzen (Abb. 218).

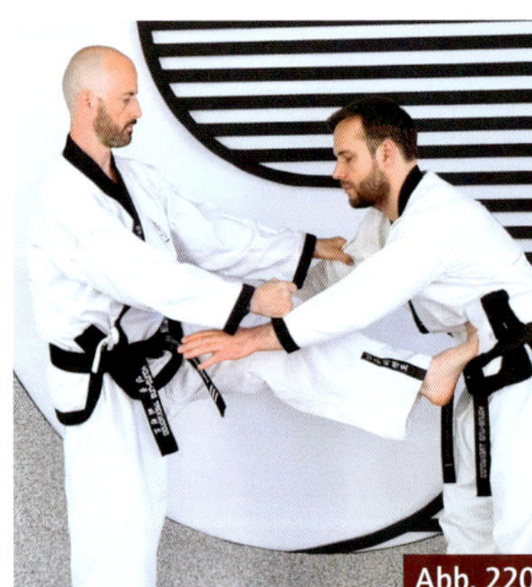
Abb. 220

. . . nachgesetzt wird mit einem Tritt zu Bauch oder Unterleib . . .

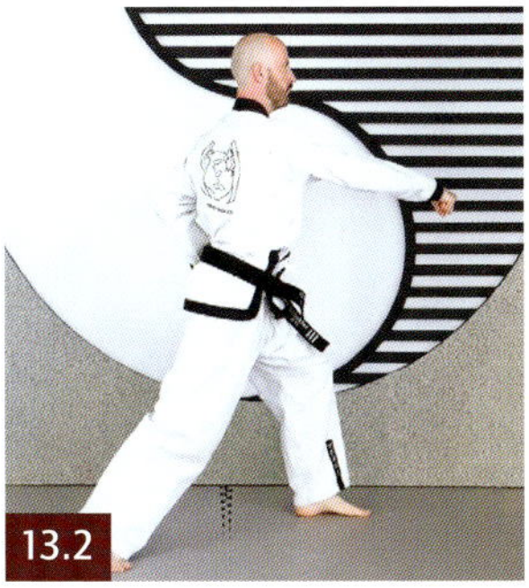

13.2

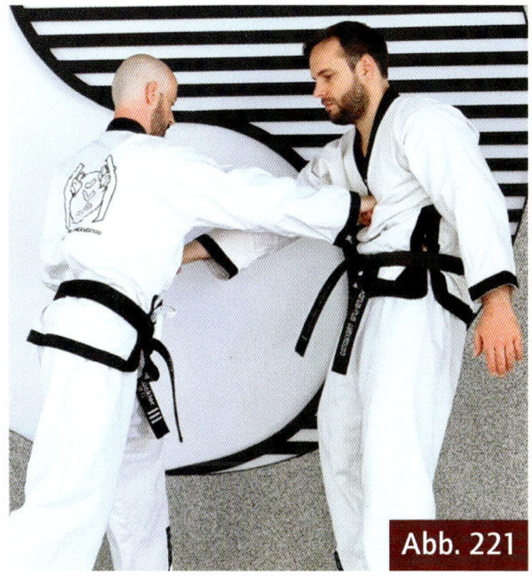

Abb. 221

. . . es folgt ein Fauststoß zum Solarplexus . . .

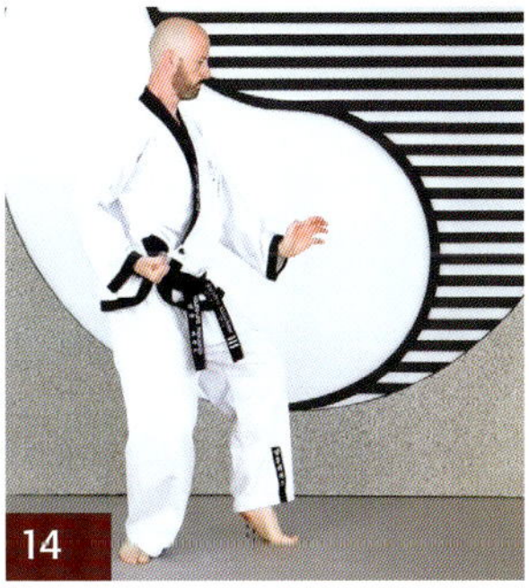

14

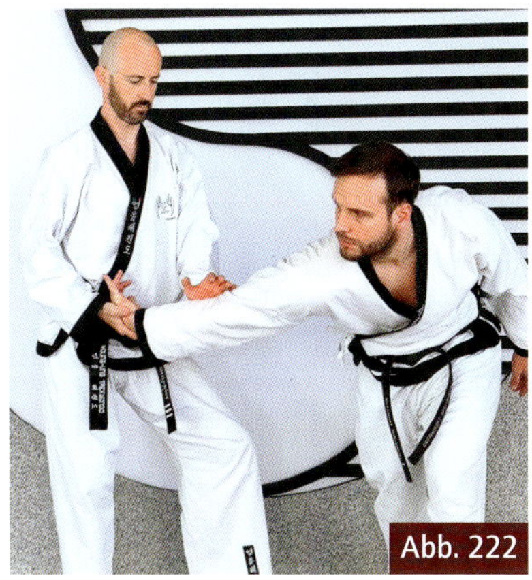

Abb. 222

. . . der Ellbogenhebel fixiert schließlich den Angreifer.

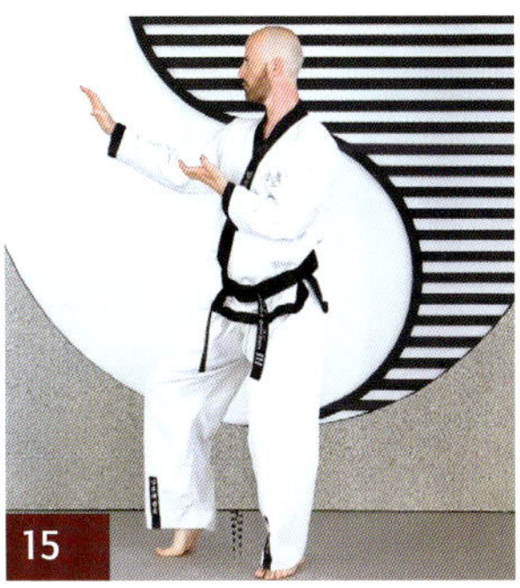

15

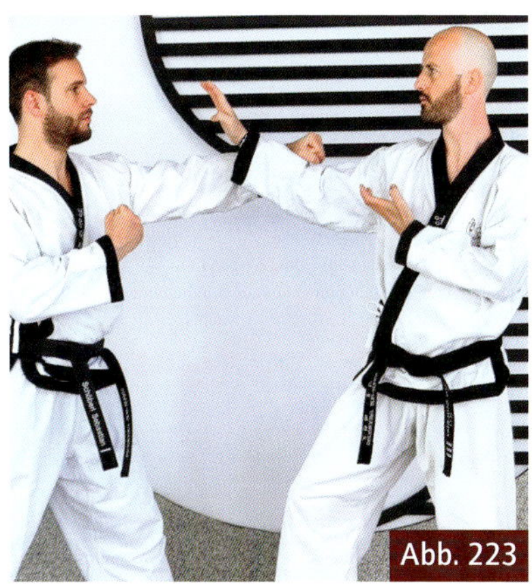

Abb. 223

Dieselbe Technik (Batangson Arae Makgi) hier als Schlag gegen den Ellbogen oder als Kontroll-(Hebel-) Technik. Wird die Technik als Hebel verwendet, sollte der Handballen am Trizepsansatz Druck ausüben (Abb. 222).

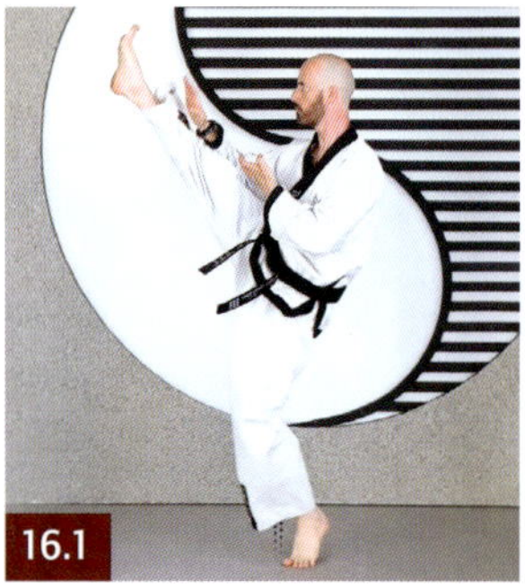
16.1

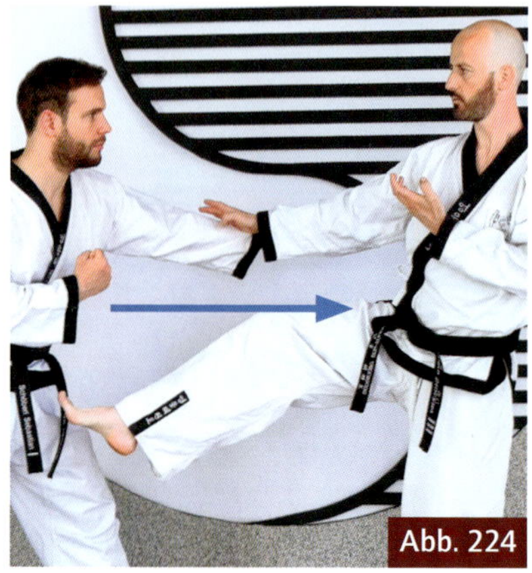
Abb. 224

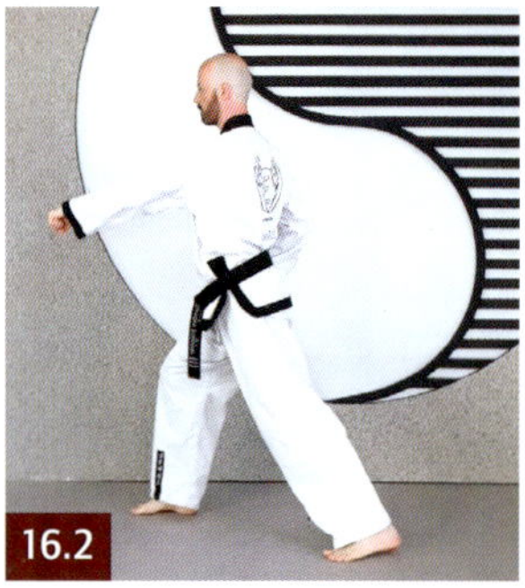
16.2

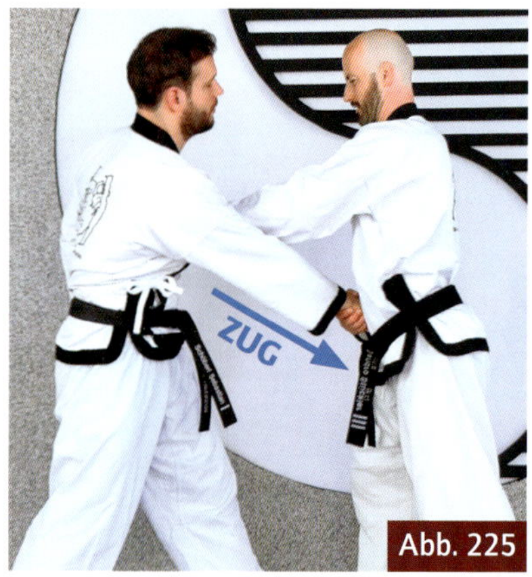

Abb. 225

Die rechte Hand des Verteidigers hat hier den Angiff „übernommen".

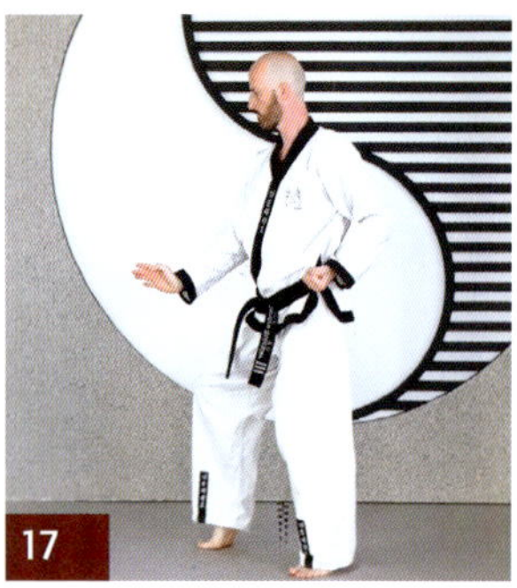
17

Auch hier wird der Handballenblock noch einmal als sogenannte *Take-Down-Defense* gezeigt. Das Knie bietet zusätzlichen Schutz und eine der Hände des Gegners wird gepackt und zur Kontrolle genutzt (Abb. 226).

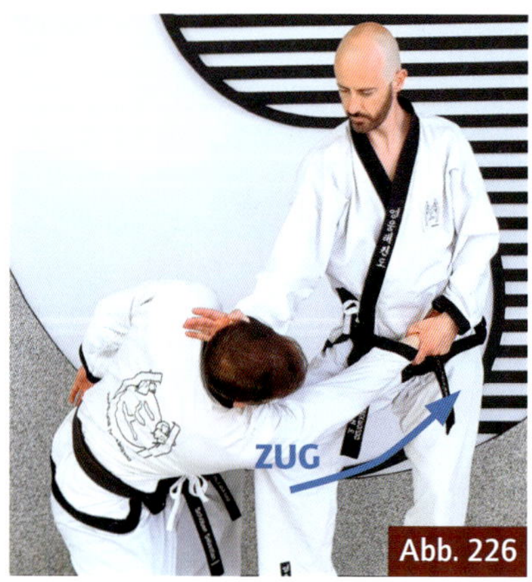

Abb. 226

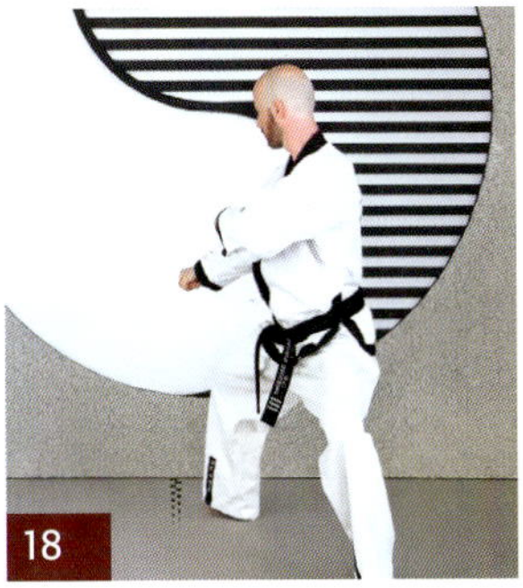

18

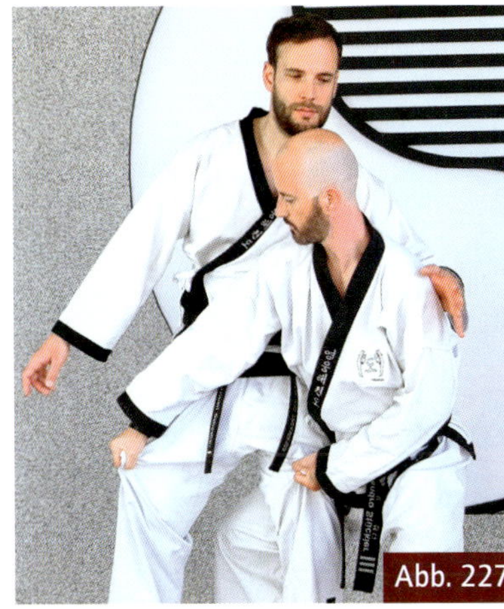

Abb. 227

Der Geodeureo Palmok Arae Makgi wird hier in der Anwendung als Wurftechnik gezeigt. Der Gegner wird hierbei nahe dem Körperschwerpunkt über den Oberschenkel geworfen. Sehr enger Kontakt zum Gegner erleichtert die Wurftechnik.

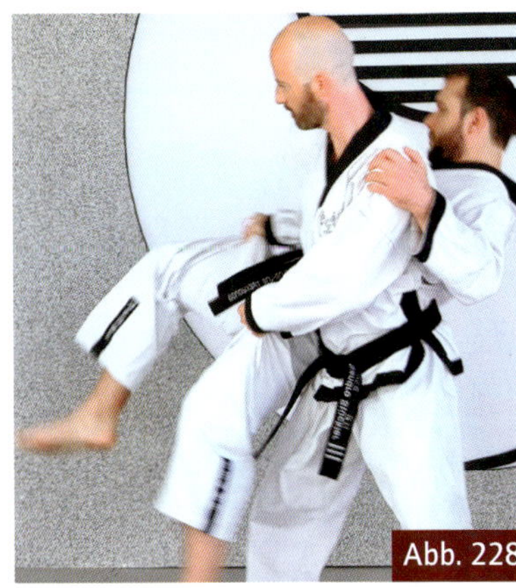

Abb. 228

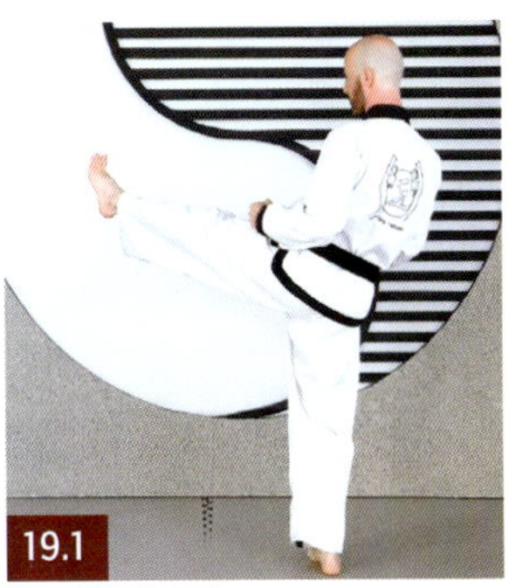

19.1

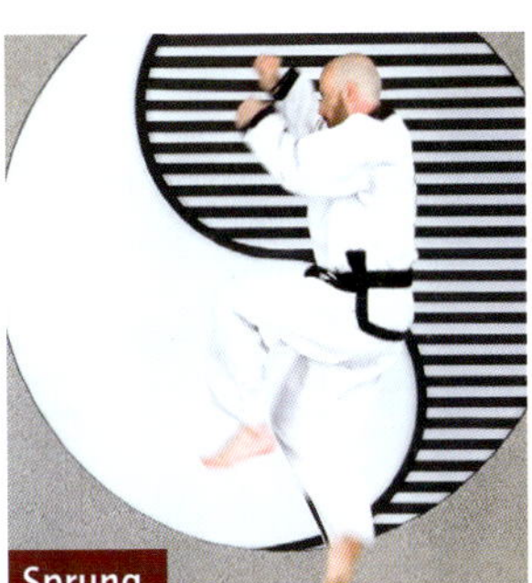

Sprung

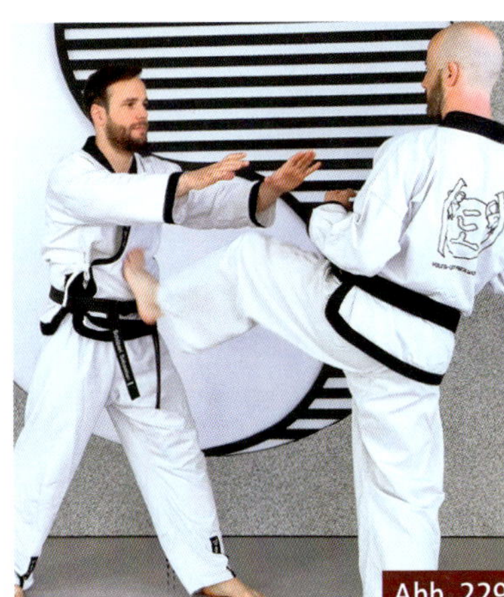

Abb. 229

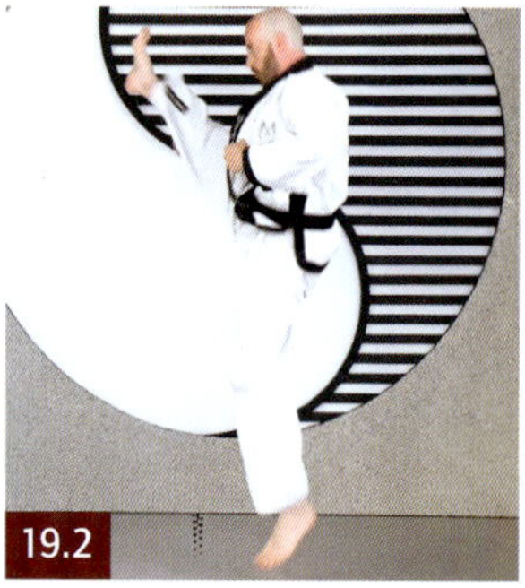
19.2

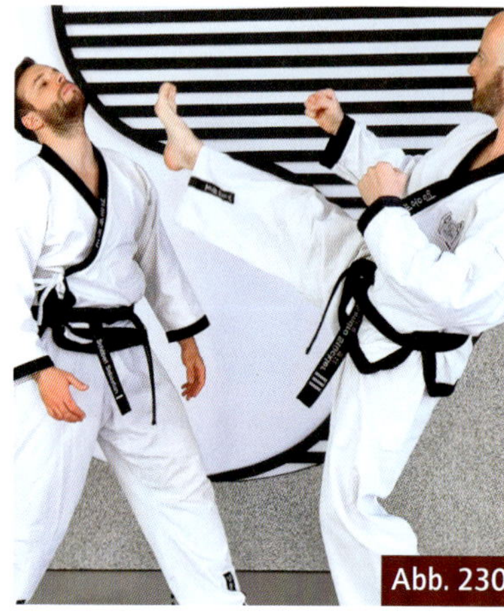
Abb. 230

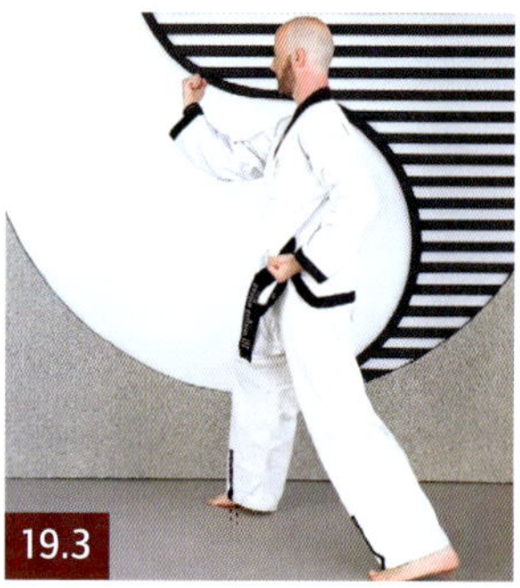
19.3

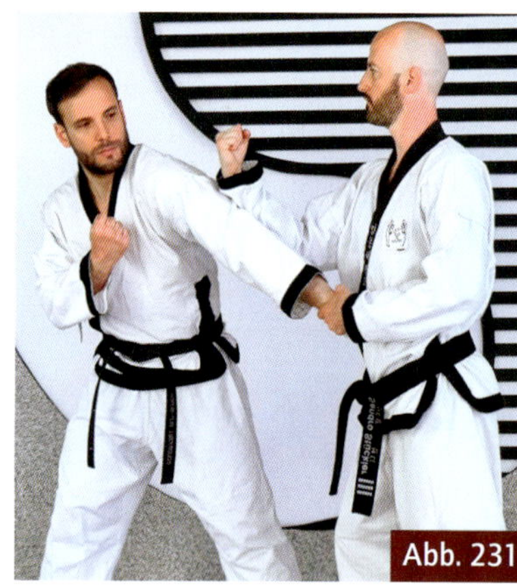
Abb. 231

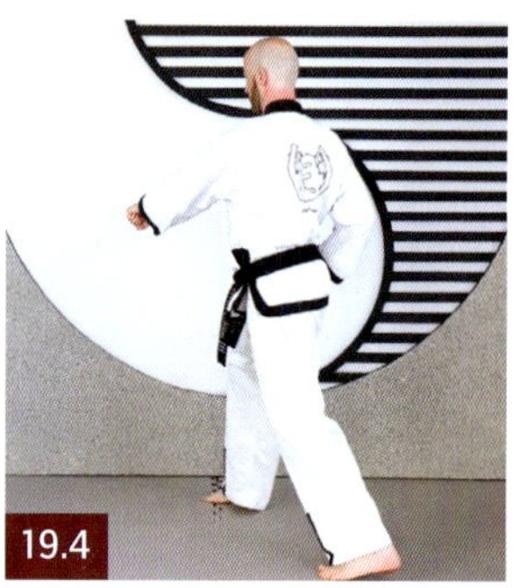
19.4

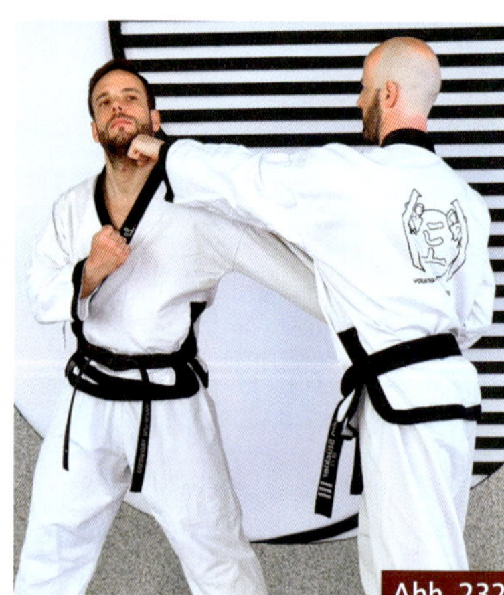
Abb. 232

Der Sprung Ap-Chagi kann sehr effektiv gegen die Kinnspitze des Gegners ausgeführt werden. Dies empfiehlt sich allerdings nur für geübte Athleten. Alternativ dient der Unterleib als Zielgebiet (Abb. 230).

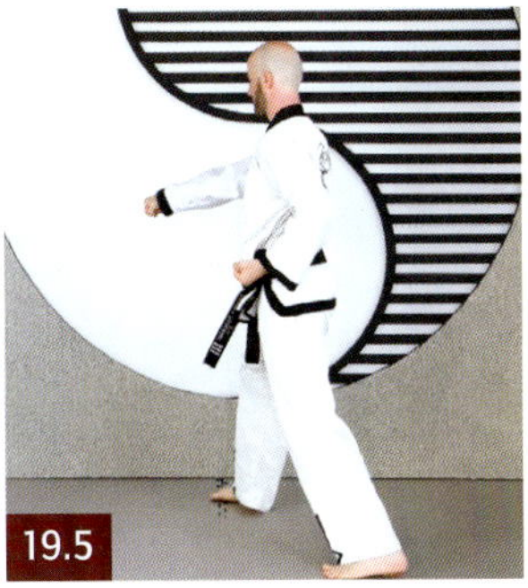

19.5

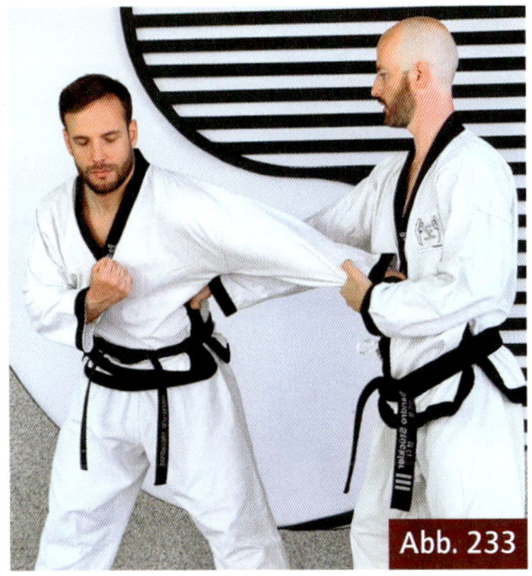

Abb. 233

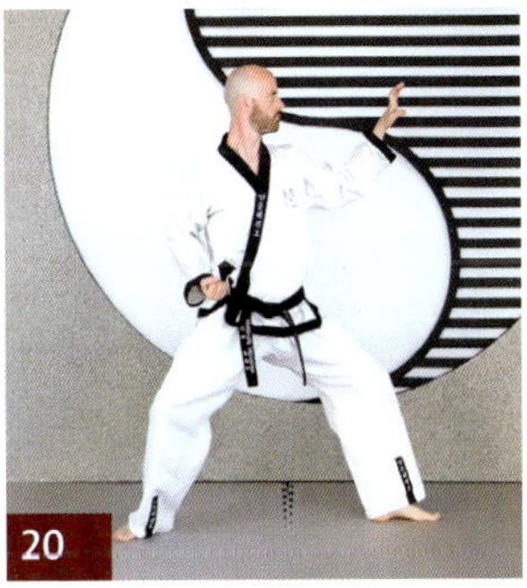

20

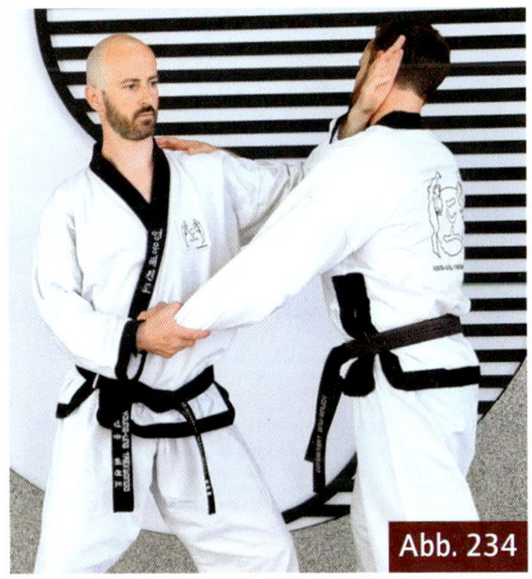

Abb. 234

Kontrolle der angreifenden Hand samt Schlag an die Karotis

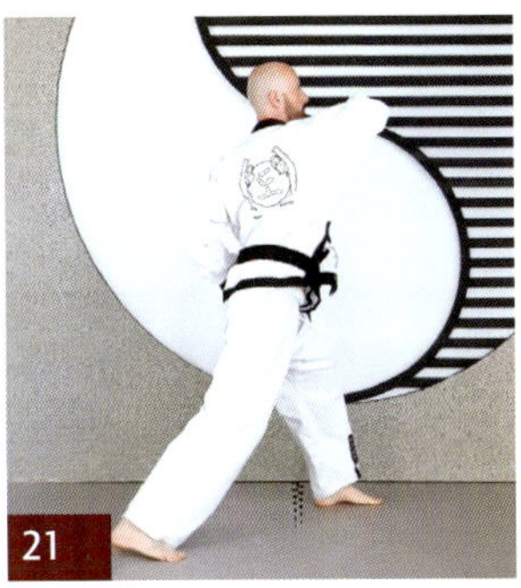

21

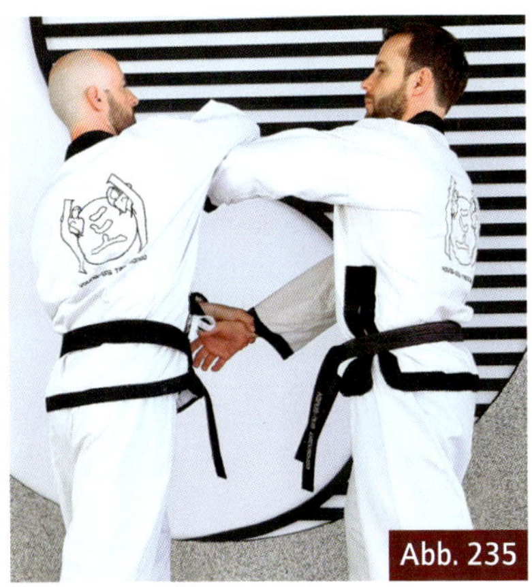

Abb. 235

Eine Hand fixiert die „Greifhand" des Gegners, während die zweite einen Schlag zum Hals ausführt (Abb. 234). Der Ellbogen in Bewegung 21 dient als Befreiung gegen einen Griff zum Handgelenk (Abb. 235).

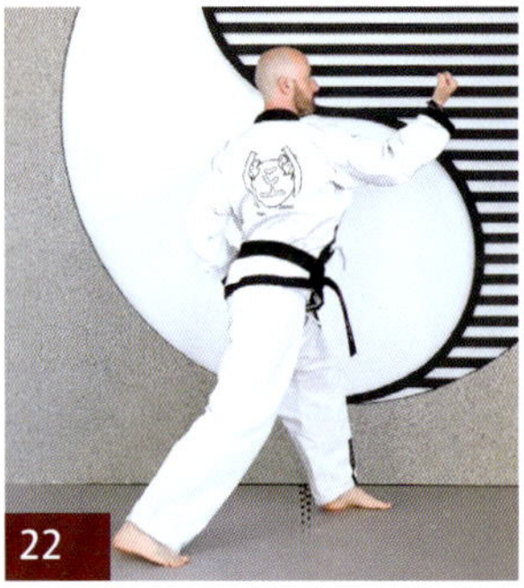
22

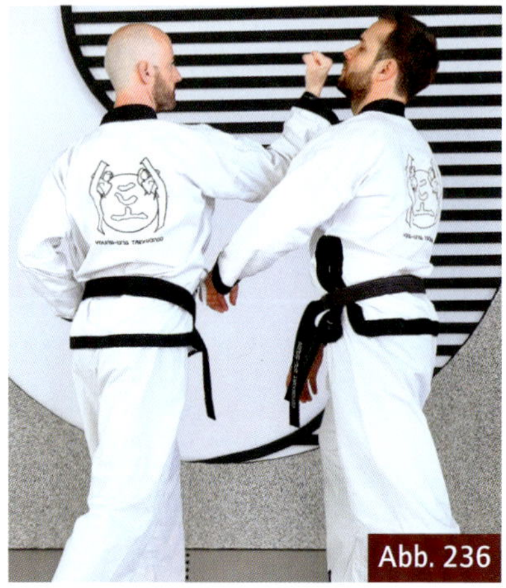
Abb. 236

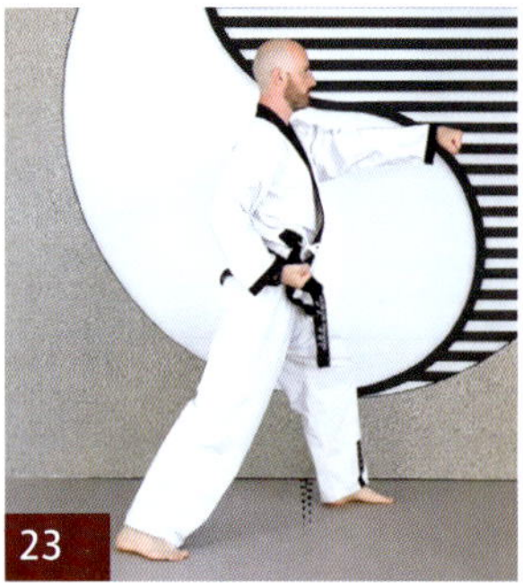
23

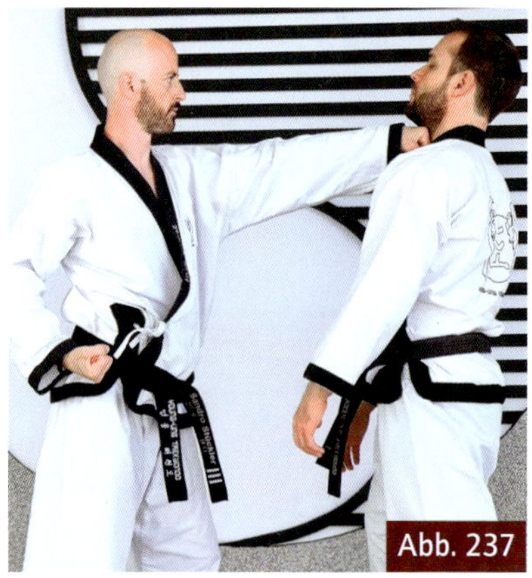
Abb. 237

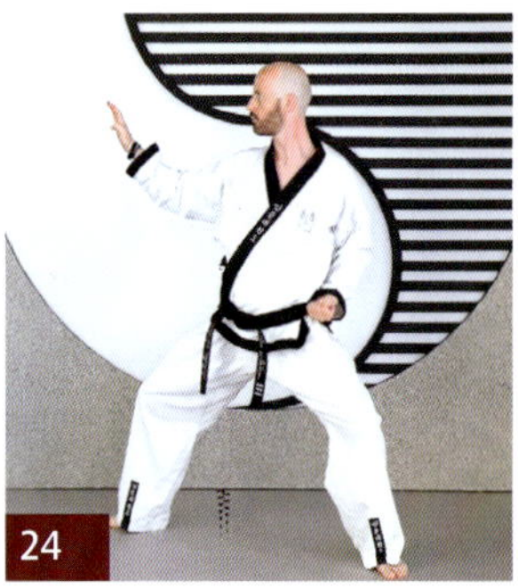
24

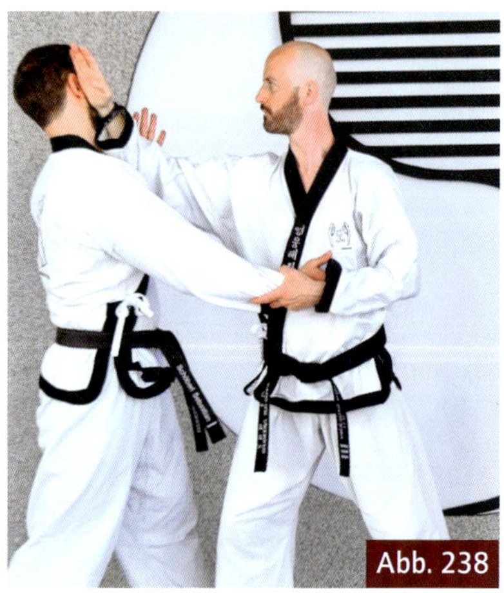
Abb. 238

Die Bewegung 22 kann sowohl als zweiter Teil der Befreiungsbewegung (in Verbindung mit 21) verwendet werden oder (falls man bereits „freie Hand" hat) als nachgesetzter Faustrückenschlag.

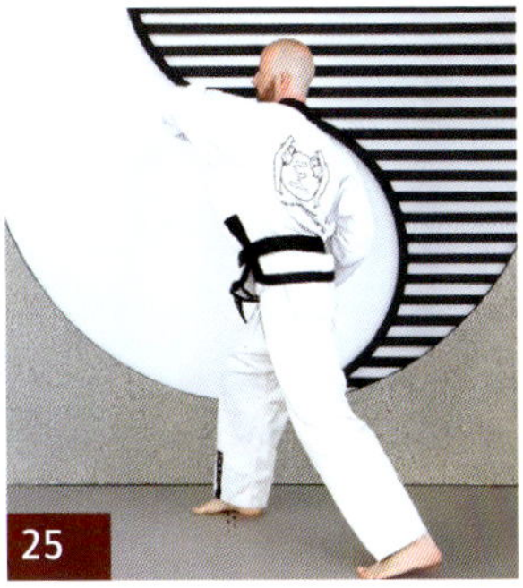

25

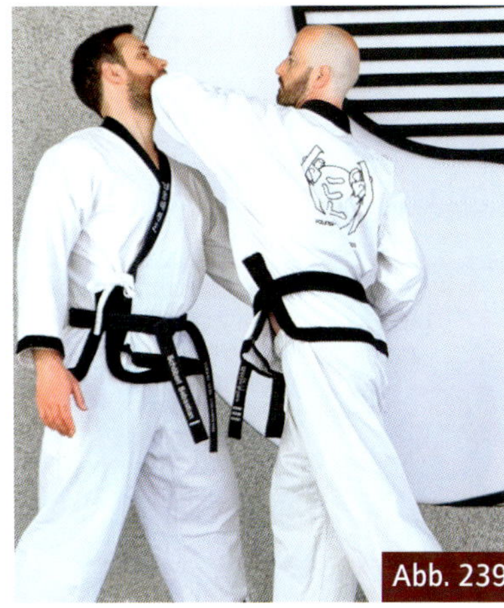

Abb. 239

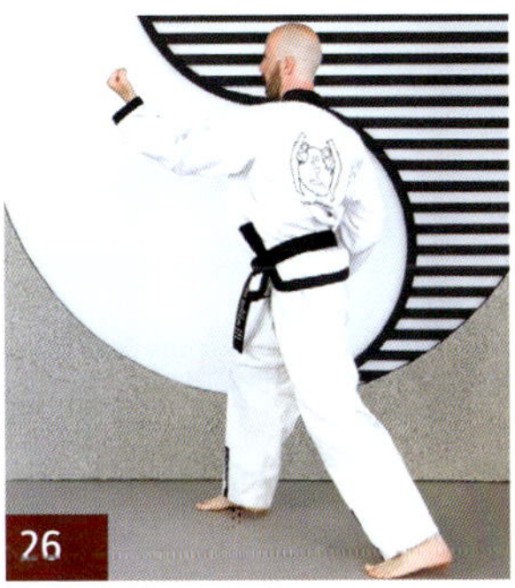

26

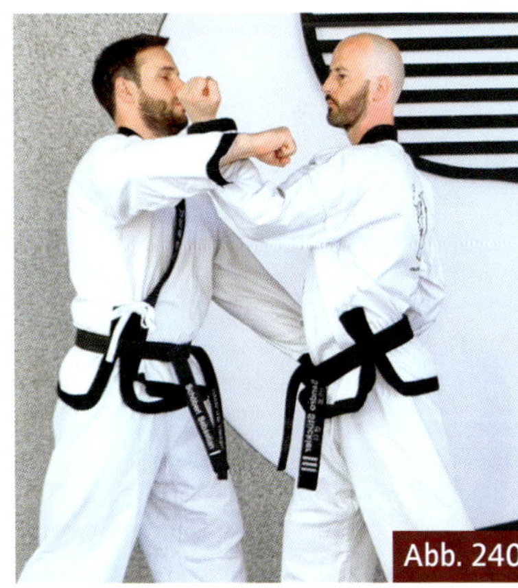

Abb. 240

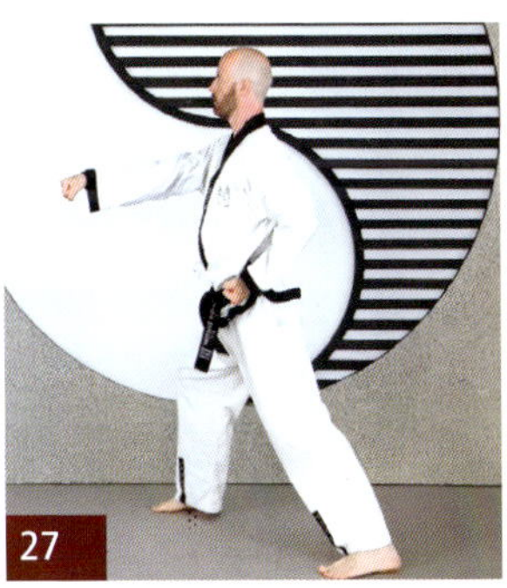

27

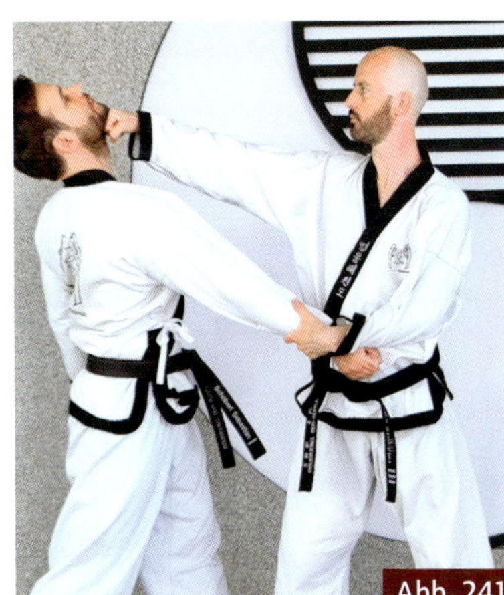

Abb. 241

Abb. 239 zeigt eine alternative Sequenz. Hierbei geht der Ellbogenschlag zum Unterkiefer und der „Faustrückenschlag" blockt einen Konterversuch des Angreifers (Abb. 240). Der Fauststoß schließt dann ab.

4.5 Beispiele zur Multifunktionalität der Basistechniken

Arae Makgi (Hadan Makgi)

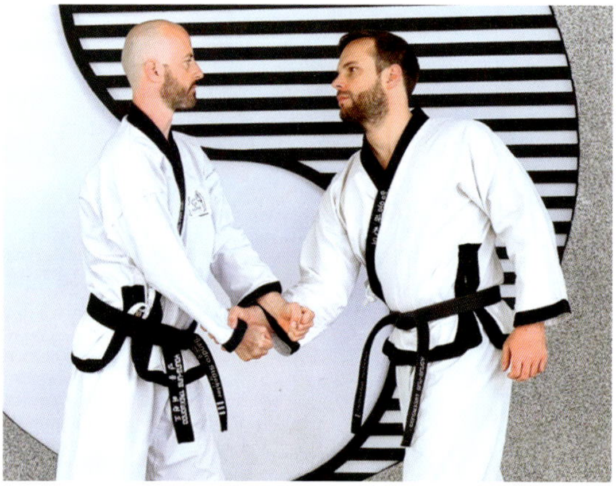

Der Tiefblock oder Arae Makgi. Eine einfache, aber sehr effektive Befreiung gegen einen Griff zum Handgelenk. Bei korrekter Ausführung wird genau der Radialisnerv beim Angreifer getroffen. Der Gegenzug der zweiten Hand verstärkt die Wirkung der Befreiung stark, und ist daher zu beachten.

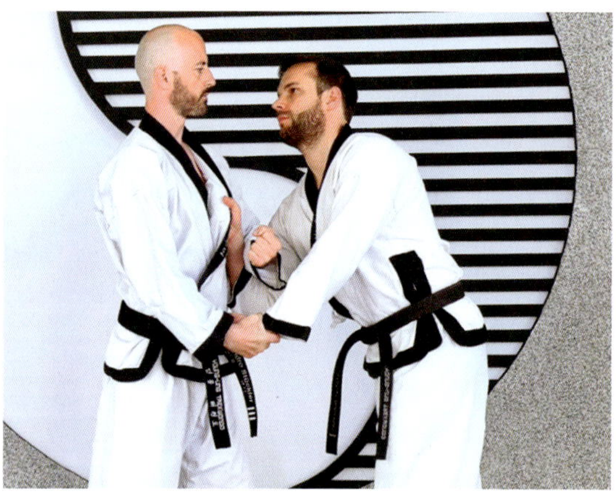

Hier wird der Verteidiger am Revers gepackt. Der Tiefblock wird im Bild mit der linken Hand gegen die Ellbogenbeuge des Angreifers ausgeführt. Dies hindert ihn daran, die Hand zum Einsatz zu bringen. Gleichzeitig wird er durch den Schlag in die Ellbogenbeuge nach vorne gezogen und destabilisiert.

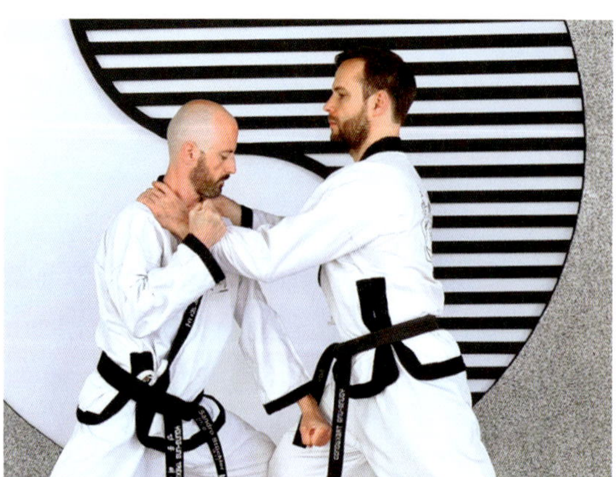

In einigen Situationen kann die Technik auch als Schlag verwendet werden. Diese Technik dient als Ablenkung für eine darauf folgende Technik. Das Setzen eines Schlags zum Unterleib kann den Gegner dazu verleiten, seine Deckung zu vernachlässigen und eröffnet neue Möglichkeiten.

Momtong Makgi (Jungdan Makki)

Die „klassische" Anwendung des Unterarmblocks nach innen. Zu beachten ist, dass hierbei jene Hand, die den Block ausführt, auch zum Setzen eines Konters geeignet. ist. Ähnlich dem „Anbinden" einer Klinge im Fechten, führt dieselbe Klinge nach der Parade den Angriff.

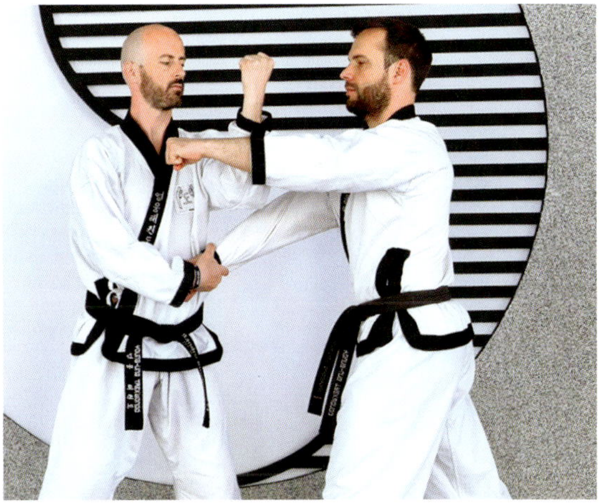

Wird die Bewegung als Armhebel gegen den Trizepsansatz verwendet, sollte man am besten versuchen, mit der Elle etwa eine Handbreite über dem Ellbogen möglichst fest gegen den Muskel zu drücken. Je mehr der Gegner dabei gezogen wird, desto besser funktioniert der Hebel.

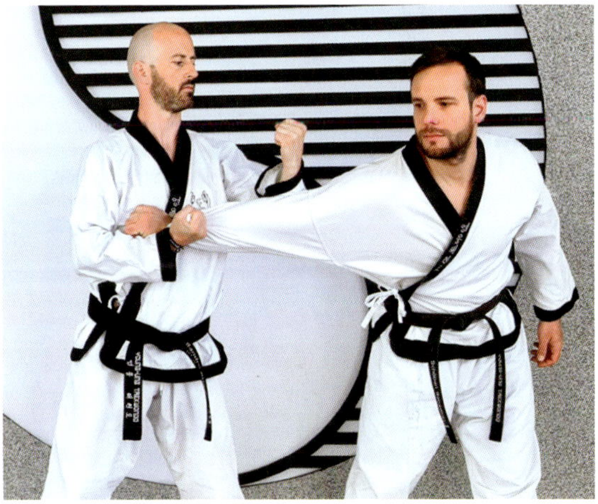

Als Hammerfaustschlag gegen den Unterkiefer entfaltet der Mitteblock eine verheerende Wirkung. Der Schlag geht als leicht peitschenartige Bewegung an die Seite der Kinnspitze und kann zur Bewusstlosigkeit des Gegners führen. Die Drehung von Oberkörper und Hüfte verleiht dem Schlag Wucht.

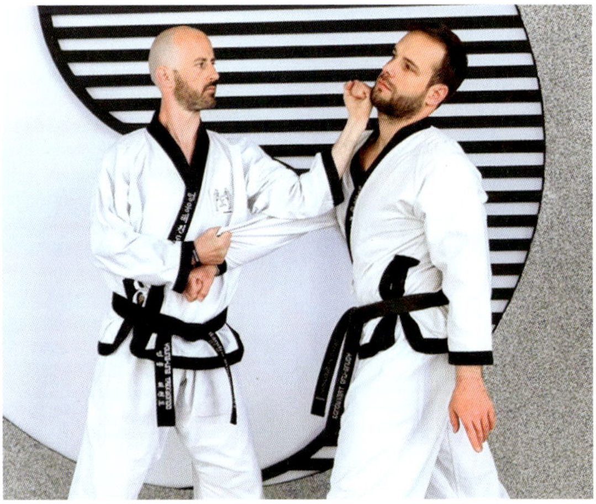

Ulgul Makgi (Chukyo Makki)

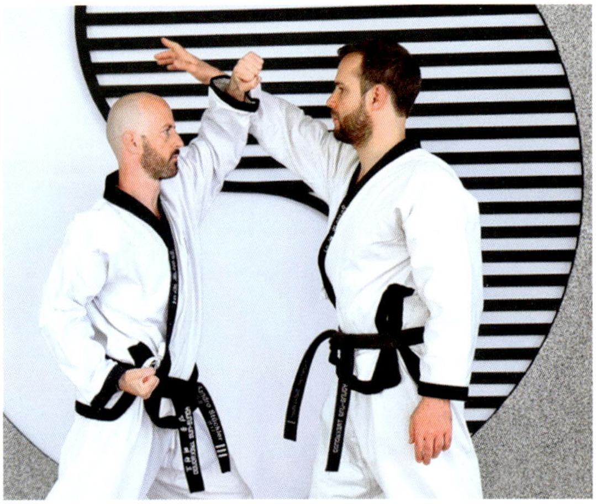

Hier wird die Hand, noch während des Versuchs des Gegners zu greifen, nach oben gerissen und vereitelt somit seinen Griff zu Schulter oder Hals etc. Das antizipierende (vorausahnende) Blocken eines Angriffs stellt immer die beste Option dar, da es dem Gegner noch nicht möglich ist, richtig zuzupacken.

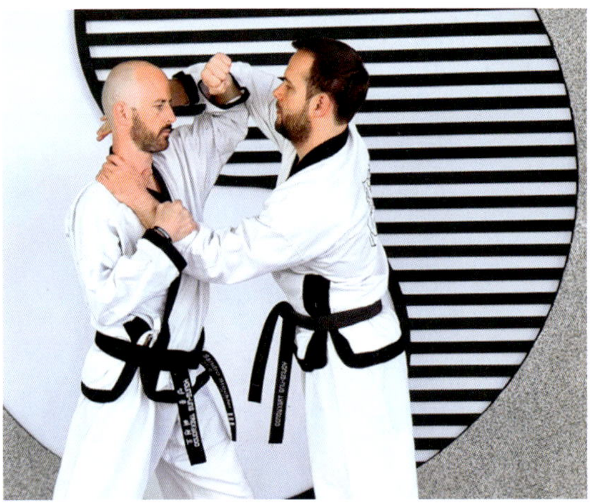

In dieser Situation wurde der Verteidiger bereits am Hals gepackt. Der „Hochblock" schlägt nun eine angreifende Hand nach oben weg. Die zweite Hand wird verwendet, um die zweite Hand des Gegners zu kontrollieren.

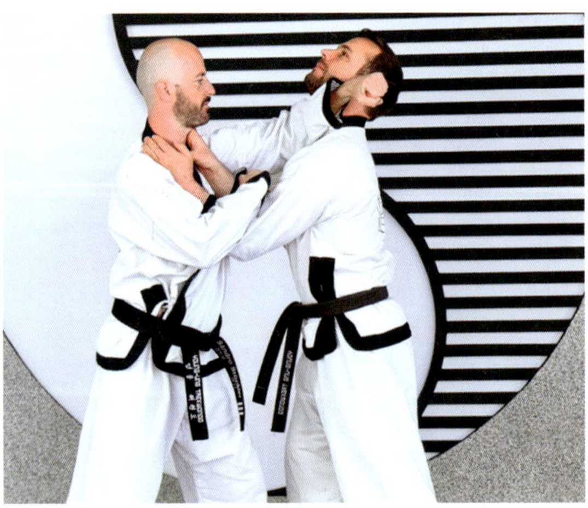

Die dritte Variante kann gegen den gleichen Angriff wie in Situation 2 erfolgen (Griff zum Hals). Jetzt wird aber nur eine Hand verwendet, um die Hände des Gegners zu kontrollieren. Die (freie) zweite Hand führt direkt einen Schlag zum Hals oder Unterkiefer des Gegners, wobei hier der Unterarm zuschlägt.

Sonal Momtong Makgi (Sudo Taebi Makki)

Abwehr eines Geraden- oder Hakenfauststoßes mit dem offenen Block (Geodeureo Sonal Momtong Makgi). Die hintere Hand kontrolliert hier z. B. nach einem Griff zum Revers. Beide Hände des Verteidigers bleiben hier einsatzfähig. Zugreifen oder Techniken mit beiden Händen sind möglich.

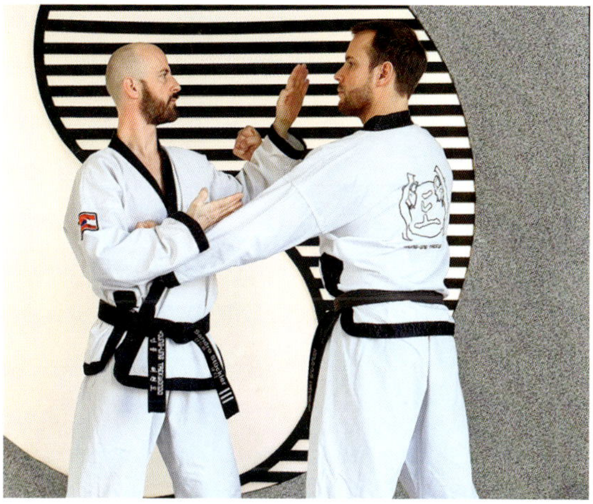

Gegen einen Griff zum Revers kann die „hintere" (also die körpernähere) Hand die angreifende Hand sichern. Die (freie) Führhand kann einen Schlag zum Hals des Gegners (siehe Anhang Schmerzpunkte) setzen. Dieser kann sowohl mit der Handkante als auch mit dem Unterarm ausgeführt werden.

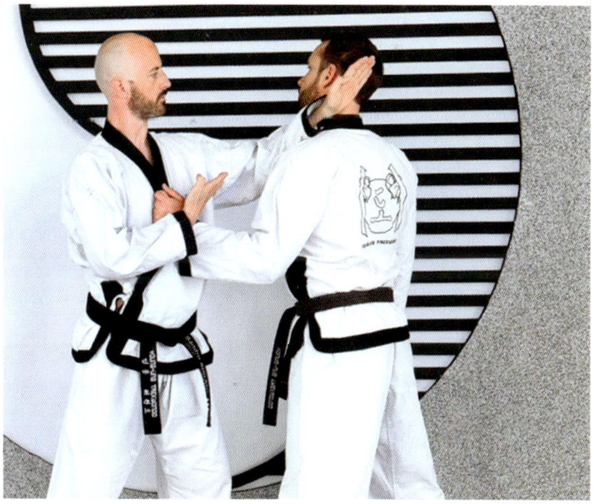

Hier wird eine Variante zur ganz oben dargestellten Möglichkeit gezeigt. Der Verteidiger drückt hier vorbeugend gegen den Oberarm des Angreifers, um diesen frühzeitig am Schlag zu hindern. Die hintere Hand ist abwehrbereit, könnte bei Gefahr in Verzug aber auch präventiv schlagen oder stechen.

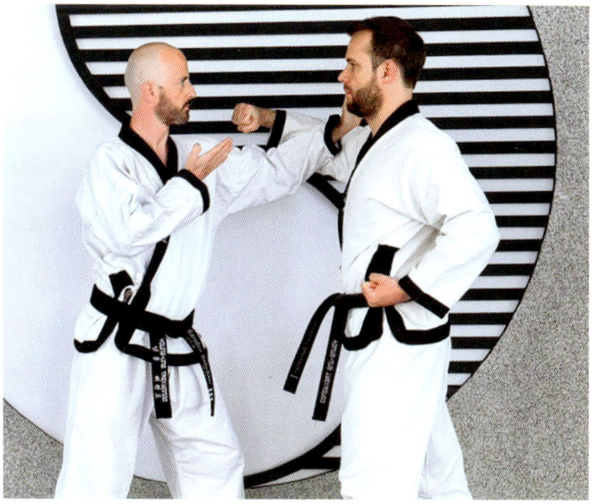

Pyonsonkeut Jireugi (Kwansu Tulki)

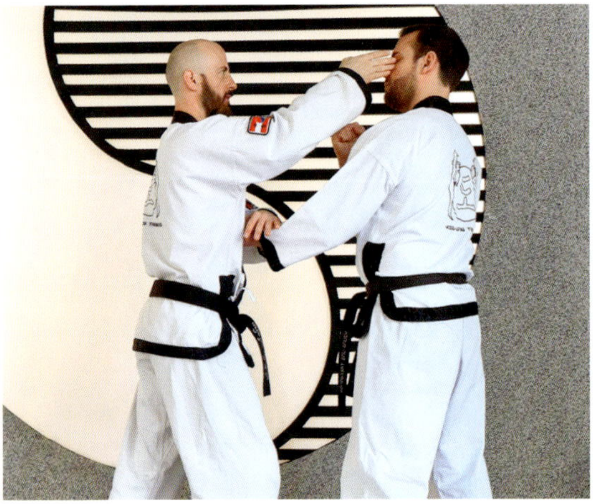

Die linke Hand des Verteidigers blockiert und kontrolliert die Führhand des Angreifers, indem diese nach unten gedrückt wird. Dadurch wird die Bahn frei für einen Stich mit den Fingerspitzen in Richtung der Augen des Gegners.

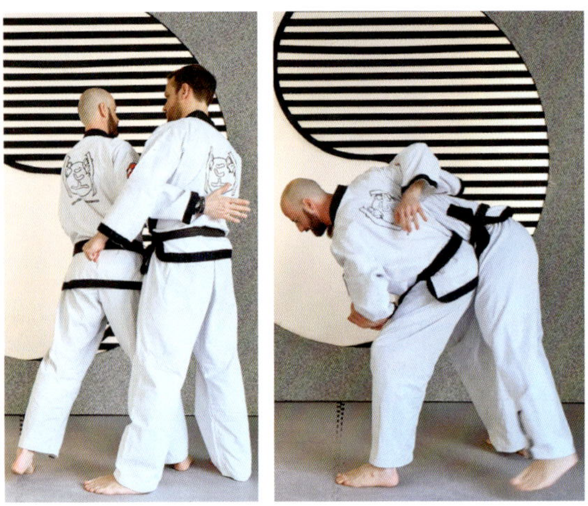

Eine alternative Anwendung der Technik ist der Hüftwurf. Der „Stich" wird dabei verwendet, um hinter den Gegner zu fassen und diesen über die Hüfte zu werfen.

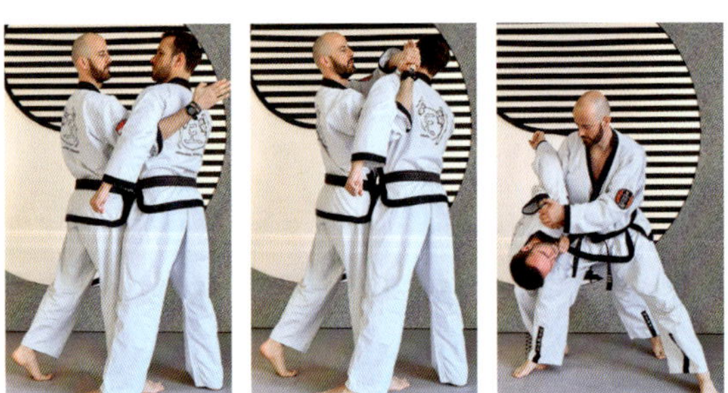

Eine weitere Möglichkeit ist das Ansetzen eines Schulterhebels. Hierbei „sticht" die Hand des Verteidigers wiederum zwischen Arm und Körper. Dann verstärkt die zweite Hand durch das Fassen der eigenen Hand den Griff. Durch eine Körperdrehung lässt sich der Gegner dann gut sperren.

Deung Jumeok Ap-Chigi

Der Bewegungsablauf des Faustrückenschlags lässt sich (zum Beispiel nach einem Griff der rechten Hand des Angreifers an die Rechte des Verteidigers) sehr gut als Befreiungs- bzw. Hebeltechnik verwenden. Nach der Drehung braucht nur noch die zweite Hand den Hebel zu fixieren.

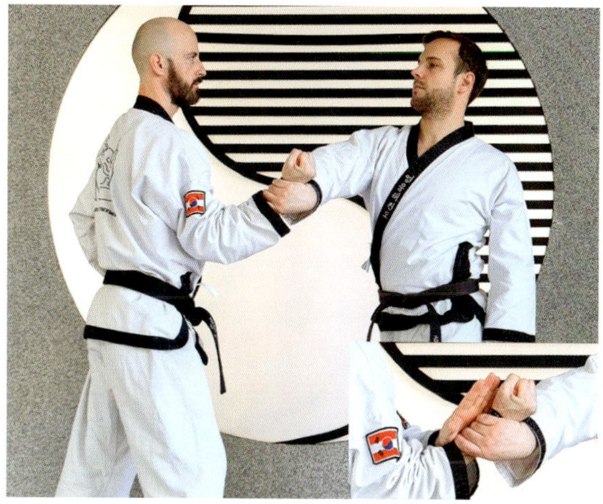

Natürlich ist die Bewegung als Schlag mit dem Faustrücken oder den Knöcheln gegen die Nasenspitze, das Philtrum (Nasenwinkel), sowie auf die Augenbrauen oder den Oberkiefer gut zu verwenden. Die Technik ist schmerzhaft, macht den Gegner aber nicht zwingend kampfunfähig.

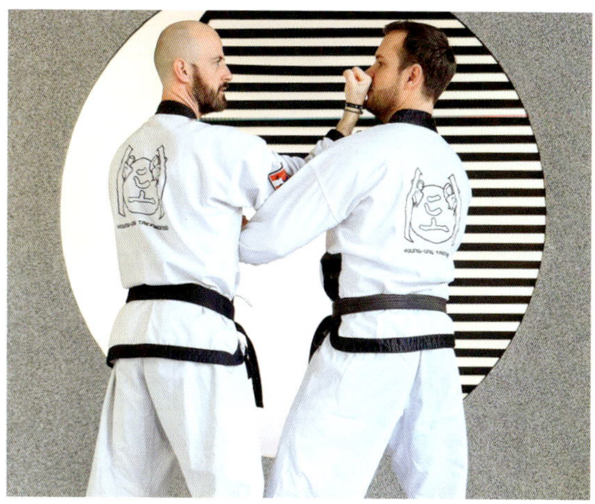

Wird der Verteidiger an der Schulter gepackt, kann mit der kreisförmigen Bewegung ein Schulterhebel angesetzt werden, der als Kontroll- oder Transporttechnik verwendet werden kann. In der siebten Poomsae wird die Fixierung nach dem Schulterhebel gezeigt (vgl. Abb. 181).

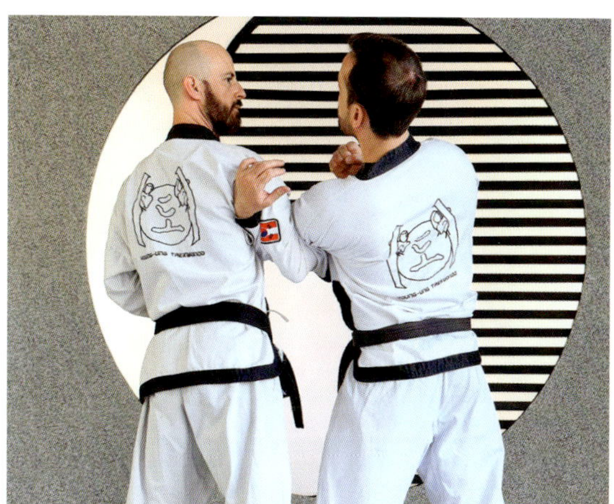

Gawi Makgi

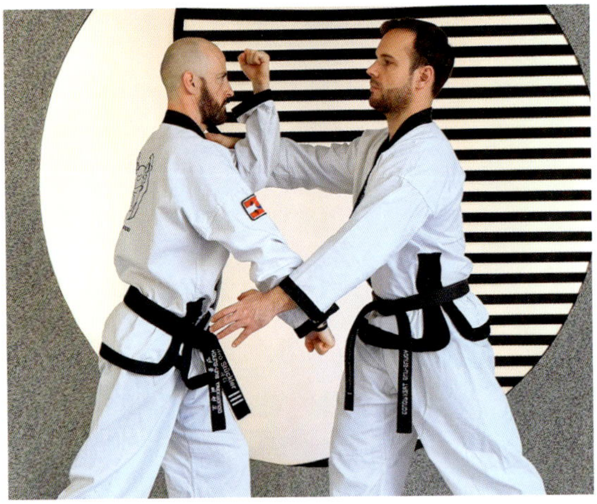

Der Gawi Makgi ist im Prinzip eine gleichzeitige Verwendung des Tiefblocks „Arae Makgi" mit der einen, und des Mitteblocks „Momtong Magki" mit der anderen Hand. Dadurch ergibt sich die Möglichkeit, gleichzeitig mehrere Angriffe auf verschiedenen Höhen zu parieren.

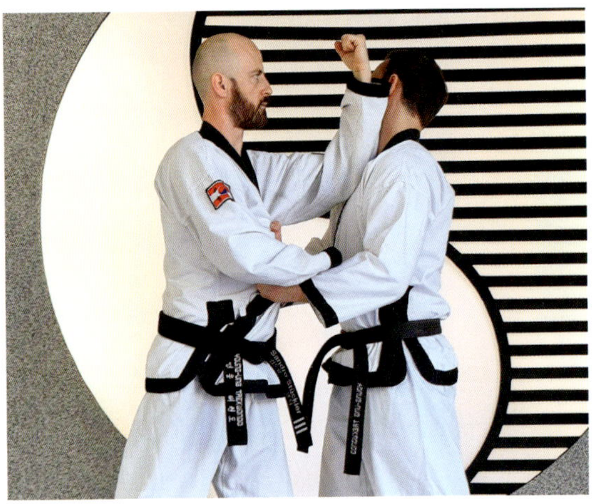

Hier wird der Tiefblockanteil der Technik verwendet, um den Griff des Gegners zu kontrollieren und die Hand, welche den Mitteblock ausführt, vollzieht eine Schlagbewegung mit der Radialseite (mit der Speiche) des Unterarms zum Unterkiefer des Angreifers.

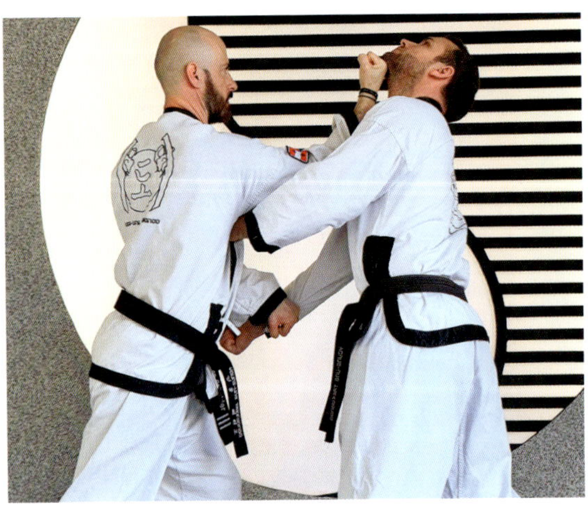

Hier wurde der Tiefblock frühzeitiger gesetzt, sodass der Gegner noch nicht zugreifen konnte. Die Abwehrbewegung wird hier mit einem direkten und gleichzeitigen Konterschlag kombiniert.

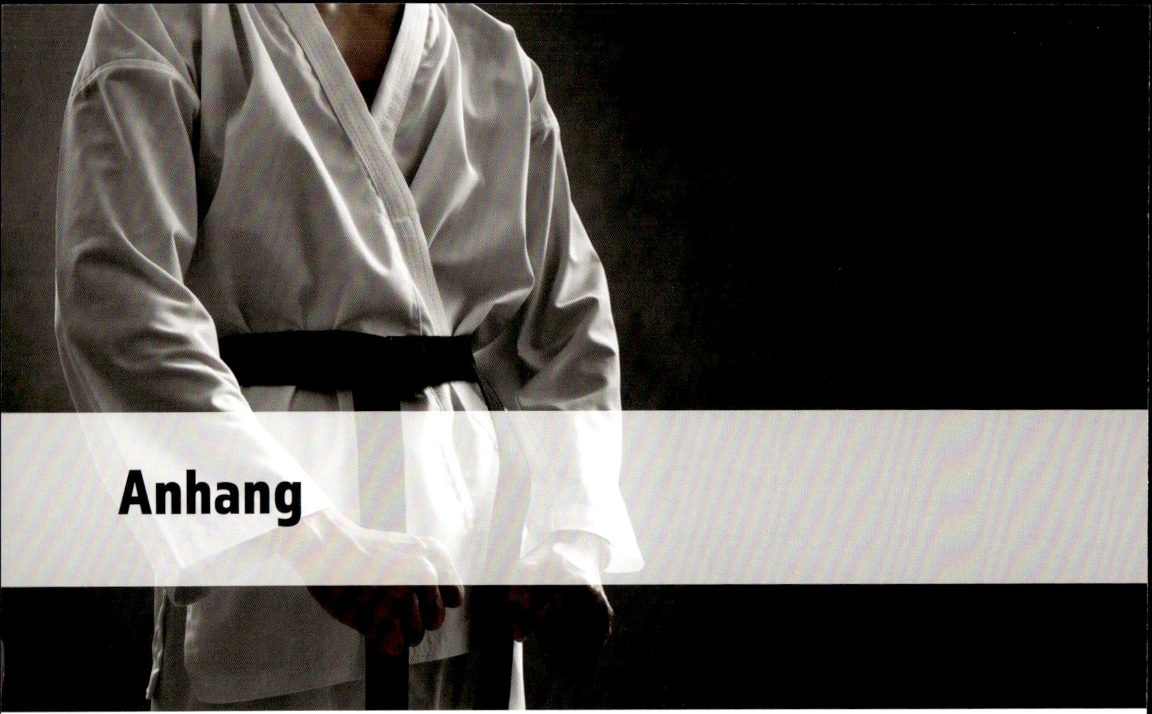

Anhang

1 Schmerzpunkte

In den Anwendungen zielen die Angriffe immer auf bestimmte Punkte oder Zonen ab, die besonders für Angriffe geeignet sind, da an eben diesen Stellen der stärkste Effekt zu erwarten ist. Wir wollen hier die attraktivsten Ziele in zwei Kategorien einteilen, in absolute K.-o.-Punkte, also Primärziele (links) und in Punkte, die ebenfalls Schaden verursachen, aber nicht zwangsweise zur Ohnmacht oder Kampfunfähigkeit führen, die Sekundärziele (rechts).

Diese Auswahl ist willkürlich und gründet sich auf langjährige Erfahrung. Des Weiteren verzichten wir hier auf die Unterscheidung von Punkten im Gegensatz zu Trefferzonen. Ideal sind ohnehin Punkte, bei welchen der Effekt unabhängig von einem millimetergenauen Treffer ist.

A: Das Auge bietet den Vorteil, dass es zumeist exponiert, also gut sichtbar ist und daher einfacher zu treffen ist als andere Schmerzpunkte. Stiche oder Kratzer (auch mit geringer Körperkraft ausgeführt) sind sehr schmerzhaft und beeinträchtigen den Gegner stark.

Dennoch sollte im Auge behalten werden, dass ein Augenstich den Gegner eventuell nicht kampfunfähig macht. Es sollte also eventuell noch eine Folgetechnik ins Auge gefasst werden, falls eine schnelle Flucht nicht möglich ist.

B: Die Kinnspitze, vor allem von der Seite getroffen, ist nicht zufällig bei Boxern das Primärziel schlechthin. K.-o.-Schläge erfolgen zu großen Teilen an diesen Punkt. Eine Erklärung ist die Verdrehung im Bereich der Halswirbelsäule in zwei Achsen, welche dieser Schlag auslöst. Ohnmacht ist oft die Folge dieses Traumas.

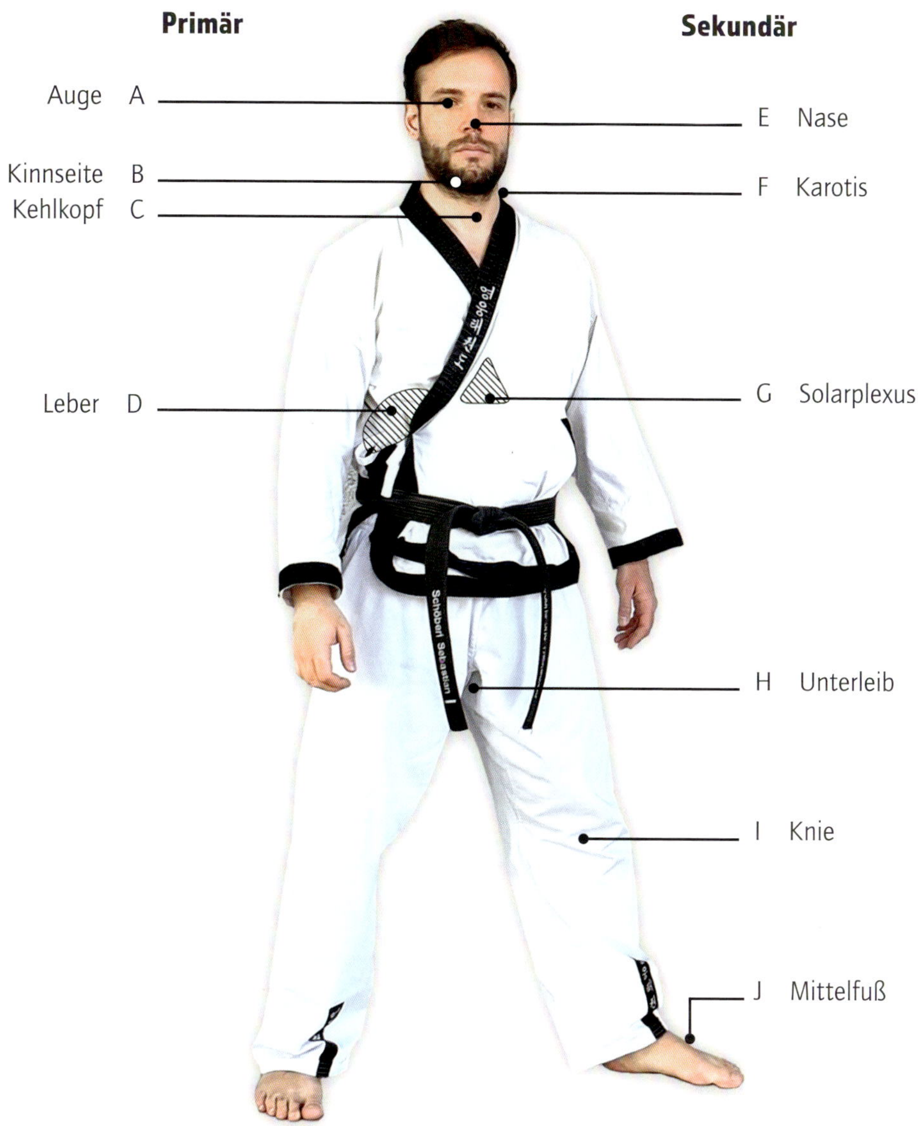

C: Schläge zum Kehlkopf sind jedenfalls sehr schmerzhaft. Sie führen oft zu Problemen bei der Atmung und es können weitere Komplikationen auftreten. Wenngleich dieser Punkt nicht unmittelbar zur Ohnmacht führt, verzeichnen wir ihn hier aufgrund seiner Gefährlichkeit, seiner einfachen Identifizierbarkeit und seiner in jedem Fall starken Wirkung als Primärziel.

D: Für die Leber gilt Ähnliches wie für die Kinnspitze. Der Leberhaken ist unter Boxern zu Recht gefürchtet. Wird die Leber von einem Fauststoß oder Fußtritt entsprechend getroffen, ist es kaum möglich, einem solchen Treffer zu widerstehen. Dies ist grundsätzlich unabhängig vom subjektiven Schmerzempfinden des Gegners. Wird die Leber getroffen, bleibt einem die Luft weg, zumindest für einige Minuten. In ungünstigen Fällen kann es zu einer Leberruptur kommen, was fatale Folgen hätte. Aufgrund der Größe des Organs und der gemeinhin bekannten Lage bietet die Leber ein lohnendes Ziel im Ernstfall.

E: Mit Nase ist hier im konkreten Fall die Nasenspitze gemeint, und zwar wird mit einem Fauststoß oder mit dem Handballen gerade von vorne getroffen. Der Knorpel wird getroffen und der Schlag löst Schmerzen und eventuell einen starken Tränenfluss aus. Es ist zu beachten, dass je nach Schmerz-(Un-)Empfindlichkeit des Gegners nicht unbedingt mit einer Kampfunfähigkeit zu rechnen ist.

F: Speziell wenn die Karotis (Halsschlagader) in der Mitte des Halses (Glomus caroticum) getroffen wird, kann daraus ein K.-o.-Schlag werden. Die Schlagtechnik, um von der Seite genau an die richtige Stelle einen wirksamen Treffer zu setzen, benötigt aber einiges an Training zur Entfaltung der geeigneten Wirkung. Dies ist auch der Grund, warum der Punkt hier als Sekundärziel geführt wird, einfach weil es nicht für jedermann möglich ist, hier einen wirksamen Schlag zu setzen (bei den Augen ist dies beispielsweise völlig anders).

G: Der Solarplexus ist gemeinhin bekannt als Trefferzone für Fauststöße. Er erweist sich insbesondere dann als günstig, wenn man den Gegner NICHT nachhaltig verletzen möchte. Natürlich kann es auch hier Komplikationen geben. Meist erholt man sich aber, nachdem kurz die Luft weggeblieben ist, recht rasch wieder. In einer Notfallsituation sowie bei körperlicher Unterlegenheit wäre vom Solarplexus als Trefferzone aus den genannten Gründen eher abzuraten.

H: Der Unterleib, oder namentlich beim Mann die Hoden, sind als Trefferzone hinlänglich bekannt. Es wird daher eventuell für Verwunderung sorgen, dass sich dieser Bereich unter Sekundärziele findet. Dies gründet sich auf folgende Ursachen: Er ist nicht aus jeder Situation heraus einfach gut zu treffen. Die individuelle Schmerzempfindlichkeit ist sehr unterschiedlich und kann durch den Einfluss von Drogen noch einmal verändert werden. Ein Treffer führt nicht zwangsläufig zur Ohnmacht oder Kampfunfähigkeit. Nichtsdestoweniger wird es in vielen Fällen ein lohnendes Ziel sein. Wenn eine Flucht nicht sofort möglich ist, sollte eventuell noch der Abschluss gesucht werden.

I: Ein Angriff zum Knie (meist mit einem Yeop-Chagi oder Stampfkick) ist in gewissen Situationen eine gute Möglichkeit, den Gegner aus dem Gleichgewicht zu bringen, oder ihn überhaupt gleich seiner Mobilität zu berauben. Angriffe sollten allerdings IMMER von der Außen- oder, im Nahkampf noch besser, von der Innenseite geführt werden. Wenig Sinn hat ein Angriff frontal von vorne, schon gar nicht, wenn das Knie des anderen leicht angewinkelt ist. Also am besten von der Seite und natürlich immer nur in absoluten Notsituationen, da es zu üblen Verletzungen kommen kann.

J: Eine Stampfattacke auf den Mittelfußknochen des Gegners kann äußerst schmerzhaft sein, und gegebenenfalls auch zum Bruch des Mittelfußknochens führen, was die Mobilität einschränkt. Diese Technik ist meist im Verbund mit anderen Techniken zu sehen. Entweder als Ablenkung oder Einleitung eines Angriffs lässt sie sich in einigen Selbstverteidigungssequenzen ergänzend verwenden. In einigen Formen taucht sie dezidiert auf.

2 „Ahnentafel" der neun Gründungsstile des modernen Taekwondo

Meister des Gründers (Stil)	Gründer	Stilname (Stil unterrichtet)	Einflüsse von
Funakoshi Gichin/ Funakoshi Gigo (Karate [Shotokan])	Won Kuk Lee	CHUNG DO KWAN (Tang Soo Do)	Taekkyon, Chuan Fa (Kung-Fu), Okinawa Karate, Shotokan Karate
Yang Kuk Jin (Tai Chi Chuan)	Hwan Kee	MOO DUK KWAN (Tang Soo Do)	Taekkyon, Chuan Fa (Kung-Fu), Kuk Sool, Tai-Chi-Chuan, Shotokan Karate, Okinawa Karate
Funakoshi Gichin (Karate [Shotokan])	Byung Jik Ro	SONG MOO KWAN (Tang Soo Do)	Taekkyon, Subak, Shotokan Karate
Kanken Toyama (Karate [Shudokan])	Byung In Yoon	YMCA KWON BOP BU KWAN (Kong Su Do = Tang Soo Do)	Chuan Fa (Kung-Fu), Shotokan Karate, Tai-Chi-Chuan
Unbekannt (Judo und Karate) Kyung Suk Lee (Judo)	Sang Sap Chun	YUN MOO KWAN (Tang Soo Do)	Judo, Karate
–	–	–	Korean War (1950-1953)

Meister des Gründers (Stil)	Gründer	Stilname (Stil unterrichtet)	Einflüsse von
Sang Sap Chun/ YUN MOO KWAN	Lee Kyo Yoon	HAN MOO KWAN (Tang Soo Do)	Judo, Karate, Tang Soo Do
Kim Hyun Soo, Funakoshi Gichin (Karate [Shotokan])/ CHUNG DO KWAN	Choi Hong Hi, Nam Tae Hi, Han Cha Kyo	OH DO KWAN (Tang Soo Do)	Taekkyon, Chuan Fa (Kung-Fu), Okinawa Karate, Shotokan Karate, Tang Soo Do
KWON BOP BU KWAN	Park Chul Hee Hong Jong Pyo	KANG DUK KWAN (Tang Soo Do)	Chuan Fa (Kung-Fu), Shotokan Karate, Tai-Chi-Chuan Tang Soo Do
CHUNG DO KWAN	Lee Wong Woo	JUNG DO KWAN	Taekkyon, Chuan Fa (Kung-Fu), Okinawa Karate, Shotokan Karate, Tang Soo Do

3 Begriffe

Im Folgenden findet sich eine kurze Fassung der wichtigsten koreanischen Begriffe und Techniken. Die Tabelle zeigt neben dem deutschen Namen auch die Bezeichnung im World Taekwondo sowie in den Stilen, ITF und traditionelles Taekwondo.

Technik	Name WT	Name ITF/Trad. TKD
Blocktechniken	Makgi	Makgi
Tiefblock	Arae-Makgi	Najune Makgi, Hadan Makgi
Mitteblock	Momtong-Makgi	Kaunde Makgi, Jungdan Makgi
Hochblock	Ulgul-Makgi	Nopunde Makgi, Sangdan Makgi
Handkantenblock	Sonal-Makgi	Sonkal Makgi, Sudo Makgi
Unterarmblock	Palmok-Makgi	Palmok Makgi, Palmok Makgi
Stellungen	Seogi	Sogi
Stand, Beine geschlossen	Pyonhi-Seogi	Moa Sogi
Schulterbreiter Stand	Junbi-Seogi	Naranhi Sogi, Naranhi Sogi
Reiterstellung	Juchum-Seogi	Annun Sogi, Kima Sogi
Lange Schrittstellung	Ap-Gubi Seogi	Gunnun Sogi, Chongul Sogi
Gewicht am Hinterbein	Dwit-Gubi Seogi	Niunja Sogi, Hugul-Seogi
Kurze Schrittstellung	Ap-Seogi	Ap Sogi, Ap Sogi
Kreuzstellung	Kkoa-Seogi	Kyocha Sogi, Kyocha Sogi
Tiger-Fußstellung	Beom-Seogi	Dwitbal Sogi, Ditpal Sogi
Schlag	Chigi	Taerigi, Taerigi
Tritt	Chagi	Chagi
Stoß	Jireugi	Jirugi, Jirugi
(Finger-)Stich	(Pyeonsonkeut-) Jireugi	(Sonkut) Tulgi, (Kwansu-)Tulki
Körperteile		
Faust	Jumok	Joomuk (Jumok), Chongkwon
Handkante	Sonal	Sonkal, Sudo
Faustrücken	Deung-Jumeok	Dung Joomuk, Dung Jumok
Hammerfaust	Me-Jumeok	Me-Jumok, Me-Jumok
Ellbogen	Palkeup	Palkup, Palkup
Knie	Mureup	Moorup, Murup
Hals	Meok	Mok, Mok
Tritttechniken	Chagi	Chagi

Technik	Name WT	Name ITF/Trad. TKD
Vorwärtstritt	Ap-Chagi	Ap Chagi
Seitlicher Tritt	Yeop-Chagi	Yop Chagi
Drehtritt	Dollyeo-Chagi	Dollyo Chagi
Axttritt	Naeryeo-Chagi	Naeryo Chagi
Schiebetritt	Miro-Chagi	Miro Chagi
Tritt nach hinten	Dwit-Chagi	Dwit Chagi
Drehtritt hintenrum	Momdolyo-Chagi	Bandae Dollyo, Chagi
Sprungtritt	Twio-Chagi	Twimyo Chagi, Tymen Chagi
Tritt, verdreht nach außen	Biteureo-Chagi	Bituro Chagi
Richtungen		
Vorne/nach vorne	Ap	Ap
Innen/nach innen	An	An/Anuro
Außen/nach außen	Bakkat	Bakkat/Bakuro
Nach unten	Naeryeo	Naeryo
Nach oben	Ollyeo	Ollyo bzw. Chukyo
Links	Oen	Wen
Rechts	Oreun	Orun

4 Schreibweise

Die Übersetzung koreanischer Begriffe und Laute ins Deutsche ist bekanntermaßen eine knifflige Angelegenheit, welche weder durch die McCune-Reischauer-Umschrift (ab 1984) noch durch die revidierte koreanische Romanisierung (seit 2000) hundertprozentig zufriedenstellend gelöst werden konnte (vgl. https://de.wikipedia.org/wiki/Revidierte_Romanisierung), eventuell wird das auch nie gänzlich der Fall sein.

Der Verzicht auf Breve und Apostrophe in der revidierten Romanisierung ist grundsätzlich positiv zu bewerten, dass einfache Vokale zum Teil als Doppellaute dargestellt werden, ist für jene, die den Klang der Begriffe aus dem Koreanischen nicht im Ohr haben, aber sicher irreführend. Im vorliegenden Werk wird jedenfalls versucht, der aktuellen Schreibweise so gut wie möglich Rechnung zu tragen.

In der Tabelle mit den Begriffen wird in der (mittleren) Spalte WT die aktuelle Schreibweise verwendet. In der rechten Spalte (tradionelles Taekwondo) wird teilweise auf ältere Schreibweisen aus Quellen vor der zweiten Romanisierung zurückgegriffen. Es soll dadurch ersichtlich werden, dass es sich um ein und dieselbe Technik handelt.

Bei der neuen Schreibweise ist zu beachten, dass es sich bei „ae" und „eu" um einzelne, fast stimmlose Vokale „a"' und „u" handelt. Der Buchstabe „w"' z. B. In „Dwit-Chagi" ist de facto nicht hörbar und das Wort wird eher „Ti-Chagi" ausgesprochen. Zwei „oo"' werden stets als „u" (Poomsae = Pumse) ausgesprochen.

Da dieses Buch sich als praktisches Übungsbuch versteht und Einblicke in die Anwendbarkeit des Taekwondo als realistische Selbstverteidigung bieten soll, ist der original Klang der Worte nicht unser Fokus, dennoch wollen wir hierbei so akkurat wie möglich sein.

Alle Techniken werden deutsch beschrieben und deren Wirkungsweise sollte jedenfalls aus dieser Beschreibung hervorgehen. Die Verwendung der koreanischen Begriffe dient in erster Linie den aktiven Taekwondoins dazu, um die jeweilige Technik aus dem Training identifizieren zu können.

5 Über den Autor

Am 10.3.1993 begann der Autor seine Taekwondokarriere. Die ersten Jahre trainierte er bei den koreanischen Großmeistern Yoon Dong Il (8. Dan) und Park Seung Kwan (8. Dan). Nach dem Umzug des Dojangs richtete sich der Fokus für einige Jahre auf die Wurf- und Hebeltechniken des Hap Ki Do. Danach verbrachte er einige Zeit bei Großmeister Shin Ik-Jin (8. Dan).

Nach Abschluss des Architekturstudiums folgte die Ausbildung im traditionellen Taekwondo nach Meister Kwon Jae Hwa (Hyong-Formen) bei System-Großmeister Dr. Andreas Held (6. Dan).

Seit 8 Jahren hat „Kyosanim" Sandro Stückler die Leitung der beiden Schulen in Graz inne, die zum größten österreichischen System für traditionelles Taekwondo gehören (YU-TAEKWONDO).

Er trainiert Kinder, Jugendliche, Erwachsene und Senioren in der koreanischen Kampfkunst, unterrichtet Taekwondo und Tugenden an Schulen, hält Selbstschutzkurse an öffentlichen Einrichtungen und Universitäten, leitet Kampfkunstcamps und Workshops zu verschiedenen Themen und bildet Trainer und Meister aus.

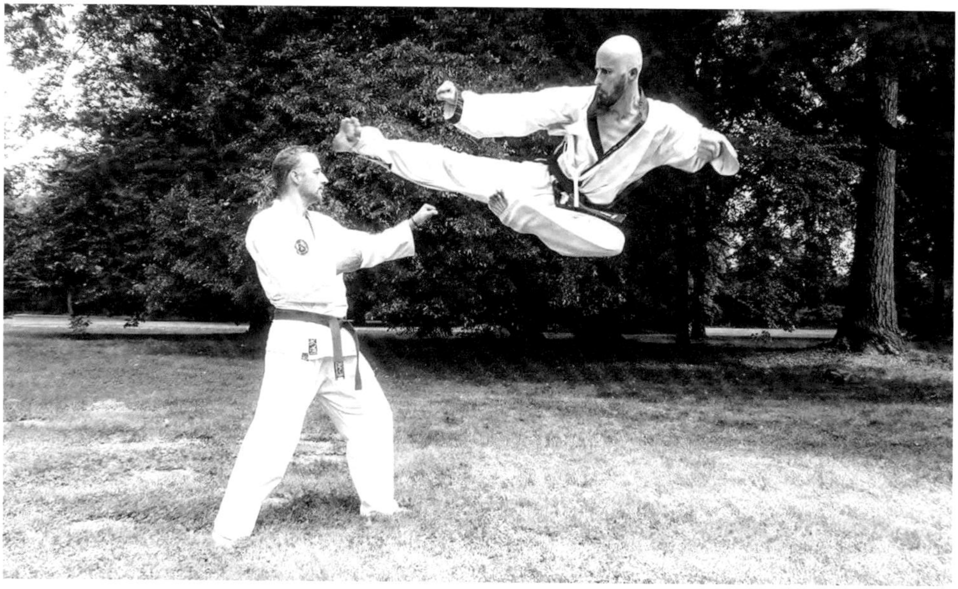

Ein Yop-Chagi im Sprung, gezeigt vom Autor bei einer Schulung in Graz.

6 Literaturliste

Anslow, S. (2006). *Cháng Hon Taekwon-do Hae Su*

Anslow, S. (2013). *FROM CREATION TO UNIFICATION – The Complete History Behind the Ch'ang Hon (ITF) Patterns.*

Diederichs, U. (1984). *Erfahrungen mit dem I GING – Vom kreativen Umgang mit dem Buch der Wandlungen.*

Fiedeler, F. (1993). *YIN UND YANG – Das kosmische Grundmuster in den Kulturformen Chinas.*

Fruth, Ch. (2009). *DIM MAK TÖDLICHE NERVENPUNKTE.*

Gil K. & Kim Chul-Hwan (1988). *TAEKWONDO PERFEKT 2 – Die Formenschule vom Blau- bis zum Schwarzgurt.*

Gil, K. (1990). *TAEKWONDO – Koreanischer Kampfsport.*

Gil K. & Kim Chul-Hwan (1999) *TAEKWONDO PERFEKT 1 – Die Formenschule bis zum Blaugurt.*

ODO KWAN TANG SOO DO KOREA'S KARATE – Creation, History and Evolution Losik Len 2016

O'Neill, S. J. (2008). *The Taegeuk Cipher.*

Reinisch, Höller & Maluschka (2009). *KYUSHO – Angriffspunkte in Selbstverteidigung und Kampfsport.*

Taekwondo Textbook Kukkiwon, Osung Publishing Company 2005

Wilhelm, R. (1972). *I-GING DAS BUCH DER WANDLUNGEN.*

Wilhelm, H. (1972). *Sinn des I Ging.*

Wilhelm, R. (1957). *LAOTSE – Tao Te King.*

Wilhelm, R. (1972) *LIÄ DSI – Quellender Urgrund.*

ZEN-KUNST DER SELBSTVERTEIDIGUNG TAEKWON-DO-KARATE, Kwon Jae-Hwa 1971/1976

7 Bildnachweis

Coverfoto: © Sandro Stückler, AdobeStock

Cover- und Umschlaggestaltung: Isabella Frangenberg

Innenlayout: Isabella Frangenberg

Fotos Innenteil: © Sandro Stückler 2021

Illustrationen: © Sandro Stückler

© AdobeStock: S. 12, 16, 20, 23, 26, 74, 134

Satz: www.satzstudio-hilger.de

Lektorat: Dr. Irmgard Jaeger

Modell: Vielen Dank für seinen geduldigen und professionellen Einsatz an meinen Freund, Sebastian Schöberl.

Danke an meinen Sohn Alexander, der für das perfekte Drücken des Auslösers verantwortlich zeichnet.

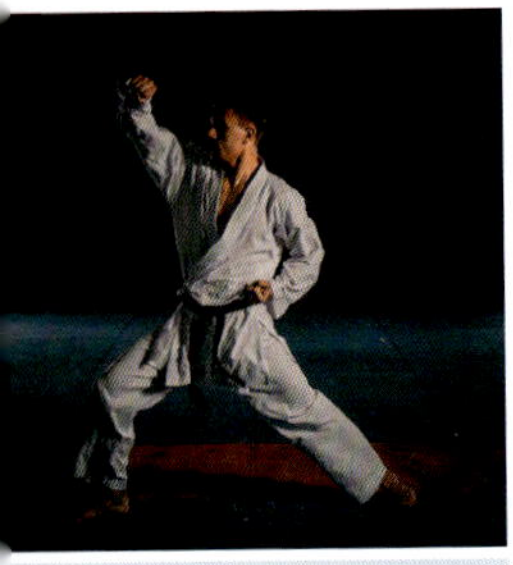

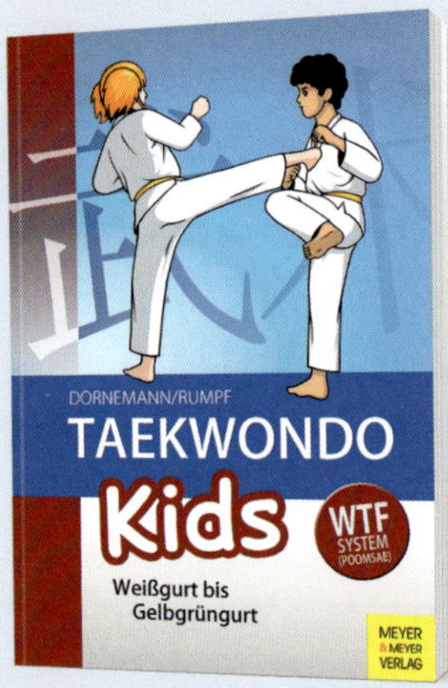
DORNEMANN/RUMPF
TAEKWONDO
Kids
WTF SYSTEM (POOMSAE)
Weißgurt bis Gelbgrüngurt
MEYER & MEYER VERLAG

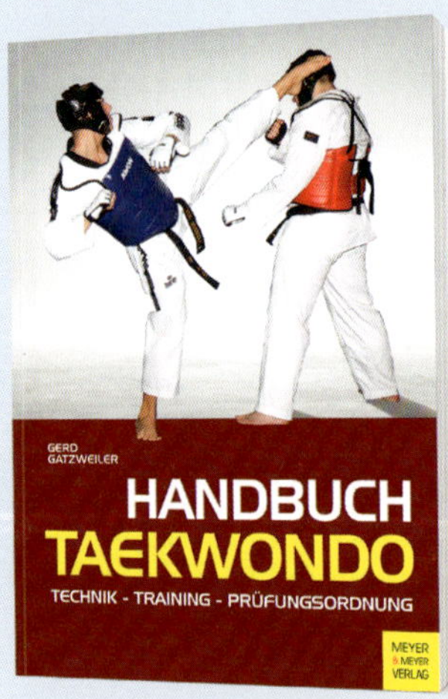
GERD GATZWEILER
HANDBUCH
TAEKWONDO
TECHNIK - TRAINING - PRÜFUNGSORDNUNG
MEYER & MEYER VERLAG